HISTOIRE
DE
LA RÉVOLUTION
FRANÇAISE.

TOME III.

AVIS

Les notes et pièces justificatives de ce volume ont été jointes au IVe volume.

HISTOIRE
DE
LA RÉVOLUTION
FRANÇAISE.

CHAPITRE PREMIER.

Suite et fin de la journée du 10 août. — Rappel du ministère girondin; Danton est nommé ministre de la justice. — Etat de la famille royale. — Situation des partis dans l'assemblée et au dehors après le 10 août. — Organisation et influence de la commune; pouvoirs nombreux qu'elle s'arroge; son opposition avec l'assemblée. — Érection d'un tribunal criminel extraordinaire. — Etat des armées après le 10 août. Résistance de Lafayette au nouveau gouvernement. Décrété d'accusation, il quitte son armée et la France; est mis aux fers par les Autrichiens. — Position de Dumouriez. — Dispositions des puissances, et situation réciproque des armées coalisées et des armées françaises. — Prise de Longwy par les Prussiens; agitation de Paris à cette nouvelle. — Mesures révolutionnaires prises par la commune; arrestation des suspects. — Massacres dans les prisons les 2, 3, 4, 5 et 6 septembre. Principales scènes et circonstances de ces journées sanglantes.

Les Suisses avaient courageusement défendu

les Tuileries, mais leur résistance fut inutile : le grand escalier avait été forcé, et le palais envahi. Le peuple, désormais vainqueur, pénétrait de toutes parts dans cette demeure de la royauté, où il avait toujours supposé des trésors extraordinaires, une félicité sans bornes, une puissance formidable, et des complots sinistres ! Que de vengeances à exercer à la fois contre la richesse, la grandeur et le pouvoir !

Quatre-vingts grenadiers suisses, qui n'ont pas eu le temps de se retirer, défendent vigoureusement leur vie, et sont impitoyablement égorgés. La multitude se précipite ensuite dans les appartements, et s'acharne sur ces inutiles amis, accourus pour défendre le roi, et poursuivis, sous le nom de *chevaliers du poignard*, de toute la haine populaire. Leurs armes impuissantes ne servent qu'à irriter les vainqueurs, et rendre plus vraisemblables les projets imputés à la cour. Toute porte qui se ferme est abattue. Deux huissiers voulant interdire l'entrée du grand conseil, et s'immoler à l'étiquette, sont massacrés en un instant. Les nombreux serviteurs de la famille royale fuient tumultueusement à travers les vastes galeries, se précipitent des fenêtres, ou cherchent dans l'immensité du palais un réduit obscur qui protége leur vie. Les femmes de la reine se ré-

fugient dans l'un de ses appartements, et s'attendent à chaque instant à être attaquées dans leur asile. La princesse de Tarente en fait ouvrir les portes pour ne pas augmenter l'irritation par la résistance. Les assaillants se présentent, et se saisissent de l'une d'elles. Déjà le fer est levé sur sa tête. — *Grace aux femmes! s'écrie une voix; ne déshonorez pas la nation!* — A ce mot, le fer s'abaisse, les femmes de la reine sont épargnées, protégées, conduites hors du château, par ces mêmes hommes qui allaient les immoler, et qui, avec toute la mobilité populaire, les escortent maintenant, et emploient pour les sauver le plus ingénieux dévouement. Après avoir massacré, on dévaste; on brise ces magnifiques ameublements, et on en disperse au loin les débris. Le peuple se répand dans les secrets appartements de la reine, et s'y livre à la gaîté la plus obscène; il pénètre dans les lieux les plus reculés, recherche tous les dépôts de papiers, brise toutes les fermetures, et satisfait le double plaisir de la curiosité et de la destruction. A l'horreur du meurtre et du sac se réunit celle de l'incendie. Déjà les flammes ayant dévoré les échoppes adossées aux cours extérieures commencent à s'étendre à l'édifice, et menacent d'une ruine complète cet imposant séjour de la royauté. La désolation n'est pas bornée à cette triste enceinte; elle s'étend au loin. Les rues sont jonchées de débris et de cadavres. Quiconque fuit ou est supposé fuir est traité en ennemi, et poursuivi à coups de fusil. Un bruit presque continuel de mousqueterie a succédé à celui du canon, et révèle à chaque instant de nouveaux meurtres. Que d'horreurs dans les suites d'une victoire, quels que soient les vaincus, les vainqueurs, et la cause pour laquelle on a combattu!

Le pouvoir exécutif étant dissous par la suspension de Louis XVI, il ne restait plus dans Paris que deux autorités, celle de la commune et celle de l'assemblée. Comme on l'a vu dans le récit du 10 août, des députés des sections, réunis à l'Hôtel-de-Ville, s'étaient emparés du pouvoir municipal, en expulsant les anciens magistrats, et avaient dirigé l'insurrection pendant toute la nuit et la journée du 10. Ils possédaient la véritable force de fait; ils avaient tout l'emportement de la victoire, et représentaient cette classe révolutionnaire, neuve et ardente, qui venait de lutter pendant toute la session contre l'inertie de cette autre classe d'hommes, plus éclairés, mais moins actifs, dont se composait l'assemblée législative. Le premier soin des députés des sections fut de destituer toutes les hautes autorités, qui, plus rapprochées du pouvoir suprême, lui étaient plus attachées. Ils avaient suspendu l'état-major de la garde nationale, et désorganisé la défense des Tuileries en arrachant Mandat au château, et donné à Santerre le commandement de la garde nationale. Ils n'avaient pas mis moins d'empressement à suspendre l'administration du département, qui, de la haute région où elle était placée, contraria toujours les passions populaires, qu'elle ne partageait pas. Quant à la municipalité, ils en avaient supprimé le conseil général, s'étaient substitués à son autorité, ne conservant que le maire Pétion, le procureur-syndic Manuel, et les seize administrateurs municipaux. Tout cela s'était fait pendant l'attaque du château. Danton avait audacieusement dirigé cette orageuse séance; et, lorsque la mitraille des Suisses refoula la multitude le long des quais, et jusqu'à l'Hôtel-de-Ville, il était sorti en disant : « *Nos* « *frères demandent du secours*, *allons leur en* « *porter.* » Sa présence avait contribué à ramener le peuple sur le champ de bataille, et à décider la victoire. Le combat terminé, il fut question de délivrer Pétion de sa garde et de le remplacer dans ses fonctions de maire. Cependant, soit véritable intérêt pour sa personne, soit crainte de se donner un chef trop scrupuleux pour les premiers moments de l'insurrection, on avait décidé qu'il serait gardé encore un jour ou deux, sous le prétexte de mettre sa vie à couvert. En même temps on avait enlevé de la salle du conseil général, les bustes de Louis XVI, Bailly et Lafayette. La classe nouvelle qui s'élevait écartait ainsi les premières illustrations révolutionnaires, pour y substituer les siennes.

Les insurgés de la commune devaient chercher à se mettre en rapport avec l'assemblée. Ils lui reprochaient des hésitations, et même du royalisme; mais ils voyaient toujours en elle la seule autorité souveraine actuellement existante, et n'étaient point du tout disposés à la méconnaître. Dans la matinée même du 10, une députation vint à sa barre lui annoncer la formation de la commune insurrectionnelle, et lui exposer ce qui avait été fait. Danton était au nombre des députés. « Le peuple qui nous
« envoie vers vous, dit-il, nous a chargés de vous
« déclarer qu'il vous croyait toujours dignes
« de sa confiance, mais qu'il ne reconnaissait
« d'autre juge des mesures extraordinaires aux-
« quelles la nécessité l'a contraint de recourir,
« que le peuple français, notre souverain et le
« vôtre, réuni dans les assemblées primaires. »

L'assemblée répondit à ces députés, par l'organe de son président, qu'elle approuvait tout ce qui avait été fait, et qu'elle leur recommandait l'ordre et la paix. Elle leur fit donner en outre communication des décrets rendus dans la journée, avec invitation de les répandre. Après cela, elle rédigea une proclamation pour rappeler le respect dû aux personnes et aux propriétés, et chargea quelques-uns de ses membres d'aller la porter au peuple.

Son premier soin dans ce moment devait être de suppléer à la royauté détruite. Les ministres, réunis sous le nom de *conseil exécutif*, furent provisoirement chargés par elle des soins de l'administration, et de l'exécution des lois. Le ministre de la justice, dépositaire du sceau de l'état, devait l'apposer sur les décrets, et les promulguer au nom de la puissance législative. Il fallait ensuite choisir les personnes qui composeraient le ministère. On songea tout d'abord à replacer Roland, Clavière et Servan, destitués pour leur attachement à la cause populaire, car la révolution nouvelle devait vouloir tout ce que n'avait pas voulu la royauté. Ces trois ministres furent donc unanimement réintégrés, Roland à l'intérieur, Servan à la guerre, et Clavière aux finances. Il y avait encore à nommer un ministre de la justice, des affaires étrangères et de la marine. Ici le choix était libre; et les vœux formés autrefois pour le mérite obscur, ou pour le patriotisme ardent et désagréable à la cour, pouvaient être réalisés sans obstacle. Danton, si puissant sur la multitude, et si entraînant pendant les quarante-huit heures écoulées, fut jugé nécessaire; et, bien qu'il déplût aux girondins comme un élu de la populace, il fut nommé ministre de la justice à la majorité de 222 voix sur 284. Après avoir donné cette satisfaction au peuple, et accordé cette place à l'énergie, on songea à mettre un savant à la marine. Ce fut le mathématicien Monge, connu et apprécié par Condorcet, et adopté sur sa proposition. On porta enfin Lebrun aux affaires étrangères, et on récompensa dans sa personne l'un de ces hommes laborieux, qui faisaient auparavant tout le travail dont les ministres avaient l'honneur.

Après avoir remplacé le pouvoir exécutif, l'assemblée déclara que tous les décrets sur lesquels Louis XVI avait apposé son *veto* recevraient force de loi. La formation d'un camp sous Paris, objet de l'un de ces décrets, et cause de si vives discussions, fut ordonnée sur-le-champ, et les canonniers reçurent l'autorisation, le jour même, de commencer des esplanades sur les hauteurs de Montmartre. Après avoir fait la révolution de Paris, il fallait en assurer le succès dans les départements, et surtout aux armées, où commandaient des généraux suspects. Des commissaires pris dans l'assemblée furent chargés de se rendre dans les provinces et les armées, pour les éclairer sur les événements du 10 août, et on leur donna des pouvoirs pour renouveler au besoin tous les chefs civils et militaires.

Quelques heures avaient suffi à tous ces décrets; et pendant que l'assemblée était occupée à les rendre, d'autres soins venaient sans cesse l'interrompre. Les effets précieux enlevés aux Tuileries étaient transportés dans son enceinte; les Suisses, les serviteurs du château, toutes les personnes arrêtées dans leur fuite, ou arrachées à la fureur du peuple, étaient conduites à sa barre comme dans un lieu d'asile. Une foule de pétitionnaires venaient les uns après les autres rapporter ce qu'ils avaient fait ou vu, et raconter leurs découvertes sur les complots supposés de la cour. Des accusations et des invectives de tout genre étaient proférées contre la famille royale, qui entendait tout cela du lieu étroit où on l'avait reléguée. Ce lieu était la loge du logographe. Louis XVI écoutait avec calme tous les discours, et s'entretenait par intervalles avec Vergniaud et d'autres députés, placés tout près de lui. Enfermé là depuis quinze heures, il avait demandé quelques aliments, qu'il partagea avec sa femme et ses enfants, et qui provoquaient d'ignobles observations sur le goût qu'on lui imputait pour la table! On sait si les partis victorieux épargnent le malheur! Le jeune dauphin, couché sur le sein de sa mère, y dormait profondément, accablé par une chaleur étouffante. La jeune princesse et madame Élisabeth, les yeux rouges de larmes, étaient à côté de la reine. Au fond de la loge se trouvaient quelques seigneurs dévoués qui n'avaient pas abandonné le malheur. Cinquante hommes, pris dans la troupe qui avait escorté la famille royale du château à l'assemblée, servaient de garde à cette enceinte. C'est de là que le monarque déchu contemplait les dépouilles de ses palais, assistait au démembrement de son antique pouvoir, et en voyait distribuer les restes aux diverses autorités populaires.

Le tumulte continuait avec une extrême violence, et, au gré du peuple, ce n'était pas assez d'avoir suspendu la royauté, il fallait la détruire. Les pétitions se succédaient sur ce sujet; et, dans l'attente d'une réponse, la multitude s'agitait au dehors de la salle, en inondait les avenues, en assiégeait les portes, et deux ou trois fois elle les attaqua si violemment qu'on les crut enfoncées, et qu'on craignit pour la famille infortunée dont l'assemblée avait reçu le dépôt. Henri Larivière, envoyé avec d'autres commissaires pour calmer le peuple, rentra dans cet instant et s'écria avec force : « Oui, « Messieurs, je le sais, je l'ai vu, je l'assure, « la masse du peuple est décidée à périr mille « fois, plutôt que de déshonorer la liberté par « aucun acte d'inhumanité; et à coup sûr il « n'est pas une tête ici présente (et l'on doit « m'entendre, ajouta-t-il) qui ne puisse compter « sur la loyauté française. » Ces paroles rassurantes et courageuses furent applaudies. Vergniaud prit la parole à son tour, et répondit aux pétitionnaires qui demandaient qu'on changeât la suspension en déchéance. « Je suis « charmé, dit-il, qu'on me fournisse l'occasion « d'expliquer l'intention de l'assemblée en pré- « sence des citoyens. Elle a décrété la suspen- « sion du pouvoir exécutif, et a nommé une « convention qui déciderait irrévocablement « la grande question de la déchéance. En cela, « elle s'est renfermée dans ses pouvoirs, qui « ne lui permettaient pas de se faire juge elle- « même de la royauté, et elle a pourvu au salut « de l'État, en mettant le pouvoir exécutif dans

« l'impossibilité de nuire. Elle a satisfait ainsi à
« tous les besoins en demeurant dans la limite
« de ses attributions. » Ces paroles produisirent
une impression favorable, et les pétitionnaires
eux-mêmes, calmés par elles, se chargèrent d'é-
clairer et d'apaiser le peuple.

Il fallait mettre fin à cette séance si longue.
Il fut donc ordonné que les effets enlevés au
château seraient déposés à la commune; que les
Suisses et toutes les personnes arrêtées seraient
ou gardées aux Feuillants, ou transportées
dans diverses maisons de détention, enfin que
la famille royale serait gardée au Luxembourg
jusqu'à la réunion de la convention nationale,
mais qu'en attendant les préparatifs nécessaires
pour l'y recevoir, elle logerait dans le local
même de l'assemblée. A une heure du matin,
le samedi 11, la famille royale fut transportée
dans le logement qu'on lui destinait, et qui
consistait en quatre cellules des anciens feuillants. Les seigneurs qui n'avaient pas quitté le
roi s'établirent dans la première, le roi dans
la seconde, la reine, sa sœur et ses enfants
dans les deux autres. La femme du concierge
servit les princesses, et remplaça le cortége
nombreux des dames qui, la veille encore, se
disputaient le soin de leur service.

La séance fut suspendue à trois heures du

matin. Le bruit régnait encore dans Paris. Pour éviter les désordres, on avait illuminé les environs du château, et la plus grande partie des citoyens étaient sous les armes.

Telle avait été cette journée célèbre, et ses résultats immédiats. Le roi et sa famille étaient prisonniers aux Feuillants, et les trois ministres disgraciés replacés en fonctions; Danton, caché la veille dans un club obscur, se trouvait ministre de la justice; Pétion était consigné chez lui, mais à son nom proclamé avec enthousiasme on ajoutait celui de *Père du peuple*. Marat, sorti de l'obscure retraite où Danton l'avait caché pendant l'attaque, et maintenant armé d'un sabre, se promenait dans Paris à la tête du bataillon marseillais. Robespierre, qu'on n'a pas vu figurer pendant ces terribles scènes, Robespierre haranguait aux Jacobins, et entretenait quelques membres restés avec lui, de l'usage à faire de la victoire, de la nécessité de remplacer l'assemblée actuelle, et de mettre Lafayette en accusation.

Dès le lendemain, il fallut songer encore à calmer le peuple soulevé, et ne cessant de massacrer ceux qu'il prenait pour des aristocrates fugitifs. L'assemblée reprit sa séance le 11 à sept heures du matin. La famille royale fut replacée dans la loge du logographe, pour assister aux décisions qui allaient être prises, et aux scènes qui allaient se passer dans le corps législatif. Pétion, délivré et escorté par un peuple nombreux, vint rendre compte de l'état de Paris, qu'il avait visité, et où il avait tâché de répandre le calme et l'esprit de paix. Des citoyens s'étaient faits ses gardiens pour veiller sur ses jours. Pétion fut parfaitement accueilli par l'assemblée, et repartit aussitôt pour continuer ses exhortations pacifiques. Les Suisses déposés la veille aux Feuillants étaient menacés. La multitude demandait leur mort à grands cris, en les appelant complices du château et assassins du peuple. On parvint à l'apaiser en annonçant que les Suisses seraient jugés, et qu'une cour martiale allait être formée pour punir ce qu'on appela depuis *les conspirateurs du 10 août*. « Je demande, s'écria le violent Chabot, « qu'ils soient conduits à l'Abbaye pour être « jugés... Dans la terre de l'égalité, la loi doit « raser toutes les têtes, même celles qui sont « assises sur le trône. » Déjà les officiers avaient été transportés à l'Abbaye; les soldats le furent à leur tour. Il en coûta des peines infinies, et il fallut promettre au peuple de les juger promptement.

Comme on le voit, l'idée de se venger de tous les défenseurs de la royauté, et de punir en eux les dangers qu'on avait courus, s'emparait déjà des esprits, et bientôt allait faire naître de cruelles divisions. En suivant les progrès de l'insurrection, on a déjà remarqué les germes des dissentimens qui commençaient à s'élever dans le parti populaire. On a déjà vu l'assemblée, composée d'hommes cultivés et calmes, se trouver en opposition avec les clubs et les municipalités, où se réunissaient des hommes inférieurs en éducation, en talents, mais qui, par leur position même, leurs mœurs moins élevées, leur ambition ascendante, étaient portés à agir et à précipiter les événements; on a vu que la veille du 10 août, Chabot différa d'avis avec Pétion, qui, d'accord avec la majorité de l'assemblée, voulait qu'on préférât un décret de déchéance à une attaque de vive force. Ces hommes, qui avaient conseillé la plus grande énergie possible, se trouvaient donc le lendemain en présence de l'assemblée, fiers d'une victoire remportée presque malgré elle, et lui rappelant, avec les expressions d'un respect équivoque, qu'elle avait absous Lafayette, et qu'il ne fallait pas qu'elle compromît encore par sa faiblesse le salut du peuple. Ils remplissaient la commune, où ils étaient mêlés à des bourgeois ambitieux, à des agitateurs subalternes, à des clubistes; ils occupaient les Jacobins et les Cordeliers, et quelques-uns d'entre eux siégeaient sur les bancs extrêmes du corps législatif. Le capucin Chabot, le plus ardent de tous, passait tour à tour de la tribune de l'assemblée à celle des Jacobins, et menaçait toujours des piques et du tocsin.

L'assemblée avait prononcé la suspension, et ces hommes plus exigeants réclamaient la déchéance; en nommant un gouverneur pour le dauphin, elle avait supposé la royauté, et eux voulaient la république; elle pensait en majorité qu'on devait se défendre activement contre l'étranger, mais faire grace aux vaincus; eux soutenaient au contraire qu'il fallait non-seulement résister à l'étranger, mais encore sévir contre ceux qui, retranchés dans le château, avaient voulu massacrer le peuple, et amener les Prussiens à Paris. S'élevant dans leur ardeur aux idées les plus extrêmes, ils soutenaient que les corps électoraux n'étaient pas nécessaires pour former la nouvelle assemblée, mais que tous les citoyens devaient être jugés aptes à voter. Déja même un jacobin proposait de donner des droits politiques aux femmes. Ils disaient hautement enfin qu'il fallait que le peuple se présentât en armes pour manifester ses volontés au corps législatif. Marat excitait ce débordement des esprits, et provoquait à la vengeance, parce qu'il pensait, dans son affreux système, qu'il convenait de purger la France. Robespierre, moins par système d'épuration, moins par disposition sanguinaire, que par envie contre l'assemblée, élevait contre elle les reproches de faiblesse et de royalisme. Prôné par les jacobins, proposé avant le 10 août comme le dictateur nécessaire, il était proclamé aujourd'hui comme le défenseur le plus éloquent et le plus incorruptible des droits du peuple. Danton, ne songeant ni à se faire louer, ni à se faire écouter, et n'ayant jamais aspiré à la dictature, avait néanmoins décidé le 10 août par son audace. Maintenant encore, négligeant l'étalage, il ne songeait qu'à s'emparer du conseil exécutif, dont il était membre, en dominant ou entraînant ses collègues. Incapable de haine ou d'envie, il ne nourrissait aucun mauvais sentiment contre ces députés dont l'éclat offusquait Robespierre, mais il les négligeait comme inactifs, et leur préférait ces hommes énergiques des classes inférieures, sur lesquels il comptait davantage pour maintenir et achever la révolution.

Ces divisions n'étaient pas soupçonnées au dehors de Paris; tout ce que le public de la France avait pu voir, c'était la résistance de l'assemblée à des vœux trop ardents, et l'absolution de Lafayette prononcée malgré la commune et les Jacobins. Mais on imputait tout à la majorité royaliste et feuillantine; on admirait toujours les girondins, on estimait également Brissot et Robespierre, on adorait surtout Pétion comme le maire si maltraité par la cour; et on ne s'informait pas si Pétion paraissait trop modéré à Chabot, s'il blessait l'orgueil de Robespierre, s'il était traité comme un honnête homme inutile par Danton, et comme un conspirateur sujet à l'épuration par Marat. Pétion était donc encore entouré des respects de la multitude; mais, comme Bailly après le 14 juillet, il allait bientôt devenir importun et odieux, en désapprouvant des débordements qu'il ne pouvait plus empêcher.

La principale coalition des nouveaux révolutionnaires s'était formée aux Jacobins et à la commune. Tous les projets se proposaient, se discutaient aux Jacobins; et les mêmes hommes venaient ensuite exécuter à l'Hôtel-de-Ville, au moyen de leurs pouvoirs municipaux, ce qu'ils n'avaient pu que projeter dans leur club. Le conseil général de la commune composait à lui seul une espèce d'assemblée, aussi nombreuse que le corps législatif, ayant ses tribunes, son bureau, ses applaudissements bien plus bruyants, et une force de fait bien plus considérable. Le maire en était le président, le procureur-syndic l'orateur officiel, chargé de faire toutes les réquisitions nécessaires. Pétion ne s'y présentait déjà plus, et se bornait au soin des subsistances. Le procureur Manuel, se laissant porter plus loin par le flot révolutionnaire, y faisait tous les jours entendre sa voix. Mais l'homme qui dominait le plus cette assemblée, c'était Robespierre. Resté à l'écart pendant les trois premiers jours qui suivirent le 10 août, il s'y était rendu après que l'insurrection eut été consommée, et, se présentant au bureau pour y faire vérifier ses pouvoirs, il avait semblé en prendre possession, plutôt que venir y soumettre ses titres. Son orgueil, loin de déplaire, n'avait fait qu'augmenter les respects dont on l'entourait. Sa réputation de talents, d'incorruptibilité et de constance, en faisait un personnage grave et respectable, que ces bourgeois rassemblés étaient fiers de posséder au milieu d'eux. En attendant la réunion de la Convention dont il ne doutait pas de faire partie, il venait exercer là un pouvoir plus réel que le pouvoir d'opinion dont il jouissait aux Jacobins.

Le premier soin de la commune fut de s'emparer de la police; car, en temps de guerre civile, arrêter, poursuivre ses ennemis, est le plus important et le plus envié des pouvoirs. Les juges de paix, chargés de l'exercer en partie, avaient indisposé l'opinion par leurs poursuites contre les agitateurs populaires, et se trouvaient ainsi, volontairement ou non, en hostilité avec les patriotes. On se souvenait surtout de celui qui, dans l'affaire de Bertrand de Molleville et du journaliste Carra, avait osé faire citer deux députés. Les juges de paix furent donc destitués, et on transporta aux autorités municipales toutes leurs attributions relatives à la police. D'accord ici avec la commune de Paris, l'assemblée décréta que la police, dite *de sûreté générale*, serait attribuée aux départements, districts et municipalités. Elle consistait à rechercher tous les délits menaçant la *sûreté intérieure et extérieure de l'État*, à faire le recensement des citoyens suspects par leur opinion ou leur conduite, à les arrêter provisoirement, à les disperser même et à les désarmer, s'il était nécessaire. C'étaient les conseils des municipalités qui remplissaient eux-mêmes ce ministère, et la masse entière des citoyens se trouvait ainsi appelée à observer, à dénoncer et à poursuivre le parti ennemi. On conçoit combien devait être active, mais rigoureuse et arbitraire, cette police démocratiquement exercée. Le conseil entier rece-

vait la dénonciation, et un comité de *surveillance* l'examinait, et faisait exécuter l'arrestation.
Les gardes nationales étaient en réquisition
permanente, et les municipalités de toutes les
villes au-dessus de vingt mille ames pouvaient
ajouter des réglements particuliers à cette loi
de sûreté générale. Certes, l'assemblée législative ne croyait pas préparer ainsi les sanglantes exécutions qui eurent lieu plus tard; mais,
entourée d'ennemis au dedans et au dehors,
elle appelait tous les citoyens à les surveiller,
comme elle les avait tous appelés à administrer
et à combattre.

La commune de Paris s'empressa d'user de
ces pouvoirs nouveaux, et fit de nombreuses
arrestations. C'étaient les vainqueurs, irrités
encore des dangers de la veille, et des dangers
plus grands du lendemain, qui s'emparaient
de leurs ennemis abattus maintenant, mais
pouvant bientôt se relever avec le secours
des étrangers. Le comité de surveillance de la
commune de Paris fut composé des hommes
les plus violents. Marat, qui, dans la révolution, s'était si audacieusement attaqué aux
personnes, fut le chef de ce comité; et de
tous les hommes, c'était le plus redoutable
dans de pareilles fonctions.

Outre ce comité principal, la commune de

Paris en institua un particulier dans chaque section. Elle décida que les passe-ports ne seraient délivrés que sur la délibération des assemblées des sections; que les voyageurs seraient accompagnés, soit à la municipalité, soit aux portes de Paris, par deux témoins qui attesteraient l'identité de la personne qui avait demandé le passe-port, avec celle qui s'en servait pour partir. Elle tâchait ainsi, par tous les moyens, d'empêcher l'évasion des suspects sous des noms supposés. Elle ordonna ensuite qu'il fût fait un tableau des ennemis de la révolution, et invita les citoyens, par une proclamation, à dénoncer les coupables du 10 août. Elle fit arrêter les écrivains qui avaient soutenu la cause royaliste, et donna leurs presses aux écrivains patriotes. Marat se fit restituer triomphalement quatre presses qui, disait-il, lui avaient été enlevées par les ordres du *traître Lafayette*. Des commissaires allèrent dans les prisons délivrer les détenus enfermés pour cris et propos contre la cour. Toujours prompte enfin à s'ingérer partout, la commune, à l'exemple de l'assemblée, envoya des députés pour éclairer et ramener l'armée de Lafayette, qui donnait des inquiétudes.

La commune fut chargée en outre d'une dernière mission non moins importante, celle de garder la famille royale. L'assemblée avait d'abord ordonné sa translation au Luxembourg, et sur l'observation que ce palais était difficile à garder, on se décida pour l'hôtel du ministère de la justice. Mais la commune, qui avait déjà la police de la capitale, et qui se croyait particulièrement chargée de la garde du roi, proposa le Temple, et déclara ne pouvoir répondre de ce dépôt que dans la tour de cette ancienne abbaye. L'assemblée y consentit, et confia les augustes prisonniers au maire et au commandant général Santerre, sous leur responsabilité personnelle*. Douze commissaires du conseil général devaient, sans interruption, veiller au Temple. Des travaux extérieurs en avaient fait une espèce de place d'armes. Des détachements nombreux de la garde nationale en formaient tour à tour la garnison, et on ne pouvait y pénétrer que sur une permission de la municipalité. L'assemblée décréta aussi que cinq cent mille francs seraient pris au trésor pour fournir à l'entretien de la famille royale, jusqu'à la prochaine réunion de la Convention nationale.

Les fonctions de la commune étaient, comme

---

* Le roi et sa famille furent conduits au Temple dans la soirée du 13 août.

on le voit, très-étendues. Placée au centre de l'état, là où s'exercent les grands pouvoirs, et portée par son énergie à exécuter elle-même tout ce qui lui semblait fait trop mollement par les hautes autorités, elle était conduite à empiéter sans cesse. L'assemblée, reconnaissant la nécessité de la contenir dans certaines limites, décréta la réélection d'un nouveau conseil de département, pour remplacer celui qui fut dissous le jour de l'insurrection. La commune se voyant menacée du joug d'une autorité supérieure, qui probablement gênerait son essor, comme avait fait l'ancien département, s'irrita de ce décret, et ordonna aux sections de surseoir à l'élection déjà commencée. Le procureur-syndic Manuel fut aussitôt dépêché de l'Hôtel-de-Ville aux Feuillants, pour présenter les réclamations de la municipalité. « Les délégués des citoyens de Paris, « dit-il, ont besoin de pouvoirs sans limites; « une nouvelle autorité placée entre eux et « vous ne fera que jeter des germes de divi- « sions. Il faudra que le peuple, pour se dé- « livrer de cette puissance destructive de sa « souveraineté, s'arme encore une fois de sa « vengeance. »

Tel était le langage menaçant que déjà on osait faire entendre à l'assemblée. Celle-ci accorda ce qu'on lui demandait; et, soit qu'elle crût impossible ou imprudent de résister, soit qu'elle regardât comme dangereux d'entraver dans le moment l'énergie de la commune, elle décida que le nouveau conseil n'aurait aucune autorité sur la municipalité, et ne serait qu'une simple commission de finances, chargée du soin des contributions publiques dans le département de la Seine.

Une autre question plus grave préoccupait les esprits, et devait faire ressortir bien plus fortement la différence de sentiment qui existait entre la commune et l'assemblée. On réclamait à grands cris la punition de ceux qui avaient tiré sur le peuple, et qui étaient prêts à se montrer dès que l'ennemi approcherait. On les appelait alternativement *les conspirateurs du 10 août*, ou *les traîtres*. La commission martiale, instituée dès le 11 pour juger les Suisses, ne semblait pas suffisante, parce que ses pouvoirs étaient bornés à la poursuite de ces militaires. Le tribunal criminel de la Seine paraissait soumis à des formalités trop lentes, et d'ailleurs on suspectait toutes les autorités antérieures à la journée du 10. La commune demanda donc, le 13, l'érection d'un tribunal spécial pour juger *les crimes du 10 août*, et qui eût assez de latitude pour atteindre tout ce qu'on appelait les *traîtres*. L'assemblée renvoya la pétition à sa commission extraordinaire, chargée depuis le mois de juillet de proposer les moyens de salut.

Le 14, une nouvelle députation de la commune arrive au corps législatif, pour demander le décret relatif au tribunal extraordinaire; déclarant que, s'il n'est pas encore rendu, elle est chargée de l'attendre. Le député Gaston adresse à cette députation quelques observations sévères, et elle se retire. L'assemblée persiste à refuser la création d'un tribunal extraordinaire, et se borne à attribuer aux tribunaux établis *la connaissance des crimes du 10 août*.

A cette nouvelle, une rumeur violente se répand dans Paris. La section des Quinze-Vingts se présente au conseil général de la commune, et annonce que le tocsin sera sonné au faubourg Saint-Antoine, si le décret demandé n'est pas rendu sur-le-champ. Le conseil général envoie alors une nouvelle députation, à la tête de laquelle est Robespierre. Celui-ci prend la parole au nom de la municipalité, et fait aux députés les remontrances les plus insolentes. « La tranquillité du peuple, « leur dit-il, tient à la punition des coupables; « et cependant vous n'avez rien fait pour les

« atteindre. Votre décret est insuffisant. Il n'ex-
« plique point la nature et l'étendue des cri-
« mes à punir, car il ne parle que des *crimes*
« *du* 10 *août*, et les crimes des ennemis de la
« révolution s'étendent bien au-delà du 10
« août et de Paris. Avec une expression pa-
« reille, le traître Lafayette échapperait aux
« coups de la loi! Quant à la forme du tri-
« bunal, le peuple ne peut pas tolérer davan-
« tage celle que vous lui avez conservée. Le
« double degré de juridiction cause des délais
« interminables; et d'ailleurs toutes les ancien-
« nes autorités sont suspectes; il en faut de
« nouvelles; il faut que le tribunal demandé
« soit composé par des députés pris dans les
« sections, et qu'il ait la faculté de juger les
« coupables souverainement et en dernier res-
« sort. »

Cette pétition impérieuse parut plus dure
encore par le ton de Robespierre. L'assemblée
répondit au peuple de Paris par une adresse
dans laquelle elle repoussa tout projet de commission extraordinaire et de chambre ardente,
comme indigne de la liberté, et comme propre seulement au despotisme.

Ces raisonnables observations ne produisirent aucun effet; l'irritation n'en devint que
plus grande. On ne parla dans tout Paris que

du tocsin, et dès le lendemain un représentant de la commune, se présentant à la barre, dit à l'assemblée : « Comme citoyen, comme « magistrat du peuple, je viens vous annon- « cer que ce soir à minuit le tocsin sonnera, « et la générale battra. Le peuple est las de « n'être point vengé. Craignez qu'il ne se fasse « justice lui-même. Je demande, ajouta l'au- « dacieux pétitionnaire, que sans désemparer « vous décrétiez qu'il sera nommé un citoyen « par chaque section pour former un tribunal « criminel. »

Cette menaçante apostrophe souleva l'assemblée, et particulièrement les députés Choudieu et Thuriot, qui réprimandèrent vivement l'envoyé de la commune. Cependant la discussion s'engagea, et la proposition de la commune, fortement appuyée par les membres ardents de l'assemblée, fut enfin convertie en décret. Un corps électoral dut se réunir pour élire les membres d'un tribunal extraordinaire, destiné à juger les crimes commis dans la journée du 10 août, *et autres crimes y relatifs, circonstances et dépendances*. Ce tribunal, divisé en deux sections, devait juger en dernier ressort et sans appel. Tel fut le premier essai du tribunal révolutionnaire, et la première accélération donnée par la vengeance aux formes de la justice. Ce tribunal fut appelé tribunal du 17 août.

On ignorait encore l'effet produit aux armées par la dernière révolution, et la manière dont avaient été accueillis les décrets du 10. C'était là le point le plus important, et duquel dépendait le sort de la révolution nouvelle. La frontière était toujours partagée en trois corps d'armée, celui du nord, du centre et du midi. Luckner commandait au nord, Lafayette au centre, et Montesquiou au midi. Depuis les malheureuses affaires de Mons et de Tournay, Luckner, pressé par Dumouriez, avait encore essayé l'offensive sur les Pays-Bas, mais il s'était retiré, et, en évacuant Courtray, il avait brûlé les faubourgs, ce qui était devenu un grave motif d'accusation contre le ministère à la veille de la déchéance. Depuis, les armées étaient demeurées dans la plus complète inaction, vivant dans des camps retranchés, et se bornant à de légères escarmouches. Dumouriez, en quittant le ministère, s'était rendu comme lieutenant-général auprès de Luckner, et avait été mal accueilli à l'armée, où dominait l'esprit du parti Lafayette. Luckner, tout-à-fait soumis dans le moment à cette influence, relégua Dumouriez dans l'un de ces camps, celui de Maulde, et l'y laissa, avec un petit nombre de troupes, s'occuper à des retranchements et à des escarmouches.

Lafayette, voulant, à cause des dangers du roi, se rapprocher de Paris, désirait prendre le commandement du nord. Cependant il ne voulait point quitter ses troupes, dont il était très-aimé, et il convint avec Luckner de changer de position, chacun avec sa division, et de décamper tous les deux, l'un pour se porter au nord, l'autre au centre. Ce déplacement des armées, en présence de l'ennemi, aurait pu avoir des dangers, si très-heureusement la guerre n'eût été complétement inactive. Luckner s'était donc rendu à Metz, et Lafayette à Sedan. Pendant ce mouvement croisé, Dumouriez, chargé de suivre avec son petit corps l'armée de Luckner, à laquelle il appartenait, s'arrêta tout-à-coup en présence de l'ennemi, qui avait fait menace de l'attaquer; et il fut obligé de demeurer dans son camp, sous peine d'ouvrir l'entrée de la Flandre au duc de Saxe-Teschen. Il réunit les autres généraux qui occupaient auprès de lui des camps séparés; il s'entendit avec Dillon, qui arrivait avec une portion de l'armée de Lafayette, et provoqua un conseil de guerre à Valenciennes, pour justifier, par la nécessité, sa désobéissance à Luckner. Pendant ce temps, Luckner était arrivé à Metz,

Lafayette à Sedan; et sans les événements du 10 août, Dumouriez allait peut-être subir une arrestation et un jugement militaire, pour son refus de marcher en avant.

Telle était la situation des armées, lorsque la nouvelle du renversement du trône y fut connue. Le premier soin de l'assemblée législative fut d'y envoyer, comme on l'a vu, trois commissaires, pour porter ses décrets, et faire prêter le nouveau serment aux troupes. Les trois commissaires, arrivés à Sedan, furent reçus par la municipalité, qui tenait de Lafayette l'ordre de les faire arrêter. Le maire les interrogea sur la scène du 10 août, exigea le récit de tous les événements, et déclara, d'après les secrètes instructions de Lafayette, qu'évidemment l'assemblée législative n'était plus libre lorsqu'elle avait prononcé la suspension du roi; que ses commissaires n'étaient que les envoyés d'une troupe factieuse, et qu'ils allaient être enfermés au nom de la constitution. Ils furent en effet emprisonnés; et Lafayette, pour mettre à couvert les exécuteurs de cet ordre, le prit sous sa propre responsabilité. Immédiatement après, il fit renouveler dans son armée le serment de fidélité à la loi et au roi, et ordonna qu'il fût répété dans tous les corps soumis à son commandement. Il comptait sur soixante-quinze départements, qui avaient adhéré à sa lettre du 16 juin, et il se proposait de tenter un mouvement contraire à celui du 10 août. Dillon, qui était à Valenciennes sous les ordres de Lafayette, et qui avait un commandement supérieur à Dumouriez, obéit à son général en chef, fit prêter le serment de fidélité à la loi et au roi, et enjoignit à Dumouriez d'en faire de même dans son camp de Maulde. Dumouriez, jugeant mieux l'avenir, et d'ailleurs irrité contre les feuillants, sous l'empire desquels il se trouvait, saisit cette occasion de leur résister et de gagner la faveur du gouvernement nouveau, en refusant le serment pour lui et pour ses troupes.

Le 17, le jour même où le nouveau tribunal criminel fut si tumultueusement établi, on apprit par une lettre que les commissaires envoyés à l'armée de Lafayette avaient été arrêtés par ses ordres, et que l'autorité législative était méconnue. Cette nouvelle répandit encore plus d'irritation que d'alarme; les cris contre Lafayette retentirent avec plus de force que jamais. On demanda son accusation, et on reprocha à l'assemblée de ne pas l'avoir prononcée plus tôt. Sur-le-champ un décret fut rendu contre le département des Ardennes; de nouveaux commissaires furent dépêchés avec les mêmes pouvoirs que les précédents, et avec la commission de faire élargir les trois prisonniers. On envoya aussi d'autres commissaires à l'armée de Dillon. Le 19 au matin, l'assemblée déclara Lafayette traître à la patrie, et lança contre lui un décret d'accusation.

La circonstance était grave, et, si cette résistance n'était pas vaincue, la nouvelle révolution se trouvait avortée. La France, partagée entre les républicains de l'intérieur et les constitutionnels de l'armée, demeurait divisée en présence de l'ennemi, également exposée à l'invasion et à une réaction terrible. Lafayette devait détester dans la révolution du 10 août, l'abolition de la constitution de 91, l'accomplissement de toutes les prophéties aristocratiques, et la justification de tous les reproches que la cour adressait à la liberté. Il ne devait voir, dans cette victoire de la démocratie, qu'une anarchie sanglante et une confusion interminable. Pour nous, cette confusion a eu un terme, et le sol au moins a été défendu contre l'étranger; pour Lafayette, l'avenir était effrayant et inconnu; la défense du sol était peu praticable au milieu des convulsions politiques, et il devait éprouver le désir de résister à ce chaos, en s'armant contre les deux ennemis extérieur et intérieur. Mais sa position était difficile, et il n'eût été donné à aucun homme de la surmonter. Son armée lui était dévouée, mais les armées n'ont point de volonté personnelle, et ne peuvent avoir que celle qui leur est communiquée par l'autorité supérieure. Quand une révolution éclate avec la violence de 89, alors, entraînées aveuglément, elles manquent à l'ancienne autorité, parce que la nouvelle impulsion est la plus forte; mais il n'en était pas de même ici. Proscrit, frappé d'un décret, Lafayette ne pouvait, avec sa seule popularité militaire, soulever ses troupes contre l'autorité de l'intérieur, et, avec son impulsion personnelle, combattre l'impulsion révolutionnaire de Paris. Placé entre deux ennemis, et incertain sur ses devoirs, il ne pouvait qu'hésiter. L'assemblée, au contraire, n'hésitant pas, envoya décrets sur décrets, et les appuyant par des commissaires énergiques, dut l'emporter sur l'hésitation du général et décider l'armée. En effet, les troupes de Lafayette s'ébranlèrent successivement, et parurent l'abandonner. Les autorités civiles, intimidées, cédèrent aux nouveaux commissaires. L'exemple de Dumouriez, qui se déclara pour la révolution du 10 août, acheva de tout entraîner, et le général opposant demeura seul avec son état-major, composé d'officiers feuillants ou constitutionnels.

Bouillé, dont l'énergie n'était pas douteuse, Dumouriez, dont les grands talents ne sauraient être contestés, ne purent pas non plus agir autrement à des époques différentes, et se virent obligés de prendre la fuite. Lafayette ne devait pas être plus heureux. Écrivant aux diverses autorités civiles qui l'avaient secondé dans sa résistance, il prit sur lui la responsabilité des ordres donnés contre les commissaires de l'assemblée, et quitta son camp le 20 août, avec quelques officiers, ses amis, et ses compagnons d'armes et d'opinion. Bureau de Puzy, Latour-Maubourg, Lameth, l'accompagnaient. Ils abandonnèrent le camp, n'emportant avec eux qu'un mois de leur solde, et suivis de quelques domestiques. Lafayette laissa tout en ordre dans son armée, et eut soin de faire les dispositions nécessaires pour résister à l'ennemi, en cas d'attaque. Il renvoya quelques cavaliers qui l'escortaient, pour ne pas enlever à la France un seul de ses défenseurs, et le 21, il prit avec ses amis le chemin des Pays-Bas. Arrivés aux avant-postes autrichiens, après une route qui avait épuisé leurs chevaux, ces premiers émigrés de la liberté furent arrêtés, contre le droit des gens, et traités comme prisonniers de guerre. La joie fut grande quand le nom de Lafayette retentit dans le camp des coalisés, et qu'on le sut captif de la ligue aristocratique. Torturer l'un des premiers amis de la révolution, et pouvoir imputer à la révolution elle-même la persécution de ses premiers auteurs, voir se vérifier tous les excès qu'on avait prédits, c'était plus qu'il ne fallait pour répandre une satisfaction universelle dans l'aristocratie européenne.

Lafayette réclama, pour lui et pour ses amis, la liberté qui leur était due; mais ce fut en vain. On la lui offrit au prix d'une rétractation, non pas de toutes ses opinions, mais d'une seule, celle qui était relative à l'abolition de la noblesse. Il refusa, menaçant même, si on interprétait faussement ses paroles, de donner un démenti devant un officier public. Il accepta donc les fers pour prix de sa constance, et alors qu'il croyait la liberté perdue en Europe et en France, il n'éprouva aucun désordre d'esprit, et ne cessa pas de la regarder comme le plus précieux des biens. Il la professa encore, et devant les oppresseurs qui le tenaient dans les cachots, et devant ses anciens amis qui étaient demeurés en France. « Aimez, écrivait-il à ces derniers, aimez toujours la liberté, malgré ses orages, et servez votre pays. » Que l'on compare cette défection à celle de Bouillé, sortant de son pays pour y rentrer avec les souverains ennemis; à celle de Dumouriez, se brouillant, non par conviction, mais par humeur, avec la Convention qu'il avait servie, et on rendra justice à l'homme qui n'abandonne la France que lorsque la vérité à laquelle il croit, en est proscrite, et qui ne va point ni la maudire, ni la désavouer dans les armées ennemies, mais qui la professe et la soutient encore dans les cachots!

Cependant ne blâmons pas trop Dumouriez, dont on va bientôt apprécier les mémorables services. Cet homme flexible et habile avait parfaitement deviné la puissance naissante. Après s'être rendu presque indépendant par son refus d'obéir à Luckner et de quitter le camp de Maulde, après avoir refusé le serment ordonné par Dillon, il fut aussitôt récompensé de son dévouement par le commandement en chef des armées du nord et du centre. Dillon, brave, impétueux, mais aveugle, fut d'abord destitué pour avoir obéi à Lafayette; mais il fut réintégré dans son commandement par le crédit de Dumouriez, qui, voulant arriver à son but, et blesser, en y marchant, le moins d'hommes possible, s'empressa de l'appuyer auprès des commissaires de l'assemblée. Dumouriez se trouvait donc général en chef de toute la frontière, depuis Metz jusqu'à Dunkerque. Luckner était à Metz avec son armée autrefois du nord. Inspiré d'abord par Lafayette, il avait paru résister au 10 août; mais, cédant bientôt à son armée et aux commissaires de l'assemblée, il adhéra aux décrets, et, après avoir pleuré encore, obéit à la nouvelle impulsion qui lui était communiquée.

Le 10 août, et l'avancement de la saison, étaient des motifs pour décider la coalition à pousser enfin la guerre avec activité. Les dispositions des puissances n'étaient point changées à l'égard de la France. L'Angleterre, la Hollande, le Danemark et la Suisse promettaient toujours une stricte neutralité. La Suède, depuis la mort de Gustave, y revenait sincèrement : les principautés italiennes étaient fort malveillantes pour nous, mais heureusement très-impuissantes. L'Espagne ne se prononçait pas encore, et demeurait livrée à des intrigues contraires. Restaient pour ennemis prononcés la Russie et les deux principales cours d'Allemagne. Mais la Russie s'en tenait encore à de mauvais procédés, et se bornait à renvoyer notre ambassadeur. La Prusse et l'Autriche portaient seules leurs armes sur nos frontières. Parmi les états allemands, il n'y avait que les trois électeurs ecclésiastiques, et les landgraves des deux Hesse, qui eussent pris une part active à la coalition : les autres attendaient d'y être contraints. Dans cet état de choses, cent trente-huit mille hommes parfaitement organisés et disciplinés menaçaient la France, qui ne pouvait en opposer tout au plus que cent vingt mille, disséminés sur une frontière immense, ne formant sur aucun point une masse suffisante, privés de leurs officiers, n'ayant aucune confiance en eux-mêmes ni dans leurs chefs, et jusque-là toujours battus dans la guerre de postes qu'ils avaient soutenue. Le projet de la coalition était d'envahir hardiment la France en pénétrant par les Ardennes, et en se portant par Châlons sur Paris. Les deux souverains de Prusse et d'Autriche s'étaient rendus en personne à Mayence. Soixante mille Prussiens, héritiers des traditions et de la gloire de Frédéric, s'avançaient en une seule colonne sur notre centre; ils marchaient par Luxembourg sur Longwy. Vingt mille Autrichiens, commandés par le général Clerfayt, les soutenaient à droite en occupant Stenay. Seize mille Autrichiens, sous les ordres du prince de Hohenlohe-Kirchberg, et dix mille Hessois, flanquaient la gauche des Prussiens. Le duc de Saxe-Teschen occupait les Pays-Bas, et en menaçait les places fortes. Le prince de Condé, avec six mille émigrés français, s'était porté vers Philipsbourg.

Plusieurs autres corps d'émigrés étaient répandus dans les diverses armées prussiennes et autrichiennes. Les cours étrangères, qui ne voulaient pas en réunissant les émigrés leur laisser acquérir trop d'influence, avaient d'abord eu le projet de les fondre dans les régiments allemands, et consentirent ensuite à les laisser exister en corps distincts, mais répartis entre les armées coalisées. Ces corps étaient pleins d'officiers qui s'étaient résignés à devenir soldats; ils formaient une cavalerie brillante, mais plus propre à déployer une grande valeur en un jour périlleux, qu'à soutenir une longue campagne.

Les armées françaises étaient disposées de la manière la plus malheureuse pour résister à une telle masse de forces. Trois généraux, Beurnonville, Moreton et Duval, réunissaient trente mille hommes en trois camps séparés, à Maulde, Maubeuge et Lille. C'étaient là toutes les ressources françaises sur la frontière du nord et des Pays-Bas. L'armée de Lafayette, désorganisée par le départ de son général, et livrée à la plus grande incertitude de sentiments, campait à Sedan, forte de vingt-trois mille hommes. Dumouriez allait en prendre le commandement. L'armée de Luckner, composée de vingt mille soldats, occupait Metz, et

venait, comme toutes les autres, de recevoir
un nouveau général, c'était Kellermann. L'assemblée, mécontente de Luckner, n'avait cependant pas voulu le destituer; et, en donnant
son commandement à Kellermann, elle lui
avait, sous le titre de généralissime, conservé
le soin d'organiser la nouvelle armée de réserve, et la mission purement honorifique de
conseiller les généraux. Restaient Custine, qui,
avec quinze mille hommes, occupait Landau,
et enfin Biron, qui, placé dans l'Alsace avec
trente mille hommes, était trop éloigné du
principal théâtre de la guerre pour influer sur
le sort de la campagne.

Les deux seuls rassemblements placés sur
la rencontre de la grande armée des coalisés,
étaient les vingt-trois mille hommes délaissés
par Lafayette, et les vingt mille de Kellermann, rangés autour de Metz. Si la grande armée d'invasion, mesurant ses mouvements à
son but, eût marché rapidement sur Sedan,
tandis que les troupes de Lafayette, privées
de général, livrées au désordre, et n'ayant pas
encore été saisies par Dumouriez, étaient sans
ensemble et sans direction, le principal corps
défensif eût été enlevé, les Ardennes auraient
été ouvertes, et les autres généraux se seraient
vus obligés de se replier rapidement pour se

réunir derrière la Marne. Peut-être n'auraient-ils pas eu le temps de venir de Lille et de Metz à Châlons et à Reims; alors Paris se trouvant découvert, il ne serait resté au nouveau gouvernement que l'absurde projet d'un camp sous Paris, ou la fuite au-delà de la Loire.

Mais si la France se défendait avec tout le désordre d'une révolution, les puissances étrangères attaquaient avec toute l'incertitude et la divergence de vues d'une coalition. Le roi de Prusse, enivré de l'idée d'une conquête facile, flatté, trompé par les émigrés, qui lui présentaient l'invasion comme une simple *promenade militaire*, voulait l'expédition la plus hardie. Mais il y avait encore trop de prudence à ses côtés, dans le duc de Brunswick, pour que sa présomption eût au moins l'effet heureux de l'audace et de la promptitude. Le duc de Brunswick, qui voyait la saison très-avancée, le pays tout autrement disposé que ne le disaient les émigrés, qui d'ailleurs jugeait de l'énergie révolutionnaire par l'insurrection du 10 août, pensait qu'il valait mieux s'assurer une solide base d'opérations sur la Moselle, en faisant les siéges de Metz et de Thionville, et remettre à la saison prochaine le renouvellement des hostilités, avec l'avantage des conquêtes précédentes. Cette lutte entre la précipitation du souverain et la prudence du général, la lenteur des Autrichiens, qui n'envoyaient sous les ordres du prince de Hohenlohe que dix-huit mille hommes au lieu de cinquante, empêchèrent tout mouvement décisif. Cependant l'armée prussienne continua de marcher vers le centre, et se trouva le 20 devant Longwy, l'une des places fortes les plus avancées de cette frontière.

Dumouriez, qui avait toujours cru qu'une invasion dans les Pays-Bas y ferait éclater une révolution, et que cette invasion sauverait la France des attaques de l'Allemagne, avait tout préparé pour se porter en avant, le jour même où il reçut sa commission de général en chef des deux armées. Déjà il allait prendre l'offensive contre le prince de Saxe-Teschen, lorsque Westermann, si actif au 10 août, et envoyé comme commissaire à l'armée de Lafayette, vint lui apprendre ce qui se passait sur le théâtre de la grande invasion. Le 22, Longwy avait ouvert ses portes aux Prussiens, après un bombardement de quelques heures. Le désordre de la garnison et la faiblesse du commandant en étaient la cause. Fiers de cette conquête et de la prise de Lafayette, les Prussiens penchaient plus que jamais pour le projet d'une prompte offensive. L'armée de Lafayette était perdue si le nouveau général ne venait la rassurer par sa présence, et en diriger les mouvements d'une manière utile.

Dumouriez abandonna donc son projet favori, et, le 25 ou le 26, se rendit à Sedan, où sa présence n'inspira d'abord parmi les troupes que la haine et les reproches. Il était l'ennemi de Lafayette qu'on chérissait encore. On lui attribuait d'ailleurs cette guerre malheureuse, parce que c'est sous son ministère qu'elle avait été déclarée; enfin il était considéré comme un homme de plume, et point du tout comme un homme de guerre. Ces propos circulaient partout dans le camp, et arrivaient souvent jusqu'à l'oreille du général. Dumouriez ne se déconcerta pas. Il commença par rassurer les troupes, en affectant une contenance ferme et tranquille, et bientôt il leur fit sentir l'influence d'un commandement plus vigoureux. Cependant la situation de vingt-trois mille hommes désorganisés, en présence de quatre-vingt mille parfaitement disciplinés, était tout-à-fait désespérante. Les Prussiens, après avoir pris Longwy, avaient bloqué Thionville, et s'avançaient sur Verdun, qui était beaucoup moins capable de résister que la place de Longwy.

Les généraux, rassemblés par Dumouriez,

pensaient tous qu'il ne fallait pas attendre les Prussiens à Sedan, mais se retirer rapidement derrière la Marne, s'y retrancher le mieux possible, pour y attendre la jonction des autres armées, et pour couvrir ainsi la capitale, qui n'était séparée de l'ennemi que par quarante lieues. Ils pensaient tous que, si on s'exposait à être battu en voulant résister à l'invasion, la déroute serait complète, que l'armée démoralisée ne s'arrêterait plus depuis Sedan jusqu'à Paris, et que les Prussiens y marcheraient directement et à pas de vainqueurs. Telle était notre situation militaire, et l'opinion qu'en avaient nos généraux.

L'opinion qu'on s'en formait à Paris n'était pas meilleure, et l'irritation croissait avec le danger. Cependant cette immense capitale, qui n'avait jamais vu l'ennemi dans son sein, et qui se faisait de sa propre puissance une idée proportionnée à son étendue et à sa population, se figurait difficilement qu'on pût pénétrer dans ses murs; elle redoutait beaucoup moins le péril militaire qu'elle n'apercevait pas, et qui était encore loin d'elle, que le péril d'une réaction de la part des royalistes momentanément abattus. Tandis qu'à la frontière les généraux ne voyaient que les Prussiens, à l'intérieur on ne voyait que les aristocrates, conspirant sourdement pour détruire la liberté.

On se disait que le roi était prisonnier, mais que son parti n'en existait pas moins, et qu'il conspirait, comme avant le 10 août, pour ouvrir Paris à l'étranger. On se figurait toutes les grandes maisons de la capitale remplies de rassemblements armés, prêts à en sortir au premier signal, à délivrer Louis XVI, à s'emparer de l'autorité, et à livrer la France sans défense au fer des émigrés et des coalisés. Cette correspondance entre l'ennemi *intérieur* et l'ennemi *extérieur* occupait tous les esprits. *Il faut*, disait-on, *se délivrer des traîtres*, et déjà se formait l'épouvantable idée d'immoler les vaincus, idée qui chez le grand nombre n'était qu'un mouvement d'imagination, et qui chez quelques hommes, ou plus sanguinaires, ou plus ardents, ou plus à portée d'agir, pouvait se changer en un projet réel et médité.

On a déjà vu qu'il avait été question de venger le peuple des coups reçus dans la journée du 10, et qu'il s'était élevé entre l'assemblée et la commune une violente querelle au sujet du tribunal extraordinaire. Ce tribunal, qui avait déjà fait tomber la tête de Dangremont et du malheureux Laporte, intendant de la liste civile, n'agissait point assez vite au gré d'un peuple furieux et exalté, qui voyait des ennemis partout. Il lui fallait des formes plus promptes pour punir les *traîtres*, et il demandait surtout le jugement des prévenus déférés à la haute cour d'Orléans. C'étaient, pour la plupart, des ministres et de hauts fonctionnaires, accusés, comme on sait, de prévarication. Delessart, le ministre des affaires étrangères, était du nombre. On se récriait de tous côtés contre la lenteur des procédures, on voulait la translation des prisonniers à Paris, et leur prompt jugement par le tribunal du 17 août. L'assemblée consultée à cet égard, ou plutôt sommée de céder au vœu général, et de rendre un décret de translation, avait fait une courageuse résistance. La haute cour nationale était, disait-elle, un établissement constitutionnel, qu'elle ne pouvait changer, parce qu'elle n'avait pas les pouvoirs constituants, et parce que le droit de tout accusé était de n'être jugé que d'après des lois antérieures. Cette question avait de nouveau soulevé des nuées de pétitionnaires, et l'assemblée eut à résister à la fois à une minorité ardente, à la commune, et aux sections déchaînées. Elle se contenta de rendre plus expéditives quelques formes de la procédure, mais elle décréta que les accusés auprès de la haute cour demeureraient à Orléans, et ne seraient pas distraits de la juridiction que la constitution leur avait assurée.

Il se formait ainsi deux opinions : l'une qui voulait qu'on respectât les vaincus, sans déployer pourtant moins d'énergie contre l'étranger, et l'autre qui voulait qu'on immolât d'abord les ennemis cachés, avant de se porter contre les ennemis armés qui s'avançaient sur Paris. Cette dernière pensée était moins une opinion qu'un sentiment aveugle et féroce, composé de peur et de colère, et qui devait s'accroître avec le danger.

Les Parisiens étaient d'autant plus irrités que le péril était plus grand pour leur ville, foyer de toutes les insurrections, et but principal de la marche des armées ennemies. Ils accusaient l'assemblée, composée des députés des départements, de vouloir se retirer dans les provinces. Les girondins surtout, qui appartenaient pour la plupart aux provinces du midi, et qui formaient cette majorité modérée, odieuse à la commune, les girondins étaient accusés de vouloir sacrifier Paris, par haine pour la capitale. On leur supposait ainsi des sentiments assez naturels, et que les Parisiens pouvaient croire avoir provoqués; mais ces députés aimaient trop sincèrement leur patrie et leur cause pour songer à abandonner Paris. Il est vrai qu'ils avaient toujours pensé que, le Nord perdu, on pourrait se replier sur le Midi; il est vrai que, dans le moment même, quelques-uns d'entre eux regardaient comme prudent de transporter le siége du gouvernement au-delà de la Loire; mais le désir de sacrifier une cité odieuse, et de transporter le gouvernement dans des lieux où ils en seraient maîtres, n'était point dans leur cœur. Ils avaient trop d'élévation dans l'ame, ils étaient d'ailleurs encore trop puissants, et comptaient trop sur la réunion de la prochaine convention, pour songer déjà à se détacher de Paris.

On accusait donc à la fois leur indulgence pour les traîtres, et leur indifférence pour les intérêts de la capitale. Forcés de lutter contre les hommes les plus violents, ils devaient, même en ayant le nombre et la raison pour eux, céder à l'activité et à l'énergie de leurs adversaires. Dans le conseil exécutif, ils étaient cinq contre un; car, outre les trois ministres Servan, Clavière et Roland, pris dans leur sein, les deux autres, Monge et Lebrun, étaient aussi de leur choix. Mais le seul Danton, qui, sans être leur ennemi personnel, n'avait ni leur modération ni leurs opinions, le seul Danton dominait le conseil, et leur enlevait toute influence. Tandis que Clavière tâchait de réunir quelques ressources financières, que

Servan se hâtait de procurer des renforts aux généraux, que Roland répandait les circulaires les plus sages pour éclairer les provinces, diriger les autorités locales, empêcher leurs empiétements de pouvoir, et arrêter les violences de toute espèce, Danton s'occupait de placer dans l'administration toutes ses créatures. Il envoyait partout ses fidèles cordeliers, se procurait ainsi de nombreux appuis, et faisait partager à ses amis les profits de la révolution. Entraînant ou effrayant ses collègues, il ne trouvait d'obstacle que dans la rigidité inflexible de Roland, qui rejetait souvent ou les mesures ou les sujets qu'il proposait. Danton en était contrarié, sans rompre néanmoins avec Roland, et il tâchait d'emporter le plus de nominations ou de décisions possibles.

Danton, dont la véritable domination était dans Paris, voulait la conserver, et il était bien décidé à empêcher toute translation au-delà de la Loire. Doué d'une audace extraordinaire, ayant proclamé l'insurrection la veille du 10 août, lorsque tout le monde hésitait encore, il n'était pas homme à reculer, et il pensait qu'il fallait s'ensevelir dans la capitale. Maître du conseil, lié avec Marat et le comité de surveillance de la commune, écouté dans tous les clubs, vivant enfin au milieu de la multitude, comme dans un élément qu'il soulevait à volonté, Danton était l'homme le plus puissant de Paris; et cette puissance fondée sur un naturel violent, qui le mettait en rapport avec les passions du peuple, devait être redoutable aux vaincus. Dans son ardeur révolutionnaire, Danton penchait pour toutes les idées de vengeance que repoussaient les girondins. Il était le chef de ce parti parisien qui se disait : « Nous ne re-« culerons pas, nous périrons dans la capitale « et sous ses ruines; mais nos ennemis péri-« ront avant nous. » Ainsi se préparaient dans les ames d'épouvantables sentiments, et des scènes horribles allaient en être l'affreuse conséquence.

Le 26, la nouvelle de la prise de Longwy se répandit avec rapidité, et causa dans Paris une agitation générale. On disputa pendant toute la journée sur sa vraisemblance; enfin elle ne put être contestée, et on sut que la place avait ouvert ses portes après un bombardement de quelques heures. La fermentation fut si grande, que l'assemblée décréta la peine de mort contre tout citoyen qui, dans une place assiégée, parlerait de se rendre. Sur la demande de la commune, on ordonna que Paris et les départements voisins fourniraient, sous quelques jours, trente mille hommes armés et équipés. L'enthousiasme qui régnait rendait cet enrôlement facile, et le nombre rassurait sur le danger. On ne se figurait pas que cent mille Prussiens pussent l'emporter sur quelques millions d'hommes qui voulaient se défendre. On travailla avec une nouvelle activité au camp sous Paris, et toutes les femmes se réunirent dans les églises pour contribuer à préparer les effets de campement.

Danton se rendit à la commune, et sur sa proposition, on eut recours aux moyens les plus extrêmes. On résolut de faire dans les sections le recensement de tous les indigents, de leur donner une paie et des armes; on ordonna en outre le désarmement et l'arrestation des suspects, et on réputa tels, tous les signataires de la pétition contre le 20 juin, et contre le décret du camp sous Paris. Pour opérer ce désarmement et cette arrestation, on imagina les visites domiciliaires, qu'on organisa de la manière la plus effrayante. Les barrières devaient être fermées pendant 48 heures, à partir du 29 août au soir, et aucune permission de sortir ne pouvait être délivrée pour aucun motif. Des patachcs étaient placées sur la rivière, pour empêcher toute évasion par cette issue. Les communes environnantes étaient chargées d'arrêter quiconque serait surpris dans la campagne ou sur les routes. Le tambour devait annoncer les visites, et à ce signal, chaque citoyen était tenu de se rendre chez lui, sous peine d'être traité comme suspect de rassemblement, si on le trouvait chez autrui. Pour cette raison, toutes les assemblées de section, et le grand tribunal lui-même, devaient vaquer pendant ces deux jours. Des commissaires de la commune, assistés de la force armée, avaient la mission de faire les visites, de s'emparer des armes, et d'arrêter les suspects, c'est-à-dire les signataires de toutes les pétitions déjà désignées, les prêtres non assermentés, les citoyens qui mentiraient dans leurs déclarations, ceux contre lesquels il existait des dénonciations, etc., etc... A dix heures du soir, les voitures devaient cesser de circuler, et la ville être illuminée pendant toute la nuit.

Telles furent les mesures prises pour arrêter, disait-on, *les mauvais citoyens qui se cachaient depuis le* 10 *août.* Dès le 27 au soir, on commença ces visites, et un parti, livré à la dénonciation d'un autre, fut exposé à être jeté tout entier dans les prisons. Tout ce qui avait appartenu à l'ancienne cour, ou par les emplois, ou par le rang, ou par les assiduités au château, tout ce qui s'était prononcé pour elle lors des divers mouvements royalistes, tous ceux qui avaient de lâches ennemis, capables de se venger par une dénonciation, furent jetés dans les prisons au nombre de douze ou quinze mille individus. C'était le comité de surveillance de la commune qui présidait à ces arrestations, et les faisait exécuter sous ses yeux. Ceux qu'on arrêtait étaient conduits d'abord de leur demeure au comité de leur section, et de ce comité à celui de la commune. Là, ils étaient brièvement questionnés sur leurs sentiments et sur les actes qui en prouvaient le plus ou moins d'énergie. Souvent un seul membre du comité les interrogeait, tandis que les autres membres, accablés de plusieurs jours de veille, dormaient sur les chaises ou sur les tables. Les individus arrêtés étaient d'abord déposés à l'Hôtel-de-Ville, et ensuite distribués dans les prisons où il restait encore quelque place. Là, se trouvaient enfermées toutes les opinions qui s'étaient succédé jusqu'au 10 août, tous les rangs qui avaient été renversés, et de simples bourgeois déjà estimés aussi aristocrates que des ducs et des princes.

La terreur régnait dans Paris. Elle était chez les républicains menacés par les armées prussiennes, et chez les royalistes menacés par les républicains. Le comité *de défense générale*, établi dans l'assemblée, pour aviser aux moyens de résister à l'ennemi, se réunit le 30, et appela dans son sein le conseil exécutif pour délibérer sur les moyens de salut public. La réunion était nombreuse, parce qu'aux membres du comité se joignirent une foule de députés, qui voulaient assister à cette séance. Divers avis furent ouverts. Le ministre Servan n'avait aucune confiance dans les armées, et ne pensait pas que Dumouriez pût, avec les vingt-trois mille hommes que lui avait laissés Lafayette, arrêter les Prussiens. Il ne voyait entre eux et Paris aucune position assez forte pour leur tenir tête, et arrêter leur marche. Chacun pensait comme lui à cet égard, et après avoir proposé de porter toute la population en armes sous les murs de Paris, pour y combattre avec désespoir, on parla de se retirer au besoin à Saumur, pour mettre, entre l'ennemi et les autorités dépositaires de la souveraineté nationale, de nouveaux espaces et de nouveaux obstacles. Vergniaud, Guadet, combattirent l'idée de quitter Paris. Après eux, Danton prit la parole.

« On vous propose, dit-il, de quitter Paris.
« Vous n'ignorez pas que, dans l'opinion des
« ennemis, Paris représente la France, et que
« leur céder ce point, c'est leur abandonner la
« révolution. Reculer c'est nous perdre. Il faut
« donc nous maintenir ici par tous les moyens,
« et nous sauver par l'audace.

« Parmi les moyens proposés, aucun ne m'a
« semblé décisif. Il faut ne pas se dissimuler la si-
« tuation dans laquelle nous a placés le 10 août.
« Il nous a divisés en républicains et en royalis-
« tes, les premiers peu nombreux, et les se-
« conds beaucoup. Dans cet état de faiblesse,
« nous républicains, nous sommes exposés à
« deux feux, celui de l'ennemi, placé au de-
« hors, et celui des royalistes, placés au de-
« dans. Il est un directoire royal qui siége se-
« crètement, à Paris, et correspond avec l'armée
« prussienne. Vous dire où il se réunit, qui
« le compose, serait impossible aux ministres.
« Mais pour le déconcerter, et empêcher sa fu-
« neste correspondance avec l'étranger, *il faut...*
« *il faut faire peur aux royalistes......* »

A ces mots, accompagnés d'un geste exter-
minateur, l'effroi se peignit sur les visages. « Il
« faut, vous dis-je, reprit Danton, faire peur
« aux royalistes... C'est dans Paris surtout qu'il
« vous importe de vous maintenir, et ce n'est
« pas en vous épuisant dans des combats in-
« certains que vous y réussirez..... » La stupeur
se répandit aussitôt dans le conseil. Aucun mot
ne fut ajouté à ces paroles, et chacun se retira
sans prévoir précisément, sans oser même pénétrer ce que préparait le ministre.

Il se rendit immédiatement après au comité

de surveillance de la commune, qui disposait souverainement de la personne de tous les citoyens, et où régnait Marat. Les collègues ignorants et aveugles de Marat étaient Panis et Sergent, déjà signalés au 20 juin et au 10 août, et les nommés Jourdeuil, Duplain, Lefort et Lenfant. Là, dans la nuit du jeudi 30 août au vendredi 31, furent médités d'horribles projets contre les malheureux, détenus dans les prisons de Paris. Déplorable et terrible exemple des emportements politiques! Danton que toujours on trouva sans haine contre ses ennemis personnels, et souvent accessible à la pitié, prêta son audace aux horribles rêveries de Marat : ils formèrent tous deux un complot dont plusieurs siècles ont donné l'exemple, mais qui, à la fin du dix-huitième, ne peut pas s'expliquer par l'ignorance des temps et la férocité des mœurs. On a vu, trois années auparavant, le nommé Maillard figurer à la tête des femmes soulevées dans les fameuses journées du 5 et du 6 octobre. Ce Maillard, ancien huissier, homme intelligent et sanguinaire, s'était composé une bande d'hommes grossiers et propres à tout oser, tels enfin qu'on les trouve dans les classes où l'éducation n'a pas épuré les penchants en éclairant l'intelligence. Il était connu comme maître de cette bande, et, s'il faut en croire une révélation récente, on l'avertit de se tenir prêt à agir au premier signal, de se placer d'une manière utile et sûre, de préparer des assommoirs, de prendre des précautions pour empêcher les cris des victimes, de se procurer du vinaigre, des balais de houx, de la chaux vive, des voitures couvertes, etc.

Dès cet instant, le bruit d'une terrible exécution se répandit sourdement. Les parents des détenus étaient dans les angoisses, et le complot, comme celui du 10 août, du 20 juin, et tous les autres, éclatait d'avance par des signes sinistres. De toutes parts, on répétait qu'il fallait, par un exemple terrible, effrayer les conspirateurs qui du fond des prisons s'entendaient avec l'étranger. On se plaignait de la lenteur du tribunal chargé de punir les coupables du 10 août, et on demandait à grands cris une prompte justice. Le 31, l'ancien ministre Montmorin est acquitté par le tribunal du 17 août, et on répand que la trahison est partout, et que l'impunité des coupables est assurée. Dans la même journée, on assure qu'un condamné a fait des révélations. Ces révélations portent que dans la nuit les prisonniers doivent s'échapper des cachots, s'armer, se répandre dans la ville, y commettre d'horribles vengeances, enlever ensuite le roi, et ouvrir Paris aux Prussiens. Cependant les détenus qu'on accusait tremblaient pour leur vie; leurs parents étaient consternés, et la famille royale n'attendait que la mort au fond de la tour du Temple.

Aux Jacobins, dans les sections, au conseil de la commune, dans la minorité de l'assemblée, il était une foule d'hommes qui croyaient à ces complots supposés, et qui osaient déclarer légitime l'extermination des détenus. Certes la nature ne fait pas tant de monstres pour un seul jour, et l'esprit de parti seul peut égarer tant d'hommes à la fois! Triste leçon pour les peuples! on croit à des dangers, on se persuade qu'il faut les repousser; on le répète, on s'enivre, et tandis que certains hommes proclament avec légèreté qu'il faut frapper, d'autres frappent avec une audace sanguinaire.

Le samedi 1er septembre, les quarante-huit heures fixées pour la fermeture des barrières et l'exécution des visites domiciliaires étaient écoulées, et les communications furent rétablies. Mais tout-à-coup se répand, dans la journée, la nouvelle de la prise de Verdun. Verdun n'est qu'investi, mais on croit que la place est emportée, et qu'une trahison nouvelle l'a livrée comme celle de Longwy. Danton fait aussitôt décréter par la commune, que le lendemain, 2 septembre, on battra la générale, on sonnera le tocsin, on tirera le canon d'alarme, et que tous les citoyens disponibles se rendront en armes au Champ-de-Mars, y camperont pendant le reste de la journée, et partiront le lendemain pour se rendre sous les murs de Verdun. A ces terribles apprêts, il devient évident qu'il s'agit d'autre chose que d'une levée en masse. Des parents accourent et font des efforts pour obtenir l'élargissement des détenus. Manuel, le procureur-syndic, supplié par une femme généreuse, élargit, dit-on, deux prisonnières de la famille La Trémouille. Une autre femme, madame Fausse-Lendry, s'obstine à vouloir suivre dans sa captivité son oncle l'abbé de Rastignac, et Sergent lui répond : « Vous faites une imprudence; *les prisons ne sont pas sûres.* »

Le lendemain, 2 septembre, était un dimanche, et l'oisiveté augmentait le tumulte populaire. Des attroupements nombreux se montraient partout, et on répandait que l'ennemi pouvait être à Paris sous trois jours. La commune informe l'assemblée des mesures qu'elle a prises, pour la levée en masse des citoyens. Vergniaud, saisi d'un enthousiasme patriotique, prend aussitôt la parole, félicite les Parisiens de leur courage, les loue de ce qu'ils ont con-

verti le zèle des motions en un zèle plus actif
et plus utile, celui des combats. « Il paraît,
« ajoute-t-il, que le plan de l'ennemi est de
« marcher droit sur la capitale, en laissant les
« places fortes derrière lui. Eh bien! ce projet
« sera notre salut et sa perte. Nos armées, trop
« faibles pour lui résister, seront assez fortes
« pour le harceler sur ses derrières; et tandis
« qu'il arrivera, poursuivi par nos bataillons,
« il trouvera en sa présence l'armée parisienne,
« rangée en bataille sous les murs de la capi-
« tale; et, enveloppé là de toutes parts, il sera
« dévoré par cette terre qu'il avait profanée.
« Mais au milieu de ces espérances flatteuses,
« il est un danger qu'il ne faut pas dissimuler,
« c'est celui des terreurs paniques. Nos ennemis
« y comptent, et sèment l'or pour les pro-
« duire; et, vous le savez, il est des hommes
« pétris d'un limon si fangeux, qu'ils se dé-
« composent à l'idée du moindre danger. Je
« voudrais qu'on pût signaler cette espèce sans
« ame et à figure humaine, en réunir tous les
« individus dans une même ville, à Longwy par
« exemple, qu'on appellerait la ville des lâches,
« et là, devenus l'objet de l'opprobre, ils ne
« sèmeraient plus l'épouvante chez leurs con-
« citoyens, ils ne leur feraient plus prendre des
« nains pour des géants, et la poussière qui

« vole devant une compagnie de houlans pour
« des bataillons armés !

« Parisiens, c'est aujourd'hui qu'il faut dé-
« ployer une grande énergie ! Pourquoi les re-
« tranchements du camp ne sont-ils pas plus
« avancés ? Où sont les bêches, les pioches, qui
« ont élevé l'autel de la fédération, et nivelé le
« Champ-de-Mars ? Vous avez manifesté une
« grande ardeur pour les fêtes ; sans doute vous
« n'en montrerez pas moins pour les combats :
« vous avez chanté, célébré la liberté ; il faut la
« défendre ! Nous n'avons plus à renverser des
« rois de bronze, mais des rois vivants et ar-
« més de leur puissance. Je demande donc
« que l'assemblée nationale donne le premier
« exemple, et envoie douze commissaires, non
« pour faire des exhortations, mais pour tra-
« vailler eux-mêmes et piocher de leurs mains,
« à la face de tous les citoyens. »

Cette proposition est adoptée avec le plus grand enthousiasme. Danton succède à Vergniaud, il fait part des mesures prises, et en propose de nouvelles. « Une partie du peuple,
« dit-il, va se porter aux frontières, une autre
« va creuser des retranchements, et la troisième
« avec des piques défendra l'intérieur de nos
« villes. Mais ce n'est pas assez : il faut envoyer
« partout des commissaires et des courriers

« pour engager la France entière à imiter Paris;
« il faut rendre un décret par lequel tout ci-
« toyen soit obligé, sous peine de mort, de ser-
« vir de sa personne, ou de remettre ses armes.
« — Danton ajoute : Le canon que vous allez
« entendre n'est point le canon d'alarme, c'est
« le pas de charge sur les ennemis de la patrie.
« Pour les vaincre, pour les atterrer, que faut-
« il ? DE L'AUDACE, ENCORE DE L'AUDACE, ET TOU-
« JOURS DE L'AUDACE. »

Les paroles et l'action du ministre agitent profondément les assistants. Sa motion est adoptée, il sort, et se rend au comité de surveillance. Toutes les autorités, tous les corps, l'assemblée, la commune, les sections, les jacobins étaient en séance. Les ministres, réunis à l'hôtel de la marine, attendaient Danton pour tenir conseil. La ville entière était debout. Une terreur profonde régnait dans les prisons. Au Temple, la famille royale, que chaque mouvement devait menacer plus que tous les autres prisonniers, demandait avec anxiété la cause de tant d'agitations. Dans les diverses prisons, les geôliers semblaient consternés. Celui de l'Abbaye avait dès le matin fait sortir sa femme et ses enfants. Le dîner avait été servi aux prisonniers deux heures avant l'instant accoutumé; tous les couteaux avaient été retirés de leurs serviettes. Frappés de ces circonstances, ils interrogeaient avec instance leurs gardiens, qui ne voulaient pas répondre. A deux heures enfin la générale commence à battre, le tocsin sonne, et le canon d'alarme retentit dans l'enceinte de la capitale. Des troupes de citoyens se rendent vers le Champ-de-Mars; d'autres entourent la commune, l'assemblée, et remplissent les places publiques.

Il y avait à l'Hôtel-de-Ville vingt-quatre prêtres, qui, arrêtés à cause de leur refus de prêter serment, devaient être transférés de la salle du dépôt aux prisons de l'Abbaye. Soit intention, soit effet du hasard, on choisit ce moment pour leur translation. Ils sont placés dans six fiacres, escortés par des fédérés bretons et marseillais, et sont conduits au petit pas, vers le faubourg Saint-Germain, en suivant les quais, le Pont-Neuf et la rue Dauphine. On les entoure, et on les accable d'outrages. «Voilà, disent les fédérés, les conspirateurs qui devaient égorger nos femmes et nos enfants, tandis que nous serions à la frontière.» Ces paroles augmentent encore le tumulte. Les portières des voitures étaient ouvertes; les malheureux prêtres veulent les fermer pour se mettre à l'abri des mauvais traitements, mais on les en empêche, et ils sont obligés de souffrir patiemment les coups et les injures. Enfin ils arrivent dans la cour de l'Abbaye, où se trouvait déjà réunie une foule immense. Cette cour conduisait aux prisons, et communiquait avec la salle où le comité de la section des Quatre-Nations tenait ses séances. Le premier fiacre arrive devant la porte du comité, et se trouve entouré d'une foule d'hommes furieux. Maillard était présent. La portière s'ouvre; le premier des prisonniers s'avance pour descendre et entrer au comité, mais il est aussitôt percé de mille coups. Le second se rejette dans la voiture, mais il en est arraché de vive force, et immolé comme le précédent. Les deux autres le sont à leur tour, et les égorgeurs abandonnent la première voiture pour se porter sur les suivantes. Elles arrivent l'une après l'autre dans la cour fatale, et le dernier des vingt-quatre prêtres est égorgé, au milieu des hurlements d'une population furieuse *.

Dans ce moment accourt Billaud-Varennes, membre du conseil de la commune, et le seul, entre les organisateurs de ces massacres, qui les ait constamment approuvés, et qui ait osé en soutenir la vue avec une cruauté intrépide.

---

* Excepté un seul, l'abbé Sicard, qui fut sauvé par miracle.

Il arrive revêtu de son écharpe, marche dans le sang et sur les cadavres, parle à la foule des égorgeurs, et lui dit : *Peuple, tu immoles tes ennemis, tu fais ton devoir.* Une voix s'élève après celle de Billaud, c'est celle de Maillard : *Il n'y a plus rien à faire ici*, s'écrie-t-il, *allons aux Carmes!* Sa bande le suit alors, et ils se précipitent tous ensemble vers l'église des Carmes, où deux cents prêtres avaient été enfermés. Ils pénètrent dans l'église, et égorgent les malheureux prêtres qui priaient le ciel, et s'embrassaient les uns les autres à l'approche de la mort. Ils demandent à grands cris l'archevêque d'Arles, le cherchent, le reconnaissent, et le tuent d'un coup de sabre sur le crâne. Après s'être servis de leurs sabres, ils emploient les armes à feu, et font des décharges générales dans le fond des salles, dans le jardin, sur les murs et sur les arbres, où quelques-unes des victimes cherchaient à se sauver.

Tandis que le massacre s'achève aux Carmes, Maillard revient à l'Abbaye avec une partie des siens. Il était couvert de sang et de sueur; il entre au comité de la section des Quatre-Nations, et demande *du vin pour les braves travailleurs qui délivrent la nation de ses ennemis.* Le comité tremblant leur en accorde vingt-quatre pintes.

Il arrive revêtu de

Le vin est servi dans la cour, et sur des tables entourées des cadavres égorgés dans l'après-midi. On boit, et tout-à-coup, montrant la prison, Maillard s'écrie : *A l'Abbaye!* A ces mots, on le suit, et on attaque la porte. Les prisonniers épouvantés entendent les hurlements, signal de leur mort. Les portes sont ouvertes ; les premiers détenus qui s'offrent sont saisis, traînés par les pieds et jetés tout sanglants dans la cour. Tandis qu'on immole sans distinction les premiers venus, Maillard et ses affidés demandent les écrous, et les clefs des diverses prisons. L'un d'eux, s'avançant vers la porte du guichet, monte sur un tabouret, et prend la parole. « Mes amis, dit-il, vous
« voulez détruire les aristocrates, qui sont les
« ennemis du peuple et qui devaient égorger
« vos femmes et vos enfants tandis que vous
« seriez à la frontière. Vous avez raison, sans
« doute ; mais vous êtes de bons citoyens, vous
« aimez la justice, et vous seriez désespérés de
« tremper vos mains dans le sang innocent. —
« Oui! oui! s'écrient les exécuteurs. — Eh bien!
« je vous le demande, quand vous voulez, sans
« rien entendre, vous jeter comme des tigres
« en fureur sur des hommes qui vous sont in-
« connus, ne vous exposez-vous pas à con-

« fondre les innocents avec les coupables ? »
Ces paroles sont interrompues par un des assistants, qui, armé d'un sabre, s'écrie à son tour : « Voulez-vous, vous aussi, nous endor-
« mir ? Si les Prussiens et les Autrichiens étaient
« à Paris, chercheraient-ils à distinguer les
« coupables ? J'ai une femme et des enfants que
« je ne veux pas laisser en danger. Si vous vou-
« lez, donnez des armes à ces *coquins*, nous
« les combattrons à nombre égal, et avant de
« partir Paris en sera purgé. » — « Il a raison, il faut entrer, » se disent les autres; ils poussent et s'avancent. Cependant on les arrête, et on les oblige à consentir à une espèce de jugement. Il est convenu qu'on prendra le registre des écrous, que l'un d'eux fera les fonctions de président, lira les noms, le motif de la détention, et prononcera à l'instant même sur le sort du prisonnier. — Maillard! Maillard président! s'écrient plusieurs voix ; et il entre aussitôt en fonctions. Ce terrible président s'assied aussitôt devant une table, place sous ses yeux le registre des écrous, s'entoure de quelques hommes pris au hasard pour donner leur avis, en dispose quelques-uns dans la prison pour amener les prisonniers, et laisse les autres à la porte pour consommer le massacre. Afin de s'épargner des scènes de désespoir, il est

convenu qu'il prononcera ces mots : *Monsieur à la Force*, et qu'alors, jeté hors du guichet, le prisonnier sera livré, sans s'en douter, aux sabres qui l'attendent.

On amène d'abord les Suisses détenus à l'Abbaye, et dont les officiers avaient été conduits à la Conciergerie. — C'est vous, leur dit Maillard, qui avez assassiné le peuple au 10 août. — Nous étions attaqués, répondent ces malheureux, et nous obéissions à nos chefs. — Au reste, reprend froidement Maillard, il ne s'agit que de vous conduire à la Force. — Mais les malheureux, qui avaient entrevu les sabres menaçants de l'autre côté du guichet, ne peuvent s'abuser. Il faut sortir, ils reculent, se rejettent en arrière. L'un d'eux, d'une contenance plus ferme, demande où il faut passer. On lui ouvre la porte, et il se précipite tête baissée au milieu des sabres et des piques. Les autres s'élancent après lui, et subissent le même sort.

Les exécuteurs retournent à la prison, entassent les femmes dans une même salle, et amènent de nouveaux prisonniers. Quelques prisonniers accusés de fabrication de faux assignats, sont immolés les premiers. Vient après eux le célèbre Montmorin, dont l'acquittement avait causé tant de tumulte, et ne lui avait pas valu la liberté. Amené devant le sanglant président, il déclare que, soumis à un tribunal régulier, il n'en peut reconnaître d'autre. — Soit, répond Maillard, vous irez donc à la Force attendre un nouveau jugement. — L'ex-ministre trompé demande une voiture. On lui repond qu'il en trouvera une à la porte. Il demande encore quelques effets, s'avance vers la porte, et reçoit la mort.

On amène ensuite Thierry, valet-de-chambre du roi. *Tel maître tel valet*, dit Maillard, et le malheureux est assassiné. Viennent après les juges de paix Buob et Bocquillon, accusés d'avoir fait partie du comité secret des Tuileries. Ils sont égorgés pour cette cause. La nuit s'avance ainsi, et chaque prisonnier, entendant les hurlements des assassins, croit toucher à sa dernière heure.

Que faisaient en ce moment les autorités constituées, tous les corps assemblés, tous les citoyens de Paris? Dans cette immense capitale, le calme, le tumulte, la sécurité, la terreur, peuvent régner ensemble, tant une partie est distante de l'autre. L'assemblée n'avait appris que très-tard les malheurs des prisons, et, frappée de stupeur, elle avait envoyé des députés pour apaiser le peuple, et sauver les victimes. La commune avait délégué des commissaires pour délivrer les prisonniers pour dette, et distinguer ce qu'elle appelait les *innocents* et les *coupables*. Enfin les jacobins, quoiqu'en séance, et instruits de ce qui se passait, semblaient observer un silence convenu. Les ministres, réunis à l'hôtel de la marine pour former le conseil, n'étaient pas encore avertis, et attendaient Danton qui se trouvait au comité de surveillance. Le commandant-général Santerre avait, disait-il à la commune, donné des ordres, mais on ne lui obéissait pas, et presque tout son monde était occupé à la garde des barrières. Il est certain qu'il y avait des commandements inconnus et contradictoires, et que tous les signes d'une autorité secrète et opposée à l'autorité publique s'étaient manifestés. A la cour de l'Abbaye, se trouvait un poste de garde nationale, qui avait la consigne de laisser entrer et de ne pas laisser sortir. Ailleurs, des postes attendaient des ordres et ne les recevaient pas. Santerre avait-il perdu la raison comme au 10 août, ou bien était-il dans le complot? Tandis que des commissaires, publiquement envoyés par la commune, venaient conseiller le calme et arrêter le peuple, d'autres membres de la même commune se présentaient au comité des Quatre-Nations, qui siégeait à côté des massacres, et disaient : *Tout va-t-il bien ici comme aux Carmes ? La commune nous envoie pour vous offrir des secours si vous en avez besoin.*

Les commissaires envoyés par l'assemblée et par la commune, pour arrêter les meurtres, furent impuissants. Ils avaient trouvé une foule immense qui assiégeait les environs de la prison, et assistait à cet affreux spectacle aux cris de *vive la nation!* Le vieux Dusaulx, monté sur une chaise, essaya de prononcer les mots de clémence sans pouvoir se faire entendre. Bazire, plus adroit, avait feint d'entrer dans le ressentiment de cette multitude, mais ne fut plus écouté dès qu'il voulut réveiller des sentiments de miséricorde. Manuel, le procureur de la commune, saisi de pitié, avait couru les plus grands dangers sans pouvoir sauver une seule victime. A ces nouvelles, la commune, un peu plus émue, dépêcha une seconde députation *pour calmer les esprits et éclairer le peuple sur ses véritables intérêts.* Cette députation, aussi impuissante que la première, ne put que délivrer quelques femmes et quelques débiteurs.

Le massacre continue pendant cette horrible nuit. Les égorgeurs se succèdent du tribunal dans les guichets, et sont tour à tour juges et bourreaux. En même temps ils boivent,

et ils reviennent encore demander des victimes! L'un d'entre eux retourne dans la prison pour conduire des prisonniers à la mort; il apprend que les malheureux qu'il venait égorger ont manqué d'eau pendant vingt-deux heures, et il veut aller tuer le geôlier. Un autre s'intéresse à un prisonnier qu'il traduit au guichet, parce qu'il lui a entendu parler la langue de son pays. — Pourquoi es-tu ici? dit-il à M. Journiac de Saint-Méard. Si tu n'es pas un traître, le président, *qui n'est pas un sot*, saura te rendre justice. Ne tremble pas, et réponds bien. — M. Journiac est présenté à Maillard, qui regarde l'écrou. — Ah! dit Maillard, c'est vous, M. Journiac, qui écriviez dans le Journal de la cour et de la ville? — Non, répond le prisonnier, c'est une calomnie; je n'y ai jamais écrit. — Prenez garde de nous tromper, reprend Maillard, car tout mensonge est ici puni de mort. Ne vous êtes-vous pas récemment absenté pour aller à l'armée des émigrés? — C'est encore une calomnie; j'ai un certificat attestant que, depuis vingt-trois mois, je n'ai pas quitté Paris. — De qui est le certificat? la signature en est-elle authentique? — Heureusement pour M. de Journiac, il y avait dans le sanguinaire auditoire un homme auquel le signataire du certificat était person-

et ils reviennent encore demander des victi-

nellement connu. La signature est en effet vérifiée et déclarée véritable. — Vous le voyez donc, reprend M. de Journiac, on m'a calomnié. — Si le calomniateur était ici, reprend Maillard, une justice terrible en serait faite. Mais répondez, n'avait-on aucun motif de vous enfermer? — Oui, reprend M. de Journiac, j'étais connu pour aristocrate. — Aristocrate! — Oui, aristocrate; mais vous n'êtes pas ici pour juger les opinions; vous ne devez juger que la conduite. La mienne est sans reproche; je n'ai jamais conspiré; mes soldats, dans le régiment que je commandais, m'adoraient, et ils me chargèrent à Nancy d'aller m'emparer de Malseigne. — Frappés de tant de fermeté, les juges se regardent, et Maillard donne le signal de grace. Aussitôt des cris de *vive la nation!* retentissent de toutes parts. Le prisonnier est embrassé. Deux individus s'emparent de lui, et, le couvrant de leurs bras, le font passer sain et sauf à travers la haie menaçante des piques et des sabres. M. de Journiac veut leur donner de l'argent, mais ils refusent, et ne demandent qu'à l'embrasser. Un autre prisonnier, sauvé de même, est reconduit chez lui avec le même empressement. Les exécuteurs, tout sanglants, demandent à être témoins de la joie de sa famille, et immédiatement après ils retournent au carnage. Dans cet état convulsif, toutes les émotions se succèdent dans le cœur de l'homme. Tour à tour animal doux et féroce, il pleure ou égorge. Plongé dans le sang, il est tout-à-coup touché par un beau dévouement, par une noble fermeté; il est sensible à l'honneur de paraître juste, à la vanité de paraître probe ou désintéressé. Si dans ces déplorables journées de septembre, on vit quelques-uns de ces sauvages devenus meurtriers et voleurs à la fois, on en vit aussi qui venaient déposer sur le bureau du comité de l'Abbaye, les bijoux sanglants trouvés sur les prisonniers.

Pendant cette affreuse nuit, la troupe s'était divisée, et avait porté le ravage dans les autres prisons de Paris. Au Châtelet, à la Force, à la Conciergerie, aux Bernardins, à Saint-Firmin, à la Salpêtrière, à Bicêtre, les mêmes massacres avaient été commis, et des flots de sang avaient coulé comme à l'Abbaye. Le lendemain, lundi 3 septembre, le jour éclaira l'affreux carnage de la nuit, et la stupeur régna dans Paris. Billaud-Varennes reparut à l'Abbaye, où la veille il avait encouragé ce qu'on appelait *les travailleurs*. Il leur adressa de nouveau la parole : « Mes amis, leur dit-il, en égor-
« geant des scélérats, vous avez sauvé la patrie.

« La France vous doit une reconnaissance éter-
« nelle, et la municipalité ne sait comment s'ac-
« quitter envers vous. Elle vous offre 24 livres
« à chacun, et vous allez être payés sur-le-
« champ. » Ces paroles furent couvertes d'applaudissements, et ceux auxquels elles s'adressaient suivirent alors Billaud-Varennes dans le
comité, pour se faire délivrer le paiement qui
leur était promis. — Où voulez-vous, dit le président à Billaud, que nous trouvions des fonds
pour payer? — Billaud, faisant alors un nouvel éloge des massacres, répondit au président
que le ministre de l'intérieur devait en avoir
pour cet usage. On courut chez Roland, qui
venait d'apprendre avec le jour les crimes de
la nuit, et qui repoussa la demande avec indignation. Revenus au comité, les assassins demandèrent, sous peine de mort, le salaire de
leurs affreux travaux, et chaque membre fut
obligé de dépouiller ses poches pour les satisfaire. Enfin la commune acheva d'acquitter la
dette, et on peut lire au registre de ses dépenses la mention de plusieurs sommes payées
aux exécuteurs de septembre. On y verra en
outre, à la date du 4 septembre, la somme de
1,463 livres affectée à cet emploi.

Le récit de tant d'horreurs s'était répandu
dans Paris, et y avait produit la plus grande

terreur. Les jacobins continuaient à se taire. A la commune on commençait à être touché; mais on ne manquait pas d'ajouter que le peuple avait été juste, qu'il n'avait frappé que des criminels, et que dans sa vengeance il n'avait eu que le tort de devancer le glaive des lois. Le conseil général avait envoyé de nouveaux commissaires *pour calmer l'effervescence, et ramener aux principes ceux qui étaient égarés.* Telles étaient les expressions des autorités publiques. Partout on rencontrait des gens qui, en s'apitoyant sur les souffrances des malheureux immolés, ajoutaient : « Si on les eût laissés vivre, ils nous auraient égorgés dans quelques jours. » D'autres disaient : « Si nous sommes vaincus et massacrés par les Prussiens, ils auront du moins succombé avant nous. » Telles sont les épouvantables conséquences de la peur que les partis s'inspirent, et la haine engendrée par la peur.

L'assemblée, au milieu de ces affreux désordres, était douloureusement affectée. Elle rendait décrets sur décrets pour demander compte à la commune de l'état de Paris, et la commune répondait qu'elle faisait tous ses efforts pour rétablir l'ordre et les lois. Cependant l'assemblée, composée de ces girondins qui poursuivirent si courageusement les assas-

sins de septembre, et moururent si noblement
pour les avoir attaqués, l'assemblée n'eut pas
l'idée de se transporter tout entière dans les
prisons, et de se mettre entre les meurtriers
et les victimes. Si cette idée généreuse ne vint
pas l'arracher à ses bancs et la porter sur le
théâtre du carnage, il faut l'attribuer à la
surprise, au sentiment de son impuissance,
peut-être aussi à ce dévouement insuffisant
qu'inspire le danger d'un ennemi, enfin à cette
désastreuse opinion, partagée par quelques
députés, que les victimes étaient autant de
conjurés, desquels on aurait reçu la mort, si
on ne la leur avait donnée.

Un homme déploya en ce jour un généreux
caractère, et s'éleva avec une noble énergie
contre les assassins. Sous leur règne de trois
jours, il réclama le second. Le lundi matin, à
l'instant où il venait d'apprendre les crimes de
la nuit, il écrivit au maire Pétion, qui ne les
connaissait point encore, il écrivit à Santerre
qui n'agissait pas, et leur fit à tous deux les
plus pressantes réquisitions. Il adressa dans le
moment même à l'assemblée une lettre, qui fut
couverte d'applaudissements. Cet homme de
bien, si indignement calomnié par les partis,
était Roland. Dans sa lettre il réclama contre
tous les genres de désordres, contre les usur-

pations de la commune, contre les fureurs de la populace, et dit noblement qu'il saurait mourir au poste que la loi lui avait assigné. Cependant, si l'on veut se faire une idée de la disposition des esprits, de la fureur qui régnait contre ceux qu'on appelait les *traîtres*, et des ménagements qu'il fallait employer en parlant aux passions délirantes, on peut en juger par le passage suivant. Certes on ne peut pas douter du courage de l'homme qui, seul et publiquement, rendait toutes les autorités responsables des massacres, et cependant voici la manière dont il était obligé de s'exprimer à cet égard.

« Hier fut un jour sur les événements duquel
« il faut peut-être jeter un voile. Je sais que le
« peuple, terrible dans sa vengeance, y porte
« encore une sorte de justice; il ne prend pas
« pour victime tout ce qui se présente à sa
« fureur; il la dirige sur ceux qu'il croit avoir
« été trop long-temps épargnés par le glaive
« de la loi, et que le péril des circonstances
« lui persuade devoir être immolés sans délai.
« Mais je sais qu'il est facile à des scélérats, à
« des traîtres, d'abuser de cette effervescence,
« et qu'il faut l'arrêter; je sais que nous devons
« à la France entière la déclaration, que le
« pouvoir exécutif n'a pu prévoir ni empêcher
« ces excès; je sais qu'il est du devoir des au-

« torités constituées d'y mettre un terme, ou
« de se regarder comme anéanties. Je sais encore
« que cette déclaration m'expose à la rage de
« quelques agitateurs. Eh bien! qu'ils prennent
« ma vie, je ne veux la conserver que pour
« la liberté, l'égalité. Si elles étaient violées,
« détruites, soit par le règne des despotes
« étrangers, ou l'égarement d'un peuple abusé,
« j'aurais assez vécu; mais jusqu'à mon dernier
« soupir j'aurai fait mon devoir. C'est le seul
« bien que j'ambitionne, et que nulle puissance
« sur la terre ne saurait m'enlever. »

L'assemblée couvrit cette lettre d'applaudissements, et, sur la motion de Lamourette, ordonna que la commune rendrait compte de l'état de Paris. La commune répondit encore que le calme était rétabli. En voyant le courage du ministre de l'intérieur, Marat et son comité s'irritèrent, et osèrent lancer contre lui un mandat d'arrêt. Telle était leur fureur aveugle, qu'ils osaient attaquer un ministre, et un homme qui dans le moment jouissait encore de toute sa popularité. Danton, à cette nouvelle, se récria fortement contre ces membres du comité, qu'il appela des *enragés*. Quoique contrarié tous les jours par l'inflexibilité de Roland, il était loin de le haïr; d'ailleurs il redoutait, dans sa terrible politique, tout ce qu'il croyait imtile, et il regardait comme une extravagance de saisir au milieu de ses fonctions le premier ministre de l'État. Il se rend à la mairie, court au comité, et s'emporte vivement contre Marat. Cependant on l'apaise, on le réconcilie avec Marat, et on lui remet le mandat d'arrêt, qu'il vient aussitôt montrer à Pétion, en lui racontant ce qu'il avait fait. — Voyez, dit-il au maire, de quoi sont capables ces *enragés!* mais je saurai les mettre à la raison. — Vous avez eu tort, réplique froidement Pétion, cet acte n'aurait perdu que ses auteurs.

De son côté, Pétion, quoique plus froid que Roland, n'avait pas montré moins de courage. Il avait écrit à Santerre, qui, soit impuissance ou complicité, répondait qu'il avait le cœur déchiré, mais qu'il ne pouvait faire exécuter ses ordres. Il s'était ensuite rendu de sa personne sur les divers théâtres du carnage. A la Force, il avait arraché de leur siége sanglant deux officiers municipaux qui remplissaient, en écharpe, les fonctions que Maillard exerçait à l'Abbaye. Mais à peine était-il sorti pour se rendre en d'autres lieux, que ces officiers municipaux étaient rentrés, et avaient continué leurs exécutions. Pétion, partout impuissant, était retourné auprès de Roland, que la douleur avait rendu malade. On n'était parvenu à

tile

d'aimer la liberté et l'égalité; faites serment de haïr le roi, la reine et la royauté. — Je ferai le premier serment; je ne puis faire le second, il n'est pas dans mon cœur.

— Jurez donc, lui dit un des assistants qui voulait la sauver. Mais l'infortunée ne voyait et n'entendait plus rien. — Qu'on *élargisse* madame, dit le chef du guichet. — Ici, comme à l'Abbaye, on avait imaginé un mot pour servir de signal de mort. On emmène cette femme infortunée, qu'on n'avait pas, disent quelques narrateurs, l'intention de livrer à la mort, et qu'on voulait en effet élargir. Cependant elle est reçue à la porte par des furieux avides de carnage. Un premier coup de sabre porté sur le derrière de sa tête fait jaillir son sang. Elle s'avance encore soutenue par deux hommes, qui peut-être voulaient la sauver; mais elle tombe à quelques pas plus loin sous un dernier coup. Son beau corps est déchiré. Les assassins l'outragent, le mutilent, et s'en partagent les lambeaux. Sa tête, son cœur, d'autres parties du cadavre, portées au bout d'une pique, sont promenées dans Paris. Il faut, disent ces hommes dans leur langage atroce, *les porter au pied du trône*. On court au Temple, et on éveille avec des cris affreux les infortunés prisonniers, qui demandent avec effroi ce que

d'aimer la liberté et l'égalité; faites serment de

mercredi 5 septembre.

c'est. Les officiers municipaux s'opposent à ce qu'ils voient l'horrible cortége passer sous leur fenêtre, et la tête sanglante qu'on y élevait au bout d'une pique. Un garde national dit enfin à la reine : « *C'est la tête Lamballe qu'on veut vous empêcher de voir.* » A ces mots, la reine s'évanouit. Madame Élisabeth, le roi, le valet de chambre Cléry, emportent cette princesse infortunée; et les cris de la troupe féroce retentissent long-temps encore autour des murs du Temple.

La journée du 3 et la nuit du 3 au 4, continuèrent d'être souillées par ces massacres. A Bicêtre surtout le carnage fut plus long et plus terrible qu'ailleurs. Il y avait là quelques mille prisonniers, enfermés, comme on sait, pour toute espèce de vices. Ils furent attaqués, voulurent se défendre, et on employa le canon pour les réduire. Un membre du conseil général de la commune osa même venir demander des forces pour réduire les prisonniers qui se défendaient. Il ne fut pas écouté. Pétion se rendit encore à Bicêtre, mais il n'obtint rien. Le besoin du sang animait cette multitude; la fureur de combattre et de massacrer avait succédé chez elle au fanatisme politique, et elle tuait pour tuer. Le massacre dura là jusqu'au mercredi 5 septembre.

Enfin presque toutes les victimes désignées avaient péri; les prisons étaient vides; les furieux demandaient encore du sang, mais les sombres ordonnateurs de tant de meurtres semblaient se montrer accessibles à quelque pitié. Les expressions de la commune commençaient à s'adoucir. Profondément touchée, disait-elle, des rigueurs exercées contre les prisonniers, elle donnait de nouveaux ordres pour les arrêter; et cette fois elle était mieux obéie. Cependant à peine restait-il quelques malheureux auxquels sa pitié pût être utile. L'évaluation du nombre des victimes diffère dans tous les rapports du temps; cette évaluation varie de six à douze mille dans les prisons de Paris*.

Mais si les exécutions répandirent la stupeur, l'audace qu'on mit à les avouer et à en recommander l'imitation, ne surprit pas moins que les exécutions mêmes. Le comité de surveillance osa répandre une circulaire à toutes les communes de France, que l'histoire doit conserver avec les sept signatures qui y furent apposées. Voici cette pièce monumentale :

Paris, 2 septembre 1792.

« Frères et amis, un affreux complot tramé

---

* Voyez sur ces journées la note 7 à la fin du 4ᵉ volume.

« par la cour pour égorger tous les patriotes
« de l'empire français, complot dans lequel un
« grand nombre de membres de l'assemblée
« nationale sont compromis, ayant réduit, le
« 9 du mois dernier, la commune de Paris à
« la plus cruelle nécessité d'user de la puis-
« sance du peuple pour sauver la nation, elle
« n'a rien négligé pour bien mériter de la pa-
« trie. Après les témoignages que l'assemblée
« nationale venait de lui donner elle-même,
« eût-on pensé que dès lors de nouveaux com-
« plots se tramaient dans le silence, et qu'ils
« éclataient dans le moment même où l'assem-
« blée nationale, oubliant qu'elle venait de dé-
« clarer que la commune de Paris avait sauvé
« la patrie, s'empressait de la destituer pour
« prix de son brûlant civisme? A cette nou-
« velle, les clameurs publiques élevées de tou-
« tes parts ont fait sentir à l'assemblée nationale
« la nécessité urgente de s'unir au peuple, et
« de rendre à la commune, par le rapport du
« décret de destitution, le pouvoir dont elle
« l'avait investie.

« Fière de jouir de toute la plénitude de la
« confiance nationale, qu'elle s'efforcera de
« mériter de plus en plus, placée au foyer de
« toutes les conspirations, et déterminée à pé-
« rir pour le salut public, elle ne se glorifiera

« d'avoir fait son devoir que lorsqu'elle aura
« obtenu votre approbation, qui est l'objet de
« tous ses vœux, et dont elle ne sera certaine
« qu'après que tous les départements auront
« sanctionné ses mesures pour le salut public.
« Professant les principes de la plus parfaite
« égalité, n'ambitionnant d'autre privilége que
« celui de se présenter la première à la brèche,
« elle s'empressera de se soumettre au niveau
« de la commune la moins nombreuse de l'em-
« pire, dès qu'il n'y aura plus rien à redouter.

« Prévenue que des hordes barbares s'avan-
« çaient contre elle, la commune de Paris se
« hâte d'informer ses frères de tous les dépar-
« tements qu'une partie des conspirateurs fé-
« roces détenus dans les prisons a été mise à
« mort par le peuple, actes de justice qui lui
« ont paru indispensables pour retenir par la
« terreur les légions de traîtres renfermés dans
« ses murs, au moment où il allait marcher à
« l'ennemi; et sans doute la nation, après la
« longue suite de trahisons qui l'a conduite sur
« les bords de l'abîme, s'empressera d'adopter
« ce moyen si utile et si nécessaire; et tous les
« Français se diront comme les Parisiens : Nous
« marchons à l'ennemi, et nous ne laissons pas
« derrière nous des brigands pour égorger nos
« femmes et nos enfants.

« *Signés* Duplain, Panis, Sergent, Lenfant,
« Marat, Lefort, Jourdeuil, *administrateurs*
« *du comité de surveillance constitué à la*
« *mairie.* »

La lecture de ce document peut faire juger
à quel degré de fanatisme l'approche du danger avait poussé les esprits. Mais il est temps
de reporter nos regards sur le théâtre de la
guerre, où nous ne trouvons que de glorieux
souvenirs.

CHAPITRE II.

Campagne de l'Argonne. — Plans militaires de Dumouriez. — Prise du camp de Grand-Pré par les Prussiens. — Victoire de Valmy. — Retraite des coalisés ; bruits sur les causes de cette retraite.

Déjà, comme on l'a vu, Dumouriez avait tenu un conseil de guerre à Sedan. Dillon y avait émis l'opinion de se retirer à Châlons pour mettre la Marne devant nous, et en défendre le passage. Le désordre des vingt-trois mille hommes laissés à Dumouriez, l'impuissance où ils étaient de résister à quatre-vingt mille Prussiens parfaitement aguerris et organisés, le projet attribué à l'ennemi de faire une invasion rapide sans s'arrêter aux places fortes, tels étaient les motifs qui portaient Dillon à croire qu'on ne pourrait pas arrêter les Prussiens, et qu'il fallait se hâter de se retirer devant eux, pour chercher des positions plus fortes, et suppléer ainsi à la faiblesse et au mauvais état de notre armée. Le conseil fut tellement frappé de ces raisons, qu'il adhéra unanimement à l'avis de Dillon, et Dumouriez, à qui appartenait la décision, comme général en chef, répondit qu'il y réfléchirait.

C'était le 28 août au soir. Ici fut prise une résolution qui sauva la France. Plusieurs s'en disputent l'honneur ; tout prouve qu'elle appartient à Dumouriez. L'exécution au reste la lui rend tout-à-fait propre, et doit lui en mériter toute la gloire. La France, comme on sait, est défendue à l'est par le Rhin et les Vosges, au nord par une suite de places fortes dues au génie de Vauban, et par la Meuse, la Moselle et divers cours d'eau qui, combinés avec les places fortes, composent un ensemble d'obstacles suffisants pour protéger cette frontière. L'ennemi avait pénétré en France par le nord, et il avait tracé sa marche entre Sedan et Metz, laissant l'attaque des places fortes des Pays-Bas au duc de Saxe-Teschen, et masquant par un corps de troupes Metz et la Lorraine. D'après ce projet, il eût fallu marcher rapidement, profiter de la désorganisation des Français, les frapper de terreur par des coups décisifs, enlever même les vingt-trois mille hommes de Lafayette, avant qu'un nouveau général leur eût rendu l'ensemble et la confiance. Mais le combat entre la présomption du roi de Prusse et la prudence de Brunswick arrêtait toute résolution, et empêchait les coalisés d'être sérieusement ou audacieux ou prudents. La prise de Verdun excita davantage la vanité de Frédéric-Guillaume et l'ardeur des émigrés, mais ne donna pas plus d'activité à Brunswick, qui n'approuvait nullement l'invasion, avec les moyens qu'il avait et avec les dispositions du pays envahi. Après la prise de Verdun, le 2 septembre, l'armée coalisée s'étendit pendant plusieurs jours dans les plaines qui bordent la Meuse, se borna à occuper Stenay, et ne fit pas un seul pas en avant. Dumouriez était à Sedan, et son armée campait dans les environs.

De Sedan à Passavant s'étend une forêt dont le nom doit être à jamais fameux dans nos annales; c'est celle de l'Argonne, qui couvre un espace de treize à quinze lieues, et qui, par les inégalités du terrain, le mélange des bois et des eaux, est tout-à-fait impénétrable à une armée, excepté dans quelques passages principaux. C'est par cette forêt que l'ennemi devait pénétrer pour se rendre à Châlons, et prendre ensuite la route de Paris. Avec un projet pareil, il est étonnant qu'il n'eût pas songé encore à en occuper les principaux passages, et à y dévancer Dumouriez, qui, à sa position de Sedan, en était éloigné de toute la longueur de la forêt. Le soir, après la séance du conseil de guerre, le général français considérait la carte avec un officier dans les talents duquel il avait la plus grande confiance : c'était Thouvenot. Lui montrant alors du doigt l'Argonne et les clairières dont elle est traversée : « Ce sont là, lui dit-il, les Thermopyles de la France : si je puis y être avant les Prussiens, tout est sauvé. »

Ce mot enflamma le génie de Thouvenot, et tous deux se mirent à détailler ce beau plan. Les avantages en étaient immenses : outre qu'on ne reculait pas, et qu'on ne se réduisait pas à la Marne pour dernière ligne de défense, on faisait perdre à l'ennemi un temps précieux; on l'obligeait à rester dans la Champagne pouilleuse, dont le sol désolé, fangeux, stérile, ne pouvait suffire à l'entretien d'une armée; on ne lui cédait pas, comme en se retirant à Châlons, les Trois-Évêchés, pays riche et fertile, où il aurait pu hiverner très-heureusement, dans le cas même où il n'aurait pas forcé la Marne. Si l'ennemi, après avoir perdu quelque temps devant la forêt, voulait la tourner, et se portait vers Sedan, il trouvait devant lui les places fortes des Pays-Bas, et il n'était pas supposable qu'il pût les faire tomber. S'il remontait vers l'autre extrémité de la forêt, il rencontrait Metz et l'armée du centre; on se mettait alors à sa poursuite, et, en se réunissant à l'armée de Kellermann, on pouvait former une masse de cinquante mille hommes, appuyée sur Metz et diverses places fortes. Dans tous les cas, on lui avait fait manquer sa marche et perdre cette campagne; car on était déja en septembre, et à cette époque on faisait encore hiverner les armées. Ce projet était excellent; mais il fallait l'exécuter, et les Prussiens, rangés le long de l'Argonne, tandis que Dumouriez était à l'une de ses extrémités, pouvaient en avoir occupé les passages. Ainsi donc le sort de ce grand projet et de la France dépendait d'un hasard et d'une faute de l'ennemi.

Cinq défilés dits du Chêne-Populeux, de la Croix-aux-Bois, de Grand-Pré, de la Chalade, et des Islettes, traversaient l'Argonne. Les plus importants étaient ceux de Grand-Pré et des Islettes, et malheureusement c'étaient les plus éloignés de Sedan et les plus rapprochés de l'ennemi. Dumouriez résolut de s'y porter lui-même avec tout son monde. En même temps il ordonna au général Dubouquet de quitter le département du Nord pour venir occuper le passage du Chêne-Populeux, qui était fort important, mais très-rapproché de Sedan, et dont l'occupation était moins urgente. Deux routes s'offraient à Dumouriez pour se rendre à Grand-Pré et aux Islettes : l'une derrière la forêt, l'autre devant, et en face de l'ennemi. La première, passant derrière la forêt, était plus sûre, mais plus longue; elle révélait à l'ennemi nos projets, et lui donnait le temps de les prévenir. La seconde était plus courte, mais elle trahissait aussi notre but, et exposait notre marche aux coups d'une armée formidable. Il fallait en effet s'avancer le long des bois, et passer devant Stenay, où se trouvait Clerfayt avec ses Autrichiens. Dumouriez préféra cependant celle-ci, et conçut le plan le plus hardi. Il pensait qu'avec la prudence autrichienne, le général ne manquerait pas, à la vue des Français, de se retrancher dans l'excellent camp de Brouenne, et que pendant ce temps, on lui échapperait pour se porter à Grand-Pré et aux Islettes.

Le 30, en effet, Dillon est mis en mouvement, et part avec huit mille hommes pour Stenay, marchant entre la Meuse et l'Argonne. Il trouve Clerfayt, qui occupait les deux bords de la rivière avec vingt-cinq mille Autrichiens. Le général Miaczinsky attaque avec quinze cents hommes les avant-postes de Clerfayt, tandis que Dillon, placé en arrière, marche à l'appui avec toute sa division. Le feu s'engage avec vivacité, et Clerfayt repassant aussitôt la Meuse, va se placer à Brouenne, comme l'avait très-heureusement prévu Dumouriez. Pendant ce temps, Dillon poursuit hardiment sa route entre la Meuse et l'Argonne. Dumouriez le suit immédiatement avec les quinze mille hommes qui composaient son corps de bataille, et ils s'avancent tous deux vers les postes qui leur étaient assignés. Le 2 septembre, Dumouriez était à Beffu, et n'avait plus qu'une marche à faire pour arriver à Grand-Pré. Dillon était le même jour à Pierremont, et s'approchait toujours des Islettes avec une extrême hardiesse. Heureusement pour celui-ci, le général Galbaud, envoyé pour renforcer la garnison de Verdun, était arrivé trop tard, et s'était replié sur les Islettes, qu'il tenait ainsi d'avance. Dillon y arrive le 4 avec ses huit mille hommes, s'y établit, et fait garder de plus la Chalade, autre passage secondaire qui lui était confié. En même temps Dumouriez parvient à Grand-Pré, trouve le poste vacant, et s'en empare le 3. Ainsi, le 3 et le 4, les passages étaient occupés par nos soldats, et le salut de la France était fort avancé.

Ce fut par cette marche audacieuse, et au moins aussi méritoire que l'idée d'occuper l'Argonne, que Dumouriez se mit en état de résister à l'invasion. Mais ce n'était pas tout : il fallait rendre ces passages inexpugnables, et pour cela faire encore une foule de dispositions dont le succès dépendait de beaucoup de hasards.

Dillon se retrancha aux Islettes; il fit des abatis, éleva d'excellents retranchements, et, disposant habilement de l'artillerie française, qui était nombreuse et excellente, plaça des batteries de manière à rendre le passage inabordable. Il occupa en même temps la Chalade, et se rendit ainsi maître des deux routes qui conduisent à Sainte-Menehould, et de Sainte-Menehould à Châlons. Dumouriez s'établit à Grand-Pré, dans un camp que la nature et l'art avaient rendu formidable. Des hauteurs, rangées en amphithéâtre, formaient le terrain sur lequel se trouvait l'armée. Au pied de ces hauteurs s'étendaient de vastes prairies, devant lesquelles l'Aire coulait en formant la tête du camp. Deux ponts étaient jetés sur l'Aire; deux avant-gardes très-fortes y étaient placées, et devaient, en cas d'attaque, se retirer en les brûlant. L'ennemi, après avoir déposté ces troupes avancées, avait à effectuer le passage de l'Aire, sans le secours des ponts, et sous le feu de toute notre artillerie. Après avoir franchi la rivière, il lui fallait traverser un bassin de prairies où se croisaient mille feux, et enlever enfin des retranchements escarpés et presque inaccessibles. Dans le cas où tant d'obstacles eussent été vaincus, Dumouriez, se retirant par les hauteurs qu'il occupait, descendait sur leur revers, trouvait à leur pied l'Aisne, autre cours d'eau qui les longeait par derrière, passait deux autres ponts qu'il détruisait, et pouvait mettre encore une rivière entre lui et les Prussiens. Ce camp pouvait être regardé comme inexpugnable, et là le général français était assez en sûreté pour s'occuper tranquillement de tout le théâtre de la guerre.

Le 7, le général Dubouquet occupa avec six mille hommes le passage du Chêne-Populeux. Il ne restait plus de libre que le passage beaucoup moins important de la Croix-aux-Bois, situé entre le Chêne-Populeux et Grand-Pré. Dumouriez, après avoir fait rompre la route et abattre des arbres, y posta un colonel avec deux bataillons et deux escadrons. Placé ainsi au centre de la forêt, et dans un camp inexpugnable, il en défendait le principal passage au moyen de quinze mille hommes; il avait à sa droite, et à quatre lieues de distance, Dillon, qui gardait les Islettes et la Chalade avec huit mille; à sa gauche Dubouquet, défendant le Chêne-Populeux avec six mille, et, dans l'intervalle du Chêne-Populeux à Grand-Pré, un colonel qui surveillait avec quelques compagnies la route de la Croix-aux-Bois, qu'on avait jugée d'une importance très-secondaire.

Toute sa défense se trouvant ainsi établie, il avait le temps d'attendre les renforts, et il se hâta de donner des ordres en conséquence. Il enjoignit à Beurnonville de quitter la frontière des Pays-Bas, où le duc de Saxe-Teschen ne tentait rien d'important, et d'être à Rethel le 13 septembre, avec dix mille hommes. Il fixa Châlons pour le dépôt des vivres et des munitions, pour le rendez-vous des recrues et des renforts qu'on lui envoyait. Il réunissait ainsi derrière lui tous les moyens de composer une résistance suffisante. En même temps il manda au pouvoir exécutif qu'il avait occupé l'Argonne. « Grand-Pré et les Islettes, écrivait-il, « sont nos Thermopyles; mais je serai plus heu-« reux que Léonidas. » Il demandait qu'on détachât quelques régiments de l'armée du Rhin, qui n'était pas menacée, et qu'on les joignît à l'armée du centre, confiée désormais à Kellermann. Le projet des Prussiens étant évi-

demment de marcher sur Paris

demment de marcher sur Paris, puisqu'ils masquaient Montmédy et Thionville sans s'y arrêter, il voulait qu'on ordonnât à Kellermann de côtoyer leur gauche par Ligny et Bar-le-Duc, et de les prendre ainsi en flanc et en queue pendant leur marche offensive. D'après toutes ces dispositions, si les Prussiens, renonçant à forcer l'Argonne, remontaient plus haut, Dumouriez les précédait à Revigny, et là trouvait Kellermann arrivant de Metz avec l'armée du centre. S'ils descendaient vers Sedan, Dumouriez les suivait encore, rencontrait là les dix mille hommes de Beurnonville, et attendait Kellermann sur les bords de l'Aisne; et, dans les deux cas, la jonction produisait une masse de soixante mille hommes, capable de se montrer en rase campagne.

Le pouvoir exécutif n'oublia rien pour seconder Dumouriez dans ses excellentes dispositions. Servan, le ministre de la guerre, quoique maladif, veillait sans relâche à l'approvisionnement des armées, au transport des effets et munitions, et à la réunion des nouvelles levées. Il partait tous les jours de Paris de quinze cents à deux mille volontaires. L'entraînement vers l'armée était général, et on y courait en foule. Les sociétés patriotiques, les conseils des communes, l'assemblée, étaient continuellement traversés par des compagnies levées spontanément, et marchant vers Châlons, rendez-vous général des volontaires. Il ne manquait à ces jeunes soldats que la discipline et l'habitude du champ de bataille, qu'ils n'avaient point encore, mais qu'ils pouvaient bientôt acquérir sous un général habile.

Les girondins étaient ennemis personnels de Dumouriez, et lui accordaient peu de confiance, depuis qu'il les avait chassés du ministère; ils avaient même voulu lui substituer dans le commandement général un officier nommé Grimoard. Mais ils s'étaient réunis à lui depuis qu'il semblait chargé des destinées de la patrie. Roland, le meilleur, le plus désintéressé d'entre eux, lui écrivit une lettre touchante pour l'assurer que tout était oublié, et que ses amis ne demandaient tous que d'avoir à célébrer ses victoires.

Dumouriez s'était donc vigoureusement emparé de cette frontière, et s'était fait le centre de vastes mouvements, jusque-là trop lents et trop désunis. Il avait heureusement occupé les défilés de l'Argonne, pris une position qui donnait aux armées le temps de se grouper et de s'organiser derrière lui; il faisait arriver successivement tous les corps pour composer une masse imposante; il mettait Kellermann dans la nécessité de venir recevoir ses ordres; il commandait avec vigueur, agissait avec célérité, et soutenait les soldats en se montrant au milieu d'eux, en leur témoignant beaucoup de confiance, et en s'efforçant de leur faire désirer une prochaine rencontre avec l'ennemi.

On était ainsi arrivé au 10 septembre. Les Prussiens parcoururent tous nos postes, escarmouchèrent sur le front de tous nos retranchements, et furent partout repoussés. Dumouriez avait pratiqué de secrètes communications dans l'intérieur de la forêt, et portait sur les points menacés des forces inattendues, qui, dans l'opinion de l'ennemi, doublaient les forces réelles de notre armée. Le 11, il y eut une tentative générale contre Grand-Pré; mais le général Miranda, placé à Mortaume, et le général Stengel à Saint-Jouvin, repoussèrent toutes les attaques avec un plein succès. Sur plusieurs points, les soldats, rassurés par leur position et par l'attitude de leurs chefs, sautèrent au-dessus de leurs retranchements, et devancèrent à la baïonnette l'approche des assaillants. Ces combats occupaient l'armée, qui quelquefois manquait de vivres, à cause du désordre inévitable d'un service improvisé. Mais la gaîté du général, qui ne se soignait pas mieux que ses soldats, engageait tout le monde à se résigner; et, malgré un commencement de dyssenterie, on se trouvait assez bien dans le camp de Grand-Pré. Les officiers supérieurs seulement, qui doutaient de la possibilité d'une longue résistance, le ministère qui n'y croyait pas davantage, parlaient d'une retraite derrière la Marne, et assiégeaient Dumouriez de leurs conseils; et lui, écrivait des lettres énergiques aux ministres, et imposait silence à ses officiers, en leur disant que, lorsqu'il voudrait des avis, il convoquerait un conseil de guerre.

Il faut toujours qu'un homme ait les inconvénients de ses qualités. L'extrême promptitude du génie de Dumouriez devait souvent l'emporter jusqu'à l'irréflexion. Dans son ardeur à concevoir, il lui était déjà arrivé de ne pas bien calculer les obstacles matériels de ses projets, notamment lorsqu'il ordonna à Lafayette de se porter de Metz à Givet. Il commit encore ici une faute capitale, qui, s'il avait eu moins de force d'esprit et de sang-froid, eût entraîné la perte de la campagne. Entre le Chêne-Populeux et Grand-Pré se trouvait, avons-nous dit, un passage secondaire, dont l'importance avait été jugée très-médiocre, et qui n'était défendu que par deux bataillons et deux escadrons. Accablé de soins immenses, Dumouriez n'était pas allé juger par ses propres yeux de ce passage. N'ayant d'ailleurs que peu de monde à y placer, il avait cru trop facilement que quelques cents hommes suffiraient à sa garde. Pour comble de malheur, le colonel qui y commandait, lui persuada qu'on pouvait même retirer une partie des troupes qui s'y trouvaient, et qu'en brisant les routes, quelques volontaires suffiraient à y maintenir la défensive. Dumouriez se laissa tromper par ce colonel, vieux militaire et jugé digne de confiance.

Pendant ce temps, Brunswick avait fait examiner nos divers postes, et il avait eu un moment le projet de longer la forêt jusqu'à Sedan, pour la tourner vers cette extrémité. Il paraît que, pendant ce mouvement, des espions révélèrent la négligence du général français. La Croix-aux-Bois fut attaquée par des Autrichiens et des émigrés commandés par le prince de Ligne. Les abatis avaient à peine été commencés, les routes n'étaient point brisées, et le passage fut occupé sans résistance dès le 13 au matin. A peine Dumouriez eut-il appris cette funeste nouvelle, qu'il envoya le général Chasot, homme d'une grande bravoure, avec deux brigades, six escadrons et quatre pièces de huit, pour occuper de nouveau le passage, et en chasser les Autrichiens. Il ordonna de les attaquer à la baïonnette avec la plus grande vivacité, et avant qu'ils eussent trouvé le temps de se retrancher. La journée du 13 s'écoula, et celle du 14 se passa encore sans que le général Chasot pût exécuter cet ordre. Le 15 enfin, il attaqua avec vigueur, repoussa l'ennemi, et lui fit perdre le poste et son chef, le prince de Ligne. Mais, attaqué deux heures après lui-même par des forces très-supérieures, et avant d'avoir pu se retrancher, il fut repoussé de nouveau, et entièrement dépossédé de la Croix-aux-Bois. Chasot était en outre coupé de Grand-Pré, et ne pouvait se retirer vers l'armée principale, qui se trouvait ainsi affaiblie. Il se replia aussitôt sur Vouziers. Le général Dubouquet, commandant au Chêne-Populeux, et heureux jusque-là dans sa résistance, se voyant séparé de Grand-Pré, pensa qu'il ne fallait pas s'exposer à être enveloppé par l'ennemi, qui, ayant coupé la ligne à la Croix-aux-Bois, allait déboucher en masse. Il résolut de décamper, et de se retirer par Attigny et Somme-Puis, sur Châlons. Ainsi le fruit de tant de combinaisons hardies et de hasards heureux, était perdu; le seul obstacle qu'on pût opposer à l'invasion, l'Argonne, était franchi, et la route de Paris était ouverte.

Dumouriez, séparé de Chasot et de Dubouquet, n'avait plus que quinze mille hommes ; et si l'ennemi, débouchant rapidement par la Croix-aux-Bois, tournait la position de Grand-Pré, et venait occuper les passages de l'Aisne, qui, avons-nous dit, servaient d'issue aux derrières du camp, le général français était perdu. Ayant quarante mille Prussiens en tête, vingt-cinq mille Autrichiens sur ses derrières, enfermé ainsi avec quinze mille hommes par soixante-cinq mille, par deux cours d'eau et la forêt, il n'avait plus qu'à mettre bas les armes, ou à faire tuer inutilement jusqu'au dernier de ses soldats. La seule armée sur laquelle comptait la France était alors anéantie, et les coalisés pouvaient prendre la route de la capitale.

Dans cette situation désespérée, le général ne perdit pas courage, et conserva un sang-froid admirable. Son premier soin fut de songer le jour même à la retraite, car le plus pressant était de se soustraire aux fourches Caudines. Il considéra que par sa droite il touchait à Dillon, maître encore des Islettes et de la route de Sainte-Menehould ; qu'en se repliant sur les derrières de celui-ci, et appuyant son dos contre le sien, ils feraient tous deux face à l'ennemi, l'un aux Islettes, l'autre à Sainte-Menehould, et présenteraient ainsi un double front retranché. Là ils pourraient attendre la jonction des deux généraux Chasot et Dubouquet, détachés du corps de bataille, celle de Beurnonville, mandé de Flandre pour être le 13 à Rethel, celle enfin de Kellermann, qui, étant depuis plus de dix jours en marche, ne pouvait tarder d'arriver. Ce plan était le meilleur et le plus conséquent au système de Dumouriez, qui consistait à ne pas reculer à l'intérieur, vers un pays ouvert, mais à se tenir dans un pays difficile, à y temporiser, et à se mettre en position de faire sa jonction avec l'armée du centre. Si, au contraire, il s'était replié sur Châlons, il était poursuivi comme fugitif; il exécutait avec désavantage une retraite qu'il aurait pu faire plus utilement dès l'origine, et surtout il se mettait dans l'impossibilité d'être rejoint par Kellermann. C'était une grande hardiesse, après un accident tel que celui de la Croix-aux-Bois, de persister dans son système, et il fallait, dans le moment, autant de génie que de vigueur pour ne pas s'abandonner au conseil, si répété, de se retirer derrière la Marne. Mais que de hasards heureux ne fallait-il pas encore pour réussir dans une retraite si difficile, si surveillée, et faite avec si peu de monde, en présence d'un ennemi si puissant!

Aussitôt il ordonna à Beurnonville, déjà dirigé sur Rethel, à Chasot, dont il venait de recevoir des nouvelles rassurantes, à Dubouquet, retiré sur Attigny, de se rendre tous à Sainte-Menehould. En même temps il manda de nouveau à Kellermann de continuer sa marche; car il pouvait craindre que Kellermann, apprenant la perte des défilés, ne voulût revenir sur Metz. Après avoir fait toutes ces dispositions, après avoir reçu un officier prussien qui demandait à parlementer, et lui avoir montré le camp dans le plus grand ordre, il fit détendre à minuit, et marcher en silence vers les deux ponts qui servaient d'issue au camp de Grand-Pré. Par bonheur pour lui, l'ennemi n'avait pas encore songé à pénétrer par la Croix-aux-Bois, et à déborder les positions françaises. Le ciel était orageux, et couvrait de ses ombres la retraite des Français. On marcha toute la nuit par les chemins les plus mauvais, et l'armée, qui heureusement n'avait pas eu le temps de s'alarmer, se retira sans connaître le motif de ce changement de position. Le lendemain 16, à huit heures du matin, toutes les troupes avaient traversé l'Aisne; Dumouriez s'était échappé, et il s'arrêtait en bataille sur les hauteurs d'Autry, à quatre lieues de Grand-Pré. Il n'était pas suivi, se croyait sauvé, et s'avançait à Dammartin-sur-Hans, afin d'y choisir un campement pour la journée, lorsque tout-à-coup il entend les fuyards accourir et crier que tout est perdu, que l'ennemi, se jetant sur nos derrières, a mis l'armée en déroute. Dumouriez accourt, retourne à son arrière-garde, et trouve le Péruvien Miranda et le vieux général Duval, arrêtant les fuyards, rétablissant avec beaucoup de fermeté les rangs de l'armée, que des hussards prussiens avaient un instant surprise et troublée. L'inexpérience de ces jeunes troupes, et la crainte de la trahison, qui alors remplissait tous les esprits, rendaient les terreurs paniques très-faciles et très-fréquentes. Cependant tout fut réparé, grace aux trois généraux Miranda, Duval et Stengel, placés à l'arrière-garde. On bivouaqua à Dammartin avec l'espérance de s'adosser bientôt aux Islettes, et de terminer heureusement cette périlleuse retraite.

Dumouriez était depuis vingt heures à cheval. Il mettait pied à terre à six heures du soir, lorsque tout-à-coup il entend encore des cris de *sauve qui peut*, des imprécations contre les généraux qui trahissaient, et surtout contre le général en chef, qui venait, dit-on, de passer à l'ennemi. L'artillerie avait attelé et voulait se réfugier sur une hauteur : toutes les troupes étaient confondues. Il fit allumer de grands feux, et ordonna qu'on restât sur la place toute la nuit. On passa ainsi dix heures dans les boues et l'obscurité. Plus de quinze cents fuyards, s'échappant à travers les campagnes, allèrent répandre à Paris et dans toute la France, que l'armée du Nord, le dernier espoir de la patrie, était perdue, et livrée à l'ennemi.

Dès le lendemain tout était réparé. Dumouriez écrivait à l'assemblée nationale avec son assurance ordinaire : « J'ai été obligé d'aban-
« donner le camp de Grand-Pré. La retraite était
« faite, lorsqu'une terreur panique s'est mise
« dans l'armée; dix mille hommes ont fui de-
« vant quinze cents hussards prussiens. La perte
« ne monte pas à plus de cinquante hommes et
« quelques bagages. TOUT EST RÉPARÉ, ET JE RÉ-
« PONDS DE TOUT. » Il ne fallait pas moins que de telles assurances pour calmer les terreurs de Paris et du conseil exécutif, qui allait de nouveau presser le général de passer la Marne.

Sainte-Menehould, où marchait Dumouriez, est placé sur l'Aisne, l'une des deux rivières qui entouraient le camp de Grand-Pré. Dumouriez devait donc en remonter le cours, et, avant d'y parvenir, il avait à franchir trois ruisseaux assez profonds qui viennent s'y confondre, la Tourbe, la Bionne et l'Auve. Au-delà de ces trois ruisseaux se trouvait le camp qu'il allait occuper. Au-devant de Sainte-Menehould s'élèvent circulairement des hauteurs de trois quarts de lieue. A leur pied s'étend un fonds dans lequel l'Auve forme des marécages avant de se jeter dans l'Aisne. Ce fonds est bordé à droite par les hauteurs de l'Hyron, en face par celles de la Lune, et à gauche par celles de Gisaucourt. Au centre du bassin se trouvent différentes élévations, inférieures cependant à celles de Sainte-Menehould. Le moulin de Valmy en est une, et il fait immédiatement face aux coteaux de la Lune. La grande route de Châlons à Sainte-Menehould passe à travers ce bassin, presque parallèlement au cours de l'Auve. C'est à Sainte-Menehould et au-dessus de ce bassin que se plaça Dumouriez. Il fit occuper autour de lui les positions les plus importantes, et appuya le dos contre Dillon, en lui recommandant de tenir ferme contre l'ennemi. Il occupait ainsi la grande route de Paris sur trois points : les Islettes, Sainte-Menehould et Châlons.

Cependant les Prussiens pouvaient, en pénétrant par Grand-Pré, le laisser à Sainte-Menehould, et courir à Châlons. Dumouriez ordonna donc à Dubouquet, dont il avait appris l'heureuse arrivée à Châlons, de se placer, avec sa division, au camp de l'Épine, d'y réunir tous les volontaires nouvellement arrivés, afin de couvrir Châlons contre un coup de main. Il fut rejoint ensuite par Chasot, et enfin par Beurnonville. Celui-ci s'était porté le 15 à la vue de Sainte-Menehould. Voyant une armée en bon ordre, il avait supposé que c'était l'ennemi, car il ne pouvait croire que Dumouriez, qu'on disait battu, se fût si tôt et si bien tiré d'embarras. Dans cette idée, il s'était replié sur Châlons, et là, informé de la vérité, il était revenu, et avait pris position le 19 à Maffrecourt, sur la droite du camp. Il amenait ces dix mille braves, que Dumouriez avait pendant un mois exercés, dans le camp de Maulde, à une continuelle guerre de postes. Renforcé de Beurnonville et de Chasot, Dumouriez pouvait compter trente-cinq mille hommes. Ainsi, grace à sa fermeté et à sa présence d'esprit, il se retrouvait placé dans une position très-forte, et en état de temporiser encore assez long-temps. Mais si l'ennemi plus prompt le laissait en arrière, et courait en avant sur Châlons, que devenait son camp de Sainte-Menehould? C'était toujours la même crainte; et ses précautions, au camp de l'Épine, étaient loin de pouvoir prévenir un danger pareil.

Deux mouvements s'opéraient très-lentement autour de lui : celui de Brunswick, qui hésitait dans sa marche, et celui de Kellermann, qui, parti le 4 de Metz, n'était pas encore arrivé au point convenu, après quinze jours de route. Mais si la lenteur de Brunswick servait Dumouriez, celle de Kellermann le compromettait singulièrement. Kellermann, prudent et irrésolu, quoique très-brave, avait tour à tour avancé ou reculé, suivant les marches de l'armée prussienne; et le 17 encore, en apprenant la perte des défilés, il avait fait un mouvement en arrière. Cependant le 19 au soir il fit avertir Dumouriez qu'il n'était plus qu'à deux lieues de Sainte-Menehould. Dumouriez lui avait réservé les hauteurs de Gisaucourt, placées à sa gauche, et dominant la route de Châlons et le ruisseau de l'Auve. Il lui avait mandé que, dans le cas d'une bataille, il pourrait se déployer sur les hauteurs secondaires, et se porter sur Valmy, au-delà de l'Auve. Dumouriez n'eut pas le temps d'aller placer lui-même son collègue. Kellermann, passant l'Auve le 19 dans la nuit, se porta à Valmy au centre du bassin, et négligea les hauteurs de Gisaucourt, qui formaient la gauche du camp de Sainte-Menehould, et dominaient celles de la Lune, sur lesquelles arrivaient les Prussiens.

Dans ce moment, en effet, les Prussiens, débouchant par Grand-Pré, étaient arrivés en vue de l'armée française, et, gravissant les hauteurs de la Lune, découvraient déjà le terrain dont Dumouriez occupait le sommet. Renonçant à une course rapide sur Châlons, ils étaient joyeux, dit-on, de trouver réunis les deux généraux français, afin de pouvoir les enlever d'un seul coup. Leur but était de se rendre maîtres de la route de Châlons, de se porter à Vitry, de forcer Dillon aux Islettes, d'entourer ainsi Sainte-Menehould de toutes parts, et d'obliger les deux armées à mettre bas les armes.

Le 20 au matin, Kellermann, qui, au lieu d'occuper les hauteurs de Gisaucourt, s'était porté au centre du bassin, sur le moulin de Valmy, se vit dominé en face par les hauteurs de la Lune, occupées par l'ennemi. D'un côté, il avait l'Hyron, que les Français tenaient en leur pouvoir, mais pouvaient perdre; de l'autre Gisaucourt, qu'il n'avait pas occupé, et où les Prussiens allaient s'établir. Dans le cas d'une défaite, il était rejeté dans les marécages de l'Auve, placés derrière le moulin de Valmy, et il pouvait être écrasé avant d'avoir rejoint Dumouriez, dans le fond de cet amphithéâtre. Aussitôt il appela son collègue auprès de lui. Mais le roi de Prusse, voyant un grand mouvement dans l'armée française, et croyant que le projet des généraux était de se porter sur

Châlons, voulut aussitôt en fermer le chemin, et ordonna l'attaque. L'avant-garde prussienne rencontra sur la route de Châlons l'avant-garde de Kellermann, qui se trouvait avec son corps de bataille sur la hauteur de Valmy. On s'aborda vivement, et les Français, repoussés d'abord, furent ramenés et soutenus ensuite par les carabiniers du général Valence. Des hauteurs de la Lune, la canonnade s'engagea avec le moulin de Valmy, et notre artillerie riposta vivement à celle des Prussiens.

Cependant la position de Kellermann était très-hasardée; ses troupes étaient toutes entassées confusément sur la hauteur de Valmy, et trop mal à l'aise pour y combattre. Des hauteurs de la Lune, on le canonnait; de celles de Gisaucourt, un feu établi par les Prussiens maltraitait sa gauche; l'Hyron, qui flanquait sa droite, était à la vérité occupé par les Français; mais Clerfayt, attaquant ce poste avec vingt-cinq mille Autrichiens, pouvait s'en emparer; alors, foudroyé de toutes parts, Kellermann pouvait être rejeté de Valmy dans l'Auve, sans que Dumouriez pût le secourir. Celui-ci envoya aussitôt le général Stengel avec une forte division pour maintenir les Français sur l'Hyron, et y garantir la droite de Valmy; il enjoignit à Beurnonville d'appuyer Stengel avec seize bataillons; il dépêcha Chasot avec neuf bataillons et huit escadrons sur la route de Châlons, pour occuper Gisaucourt et flanquer la gauche de Kellermann. Mais Chasot, arrivé près de Valmy, demanda les ordres de Kellermann au lieu de se porter sur Gisaucourt, et laissa aux Prussiens le temps de l'occuper, et d'y établir un feu meurtrier pour nous. Cependant, appuyé de droite et de gauche, Kellermann pouvait se soutenir sur le moulin de Valmy. Malheureusement un obus tombé sur un caisson le fit sauter, et mit le désordre dans l'infanterie; le canon de la Lune l'augmenta encore, et déja la première ligne commençait à plier. Kellermann, apercevant ce mouvement, accourut dans les rangs, les rallia, et rétablit l'ordre. Dans cet instant, Brunswick pensa qu'il fallait gravir la hauteur, et culbuter avec la baïonnette les troupes françaises.

Il était midi. Un brouillard épais qui, jusqu'à ce moment, avait enveloppé les deux armées, était dissipé; elles s'apercevaient distinctement, et nos jeunes soldats voyaient les Prussiens s'avancer sur trois colonnes, avec l'assurance de troupes vieilles et aguerries. C'était pour la première fois qu'ils se trouvaient au nombre de cent mille hommes, sur le champ de bataille, et qu'ils allaient croiser la baïonnette.

Ils ne connaissaient encore ni eux ni l'ennemi, et ils se regardaient avec inquiétude. Kellermann entre dans les retranchements, dispose ses troupes par colonnes d'un bataillon de front, et leur ordonne, lorsque les Prussiens seront à une certaine distance, de ne pas les attendre, et de courir au-devant d'eux à la baïonnette. Puis il élève la voix et crie : *Vive la nation!* — On pouvait dans cet instant être brave ou lâche. Le cri de *vive la nation* ne fait que des braves, et nos jeunes soldats, entraînés, marchent en répétant le cri de *vive la nation!* A cette vue, Brunswick, qui ne tentait l'attaque qu'avec répugnance, et avec une grande crainte du résultat, hésite, arrête ses colonnes, et finit par ordonner la rentrée au camp.

Cette épreuve fut décisive. Dès ce moment, on crut à la valeur de ces *savetiers*, de ces *tailleurs*, qui composaient l'armée française d'après les émigrés. On avait vu des hommes équipés, vêtus et braves; on avait vu des officiers décorés et pleins d'expérience; un général Duval, dont la belle taille, les cheveux blanchis inspiraient le respect; Kellermann, Dumouriez enfin, opposant tant de constance et d'habileté en présence d'un ennemi si supérieur. Dans ce moment, la révolution française fut jugée, et ce chaos, jusque-là ridicule, n'apparut plus que comme un terrible élan d'énergie.

A quatre heures, Brunswick essaya une nouvelle attaque. L'assurance de nos troupes le déconcerta encore, et il replia une seconde fois ses colonnes. Marchant de surprise en surprise, trouvant faux tout ce qu'on lui avait annoncé, le général prussien n'avançait qu'avec la plus grande circonspection, et, quoiqu'on lui ait reproché de n'avoir pas poussé plus vivement l'attaque et culbuté Kellermann, les bons juges pensent qu'il a eu raison. Kellermann, soutenu de droite et de gauche par toute l'armée française, pouvait résister; et si Brunswick, enfoncé dans une gorge et dans un pays détestable, eût été battu une fois, il risquait d'être entièrement détruit. D'ailleurs il avait, par le résultat de la journée, occupé la route de Châlons : les Français se trouvaient coupés de leur dépôt, et il espérait les obliger à quitter leur position dans quelques jours. Il ne considérait pas que, maîtres de Vitry, ils en étaient quittes pour un détour plus long, et pour quelques délais dans l'arrivée de leurs convois.

Telle fut la célèbre journée du 20 septembre 1792, où furent tirés plus de vingt mille coups de canon, et appelée depuis CANONNADE DE VALMY. La perte fut égale des deux côtés, et s'éleva pour chaque armée à huit ou neuf cents hommes. Mais la gaieté et l'assurance régnaient dans le camp français, et les reproches, le regret, dans celui des Prussiens. On assure que dans la soirée même les émigrés reçurent les plus vives remontrances du roi de Prusse, et qu'on vit diminuer l'influence de Calonne, le plus présomptueux des ministres émigrés, et le plus fécond en promesses exagérées et en renseignements démentis.

Dans la nuit même, Kellermann repassa l'Auve à petit bruit, et vint camper sur les hauteurs de Gisaucourt, qu'il aurait dû occuper dès l'origine, et dont les Prussiens avaient profité dans la journée. Les Prussiens demeurèrent sur les hauteurs de la Lune. Dans le fond opposé se trouvait Dumouriez, et à la gauche de celui-ci Kellermann, sur les hauteurs qu'il venait de reprendre. Dans cette position singulière, les Français, faisant face à la France, semblaient l'envahir, et les Prussiens, qui étaient appuyés contre elle, semblaient la défendre. C'est ici que commença, de la part de Dumouriez, une nouvelle suite d'actes pleins d'énergie et de fermeté, soit contre l'ennemi, soit contre ses propres officiers et contre l'autorité française. Avec près de soixante-dix mille hommes de troupes, dans un bon camp, ne manquant pas de vivres, ou du moins rarement, il pouvait attendre. Les Prussiens au contraire manquaient de subsistances; les maladies commençaient à ravager leur armée, et dans cette situation ils perdaient beaucoup à temporiser. Une saison affreuse, au milieu d'un terrain argileux et humide, ne leur permettait pas de séjourner long-temps. Si, reprenant trop tard l'énergie et la célérité de l'invasion, ils voulaient marcher sur Paris, Dumouriez était en force pour les suivre, et les envelopper lorsqu'ils seraient engagés plus avant.

Ces vues étaient pleines de justesse et de prudence. Mais dans le camp, où les officiers s'ennuyaient des privations, et où Kellermann était peu satisfait de subir une autorité supérieure; à Paris, où l'on se sentait séparé de la principale armée, et où l'on n'apercevait rien entre soi et les Prussiens, où l'on voyait même les hulans arriver à quinze lieues, depuis que la forêt de l'Argonne était ouverte, on ne pouvait approuver le plan de Dumouriez. L'assemblée, le conseil se plaignaient de son entêtement, lui écrivaient les lettres les plus impératives pour lui faire abandonner sa position, et repasser la Marne. Le camp à Montmartre, et une armée entre Châlons et Paris, étaient le double rempart qu'il fallait aux imaginations épouvantées. *Les hulans vous harcèlent*, écrivait Dumouriez, *eh bien! tuez-les ; cela ne me regarde pas. Je ne changerai pas mon plan pour des housardailles.* Cependant les instances et les ordres n'en continuaient pas moins. Dans le camp, les officiers ne cessaient pas de faire des observations. Les soldats seuls, soutenus par la gaieté du général, qui avait soin de parcourir leurs rangs, de les encourager, et de leur expliquer la position critique des Prussiens, les soldats supportaient patiemment les pluies et les privations. Une fois Kellermann voulut partir, et il fallut que Dumouriez, comme Colomb demandant encore quelques jours à son équipage, promît de décamper si, dans un nombre de jours donnés, les Prussiens ne battaient pas en retraite.

La belle armée des coalisés se trouvait en effet dans un état déplorable; elle périssait par la disette, et surtout par le cruel effet de la dyssenterie. Les dispositions de Dumouriez y avaient contribué puissamment. Les tirailleries sur le front du camp étant jugées inutiles, parce qu'elles n'aboutissaient à aucun résultat, il fut convenu entre les deux armées de les suspendre; mais Dumouriez stipula que ce serait sur le front seulement. Aussitôt il détacha toute sa cavalerie, surtout celle de nouvelle levée, dans les pays environnants, afin d'intercepter les convois de l'ennemi, qui, étant arrivé par la trouée de Grand-Pré, et ayant remonté l'Aisne pour suivre notre retraite, était obligé de faire suivre les mêmes détours à ses approvisionnements. Nos cavaliers avaient pris goût à cette guerre lucrative, et la poursuivaient avec un grand succès. On était arrivé aux derniers jours de septembre; le mal devenait intolérable dans l'armée prussienne, et des officiers avaient été envoyés au camp français pour parlementer. D'abord il ne fut question que d'échanger des prisonniers; les Prussiens demandèrent aussi le bénéfice de l'échange pour les émigrés, mais on le leur refusa. Une grande politesse avait régné de part et d'autre. De l'échange des prisonniers, la conversation s'était reportée sur les motifs de la guerre, et, du côté des Prussiens, on avait presque avoué que la guerre était impolitique. Le caractère de Dumouriez reparut ici tout entier. N'ayant plus à combattre, il faisait des mémoires pour le roi de Prusse, et lui démontrait combien il lui était peu avantageux de s'unir à la maison d'Autriche contre la France. En même temps, il lui envoyait douze livres de café, les seules qui restassent dans les deux camps. Ses mémoires, qui ne pouvaient manquer d'être appréciés, furent néanmoins très-mal accueillis, et devaient l'être. Brunswick répondit au nom du roi de Prusse par une déclaration aussi arrogante que le premier manifeste, et toute négociation fut rompue. L'assemblée, consultée par Dumouriez, répondit, comme le sénat romain, qu'on ne traiterait avec l'ennemi que lorsqu'il serait sorti de France.

Ces négociations n'eurent d'autre effet que de faire calomnier le général, qu'on soupçonna dès lors d'avoir des relations secrètes avec l'étranger, et de lui attirer quelques dédains affectés de la part d'un monarque orgueilleux et humilié du résultat de la guerre. Mais tel était Dumouriez : avec tous les genres de courage, avec tous les genres d'esprit, il manquait de cette retenue, de cette dignité qui impose aux hommes, tandis que le génie ne fait que les saisir. Cependant, ainsi que l'avait prévu le général français, dès le 1er octobre les Prussiens, ne pouvant plus résister à la disette et aux maladies, commencèrent à décamper. Ce fut en Europe un grand sujet d'étonnement, de conjectures, de fables, que de voir une armée si puissante, si vantée, se retirer humblement devant ces ouvriers et ces bourgeois soulevés, qui devaient être ramenés tambour battant dans leurs villes, et châtiés pour en être sortis. La faiblesse avec laquelle furent poursuivis les

Prussiens, l'espèce d'impunité dont ils jouirent en repassant les défilés de l'Argonne, firent supposer des stipulations secrètes, et même un marché avec le roi de Prusse. Les faits militaires vont expliquer, mieux que toutes ces suppositions, la retraite des coalisés.

Rester dans une position aussi malheureuse n'était plus possible. Envahir était devenu intempestif, par une saison aussi avancée et aussi mauvaise. La seule ressource était donc de se retirer vers le Luxembourg et la Lorraine, et de s'y faire une forte base d'opérations, pour recommencer la campagne l'année suivante. D'ailleurs on a lieu de croire qu'en ce moment, Frédéric-Guillaume songeait à prendre sa part de la Pologne; car c'est alors que ce prince, après avoir excité les Polonais contre la Russie et l'Autriche, s'apprêtait à partager leurs dépouilles. Ainsi l'état de la saison et des lieux, le dégoût d'une entreprise manquée, le regret de s'être allié contre la France avec la maison d'Autriche, et enfin de nouveaux intérêts dans le Nord, étaient chez le roi de Prusse des motifs suffisants pour déterminer sa retraite. Elle se fit avec le plus grand ordre, car cet ennemi, qui consentait à partir, n'en était pas moins très-puissant. Vouloir lui fermer tout-à-fait la retraite, et l'obliger à s'ouvrir un passage par une victoire, eût été une imprudence que Dumouriez n'aurait pas commise. Il fallait se contenter de le harceler, et c'est ce qu'il fit avec trop peu d'activité, par sa faute et celle de Kellermann.

Le danger était passé, la campagne finie, et chacun était rendu à soi et à ses projets. Dumouriez songeait à son entreprise des Pays-Bas, Kellermann à son commandement de Metz, et la poursuite des Prussiens n'obtint plus des deux généraux l'attention qu'elle méritait. Dumouriez envoya le général d'Harville au Chêne-Populeux pour châtier les émigrés; ordonna au général Miaczinski de les attendre à Stenay, au sortir du passage, pour achever de les détruire; dépêcha Chasot du même côté pour occuper la route de Longwy; plaça les généraux Beurnonville, Stengel et Valence avec plus de vingt-cinq mille hommes sur les derrières de la grande armée, pour la poursuivre avec vigueur, et en même temps enjoignit à Dillon, qui s'était toujours maintenu aux Islettes avec le plus grand bonheur, de s'avancer par Clermont et Varennes, afin de couper la route de Verdun. Ces dispositions étaient bonnes sans doute, mais elles auraient dû être exécutées par le général lui-même; il aurait dû, suivant le jugement très-juste et très-élevé de

M. Jomini, fondre directement sur le Rhin, et le descendre ensuite avec toute son armée. Dans ce moment de succès, renversant tout devant lui, il aurait conquis la Belgique en une marche. Mais il songeait à venir à Paris pour préparer une invasion par Lille. De leur côté, les trois généraux Stengel, Beurnonville et Valence ne s'entendirent pas assez bien, et ne poursuivirent que faiblement les Prussiens. Valence, qui dépendait de Kellermann, reçut tout-à-coup l'ordre de revenir joindre son général à Châlons, afin de reprendre la route de Metz. Il faut convenir que le mouvement était singulièrement imaginé, puisqu'il ramenait Kellermann dans l'intérieur, pour reprendre ensuite la route de la frontière lorraine. La route naturelle était en avant par Vitry ou Clermont, et elle se conciliait avec la poursuite des Prussiens, telle que l'avait ordonnée Dumouriez. A peine celui-ci connut-il l'ordre donné à Valence, qu'il lui enjoignit de poursuivre sa marche, disant que tant que durerait la jonction des armées du nord et du centre, le commandement supérieur lui appartiendrait à lui seul. Il s'en expliqua tres-vivement avec Kellermann, qui revint sur sa première détermination, et consentit à prendre sa route par Sainte-Menehould et Clermont.

Cependant la poursuite ne s'en fit pas moins avec beaucoup de mollesse. Dillon seul harcela les Prussiens avec une bouillante ardeur, et faillit même se faire battre en s'élançant trop vivement sur leurs traces.

Le désaccord des généraux, et leurs distractions personnelles après le danger, furent évidemment la seule cause qui procura une retraite si facile aux Prussiens. On a prétendu que leur départ avait été acheté, qu'il avait été payé par le produit d'un grand vol dont nous allons parler, qu'il était convenu avec Dumouriez, et que l'une des stipulations du marché était la libre sortie des Prussiens; enfin que Louis XVI l'avait demandé du fond de sa prison. On vient de voir que cette retraite peut être suffisamment expliquée par des motifs naturels; mais bien d'autres raisons encore démontrent l'absurdité de ces suppositions. Ainsi il n'est pas croyable qu'un monarque, dont les vices n'étaient pas ceux d'une vile cupidité, se soit laissé acheter : on ne voit pas pourquoi, dans le cas d'une convention, Dumouriez ne se serait pas justifié, aux yeux des militaires, de n'avoir pas poursuivi l'ennemi, en avouant un traité qui n'avait rien de honteux pour lui : enfin le valet de chambre du roi, Cléry, assure que rien de semblable à la prétendue lettre adressée par Louis XVI à Frédéric-Guillaume, et transmise par le procureur de la commune Manuel, n'a été écrit et donné à ce dernier. Tout cela n'est donc que mensonge, et la retraite des coalisés ne fut que l'effet naturel de la guerre. Dumouriez, malgré ses fautes, malgré ses distractions à Grand-Pré, malgré sa négligence au moment de la retraite, n'en fut pas moins le sauveur de la France, et d'une révolution qui a peut-être avancé l'Europe de plusieurs siècles. C'est lui qui, s'emparant d'une armée désorganisée, défiante, irritée, lui rendant l'ensemble et la confiance, établissant sur toute cette frontière l'unité et la vigueur, ne désespérant jamais au milieu des circonstances les plus désastreuses, donnant après la perte des défilés un exemple de sang-froid inouï, persistant dans ses premières idées de temporisation malgré le péril, malgré son armée et son gouvernement, d'une manière qui prouve la vigueur de son jugement et de son caractère; c'est lui, disons-nous, qui sauva notre patrie de l'étranger et du courroux contre-révolutionnaire, et donna l'exemple si imposant d'un homme sauvant ses concitoyens malgré eux-mêmes. La conquête, si vaste qu'elle soit, n'est ni plus belle ni plus morale.

CHAPITRE III.

Nouveaux massacres des prisonniers à Versailles. — Abus de pouvoir et dilapidations de la commune. — Élections des députés à la convention. — Composition de la députation de Paris. — Position et projets des girondins; caractère des chefs de ce parti; du fédéralisme. — État du parti parisien et de la commune. — Ouverture de la convention nationale le 20 septembre 1792; abolition de la royauté; établissement de la république. — Première lutte des girondins et des montagnards; dénonciations de Robespierre et de Marat. — Déclaration de l'unité et de l'indivisibilité de la république. — Distribution et forces des partis dans la convention. — Changements dans le pouvoir exécutif. — Danton quitte son ministère. — Création de divers comités administratifs et du comité de constitution.

Tandis que les armées françaises arrêtaient la marche des coalisés, Paris était toujours dans le trouble et la confusion. On a déja été témoin des débordements de la commune, des fureurs si prolongées de septembre, de l'impuissance des autorités et de l'inaction de la force publique pendant ces journées désastreuses : on a vu avec quelle audace le comité de surveillance avait avoué les massacres, et en avait recommandé l'imitation aux autres communes de France. Cependant les commissaires envoyés par la commune avaient été partout repoussés, parce que la France ne partageait pas les fureurs que le danger avait excitées dans la capitale. Mais dans les environs de Paris, tous les meurtres ne s'étaient pas bornés à ceux dont on a déjà lu le récit. Il s'était formé dans cette ville une troupe d'assassins que les massacres de septembre avaient familiarisés avec le sang, et qui avaient besoin d'en répandre encore. Déja quelques cents hommes étaient partis pour extraire des prisons d'Orléans les accusés de haute trahison. Ces malheureux, par un dernier décret, devaient être conduits à Saumur. Cependant leur destination fut changée en route, et ils furent acheminés vers Paris. Le 9 septembre on apprit qu'ils devaient arriver le 10 à Versailles. Aussitôt, soit que de nouveaux ordres fussent donnés à la bande des égorgeurs, soit que la nouvelle de cette arrivée suffit pour réveiller leur ardeur sanguinaire, ils envahirent Versailles du 9 au 10. À l'instant le bruit se répandit que de nouveaux massacres allaient être commis. Le maire de Versailles prit toutes les précautions pour empêcher de nouveaux malheurs. Le président du tribunal criminel courut à Paris avertir le ministre Danton du danger qui menaçait les prisonniers; mais il n'obtint qu'une réponse à toutes ses instances : *Ces hommes-là sont bien coupables.* — Soit, ajouta le président Alquier, mais la loi seule doit en faire justice.—Eh! ne voyez-vous pas, reprit Danton d'une voix terrible, que je vous aurais déjà répondu d'une autre manière si je le pouvais! Que vous importent ces prisonniers? Retournez à vos fonctions et ne vous occupez plus d'eux.....

Le lendemain, les prisonniers arrivèrent à Versailles. Une foule d'hommes inconnus se précipitèrent sur les voitures, parvinrent à les entourer et à les séparer de l'escorte, renversèrent de cheval le commandant Fournier, enlevèrent le maire, qui voulait généreusement se faire tuer à son poste, et massacrèrent les infortunés prisonniers, au nombre de cinquante-deux. Là périrent Delessart et d'Abancourt, mis en accusation comme ministres, et Brissac, comme chef de la garde constitutionnelle, licenciée sous la législative. Immédiatement après cette exécution, les assassins coururent aux prisons de la ville, et renouvelèrent les scènes des premiers jours de septembre, en employant les mêmes moyens, et en parodiant, comme à Paris, les formes judiciaires. Ce dernier événement, arrivé à cinq jours d'intervalle du premier, acheva de produire une terreur universelle. A Paris, le comité de surveillance ne ralentit point son action : tandis que les prisons venaient d'être vidées par la mort, il recommença à les remplir en lançant de nouveaux mandats d'arrêt. Ces mandats étaient en si grand nombre, que le ministre de l'intérieur, Roland, dénonçant à l'assemblée ces nouveaux actes arbitraires, put en déposer cinq à six cents sur le bureau, les uns signés par une seule personne, les autres par deux ou trois au plus, la plupart dépourvus de motifs, et beaucoup fondés sur le simple soupçon d'*incivisme*.

Pendant que la commune exerçait sa puissance à Paris, elle envoyait des commissaires dans les départements pour y justifier sa conduite, y conseiller son exemple, y recommander aux électeurs des députés de son choix, et y décrier ceux qui la contrariaient dans l'assemblée législative. Elle se procurait ensuite des valeurs immenses, en saisissant les sommes trouvées chez le trésorier de la liste civile, Septeuil, en s'emparant de l'argenterie des églises et du riche mobilier des émigrés, en se faisant délivrer enfin par le trésor des sommes considérables, sous le prétexte de soutenir la caisse de secours, et de faire achever les travaux du camp. Tous les effets des malheureux massacrés dans les prisons de Paris et sur la route de Versailles avaient été séquestrés, et déposés dans les vastes salles du comité de surveillance. Jamais la commune ne voulut représenter ni les objets, ni leur valeur, et refusa même toute réponse à cet égard, soit au ministère de l'intérieur, soit au directoire du département, qui, comme on sait, avait été converti en simple commission de contributions. Elle fit plus encore, et elle se mit à vendre de sa propre autorité le mobilier des grands hôtels, sur lesquels les scellés étaient restés apposés depuis le départ des propriétaires. Vainement l'administration supérieure lui faisait-elle des défenses : toute la classe des subordonnés chargée de l'exécution des ordres, ou appartenait à la municipalité, ou était trop faible pour agir. Les ordres ne recevaient ainsi aucune exécution.

La garde nationale, recomposée sous la dénomination de sections armées et remplie d'hommes de toute espèce, était dans une désorganisation complète. Tantôt elle se prêtait au mal, tantôt elle le laissait commettre par négligence. Des postes étaient complétement abandonnés, parce que les hommes de garde, n'étant pas relevés, même après quarante-huit heures, se retiraient épuisés de dégoût et de fatigue. Tous les citoyens paisibles avaient quitté ce corps, naguère si régulier, si utile; et Santerre, qui le commandait, était trop faible et trop peu intelligent pour le réorganiser.

La sûreté de Paris était donc livrée au hasard; et d'une part la commune, de l'autre la populace, y pouvaient tout entreprendre. Parmi les dépouilles de la royauté, les plus précieuses, et par conséquent les plus convoitées, étaient celles que renfermait le Garde-Meuble, riche dépôt de tous les effets qui servaient autrefois à la splendeur du trône. Depuis le 10 août, ce dépôt avait éveillé la cupidité de la multitude, et plus d'une circonstance excitait la surveillance de l'inspecteur de l'établissement. Celui-ci avait fait réquisitions sur réquisitions pour obtenir une garde suffisante; mais soit désordre, soit difficulté de suffire à tous les postes, soit enfin négligence volontaire, on ne lui fournissait point les forces qu'il demandait. Pendant la nuit du 16 septembre, le Garde-Meuble fut volé, et la plus grande partie de ce qu'il contenait passa dans des mains inconnues, que l'autorité fit depuis d'inutiles efforts pour découvrir. On attribua ce nouvel événement aux hommes qui avaient secrètement ordonné les massacres. Cependant ils n'étaient plus excités ici ni par le fanatisme, ni par une politique sanguinaire; et, en leur supposant le motif du vol, ils avaient dans les dépôts de la commune de quoi satisfaire la plus grande ambition. On a dit, à la vérité, qu'on fit cet enlèvement pour payer la retraite du roi de Prusse, ce qui est absurde, et pour fournir aux dépenses du parti, ce qui est plus vraisemblable, mais ce qui n'est nullement prouvé. Au reste, le vol du Garde-Meuble doit peu influer sur le jugement qu'il faut porter de la commune et de ses chefs. Il n'en est pas moins vrai que, dépositaire de valeurs immenses, la commune n'en rendit jamais aucun compte; que les scellés apposés sur les armoires furent brisés, sans que les serrures fussent forcées, ce qui indique une soustraction et point un pillage populaire; et que tant d'objets précieux disparurent à jamais. Une partie fut impudemment volée par des subalternes, tels que Sergent, surnommé *Agathe*, à cause d'un bijou précieux dont il s'était paré; une autre partie servit aux frais du gouvernement extraordinaire qu'avait institué la commune. C'était une guerre faite à l'ancienne société, et toute guerre est souillée du meurtre et du pillage.

Telle était la situation de Paris, pendant qu'on faisait les élections pour la convention nationale. C'était de cette nouvelle assemblée que les citoyens honnêtes attendaient la force et l'énergie nécessaires pour ramener l'ordre : ils espéraient que les quarante jours de confusion et de crimes, écoulés depuis le 10 août, ne seraient qu'un accident de l'insurrection, accident déplorable mais passager. Les députés même, siégeant avec tant de faiblesse dans l'assemblée législative, ajournaient l'énergie à la réunion de cette convention, espérance commune de tous les partis.

On s'agitait pour les élections dans la France entière. Les clubs exerçaient à cet égard une grande influence. Les jacobins de Paris avaient fait imprimer et répandre la liste de tous les votes émis pendant la session législative, afin qu'elle servît de documents aux électeurs. Les députés qui avaient voté contre les lois désirées par le parti populaire, et surtout ceux qui avaient absous Lafayette, étaient particulièrement désignés. Néanmoins, dans les provinces où les discordes de la capitale n'avaient pas encore pénétré, les girondins, même les plus odieux aux agitateurs de Paris, étaient nommés à cause de leurs talents reconnus. Presque tous les membres de l'assemblée actuelle étaient réélus. Beaucoup de constituants, que le décret de non-réélection avait exclus de la première législature, furent appelés à faire partie de cette convention. Dans le nombre on distinguait Buzot et Pétion. Parmi les nouveaux membres figuraient naturellement les hommes qui, dans leurs départements, s'étaient signalés par leur énergie et leur exaltation, ou les écrivains qui, comme Louvet, s'étaient fait connaître, par leurs talents, à la capitale et aux provinces.

A Paris, la faction violente qui avait dominé depuis le 10 août, se rendit maîtresse des élections, et mit en avant tous les hommes de son choix. Robespierre, Danton furent les premiers nommés. Les jacobins, le conseil de la commune accueillirent cette nouvelle par des applaudissements. Après eux furent élus Camille Desmoulins, fameux par ses écrits; David, par ses tableaux; Fabre-d'Églantine, par ses ouvrages comiques et une grande participation aux troubles révolutionnaires; Legendre, Panis, Sergent, Billaud-Varennes, par leur conduite à la commune. On y ajouta le procureur-syndic Manuel, Robespierre jeune, frère du célèbre Maximilien; Collot-d'Herbois, ancien comédien; le duc d'Orléans, qui avait abdiqué ses titres, et s'appelait Philippe-Égalité. Enfin, après tous ces noms, on vit paraître avec étonnement le vieux Dusaulx, l'un des électeurs de 1789, qui s'était tant opposé aux fureurs de la multitude, qui avait tant versé de larmes sur ses excès, et qui fut réélu par un dernier souvenir de 89, et comme un être bon et inoffensif pour tous les partis. Il manquait à cette étrange réunion le cynique et sanguinaire Marat. Cet homme étrange avait, par l'audace de ses écrits, quelque chose de surprenant, même pour des gens qui venaient d'être témoins des journées de septembre. Le capucin Chabot, qui dominait aux Jacobins par sa verve, et y cherchait les triomphes qui lui étaient refusés dans l'assemblée législative, fut obligé de faire l'apologie de Marat; et, comme c'était chez les jacobins que toute chose se délibérait d'avance, son élection proposée chez eux fut bientôt consommée dans l'assemblée électorale. Marat, un autre journaliste, Fréron, et quelques individus obscurs complétèrent cette députation fameuse, qui, renfermant des commerçants, un boucher, un comédien, un graveur, un peintre, un avocat, trois ou quatre écrivains, un prince déchu, représentait bien la confusion et la variété des existences qui s'agitaient dans l'immense capitale de la France.

Les députés arrivaient successivement à Paris, et à mesure que leur nombre devenait plus grand, et que les journées qui avaient produit une terreur si profonde s'éloignaient, on commençait à se rassurer, et à se prononcer contre les désordres de la capitale. La crainte de l'ennemi était diminuée par la contenance de Dumouriez dans l'Argonne : la haine des *aristocrates* se changeait en pitié, depuis l'horrible sacrifice qu'on en avait fait à Paris et à Versailles. Ces forfaits, qui avaient trouvé tant d'approbateurs égarés ou tant de censeurs timides, ces forfaits, devenus plus hideux par le vol qui venait de se joindre au meurtre, excitaient la réprobation générale. Les girondins, indignés de tant de crimes, et courroucés de l'oppression personnelle qu'ils avaient subie pendant un mois entier, devenaient plus fermes et plus énergiques. Brillants de talent et de courage aux yeux de la France, invoquant la justice et l'humanité, ils devaient avoir l'opinion publique pour eux, et déjà ils en menaçaient hautement leurs adversaires.

Cependant, si les girondins étaient également prononcés contre les excès de Paris, ils n'éprouvaient et n'excitaient pas tous ces ressentiments personnels qui enveniment les haines de parti. Brissot, par exemple, en ne cessant aux Jacobins de lutter d'éloquence avec Robespierre, lui avait inspiré une haine profonde. Avec des lumières, des talents, Brissot produisait beaucoup d'effet; mais il n'avait ni assez de considération personnelle, ni assez d'habileté pour être le chef du parti, et la haine de Robespierre le grandissait en lui imputant ce rôle. Lorsqu'à la veille de l'insurrection, les girondins écrivirent une lettre à Bose, peintre du roi, le bruit d'un traité se répandit, et on prétendit que Brissot, chargé d'or, allait partir pour Londres. Il n'en était rien; mais Marat, à qui les bruits les plus insignifiants, ou même les mieux démentis, suffisaient pour établir ses accusations, n'en avait pas moins lancé un mandat d'arrêt contre Brissot, lors de l'emprisonnement général des prétendus conspirateurs du 10 août. Une grande rumeur s'en était suivie, et le mandat d'arrêt ne fut pas exécuté. Mais les jacobins n'en disaient pas moins que Brissot était vendu à Brunswick; Robespierre le répétait et le croyait, tant sa fausse intelligence était portée à croire coupables ceux qu'il haïssait. Louvet lui avait inspiré tout autant de haine, en se faisant le second de Brissot aux Jacobins et dans le journal *la Sentinelle*. Louvet, plein de talent et de hardiesse, s'attaquait directement aux hommes. Ses personnalités virulentes, reproduites chaque jour par la voie d'un journal, en avaient fait l'ennemi le plus dangereux et le plus détesté du parti Robespierre.

Le ministre Roland avait déplu à tout le parti jacobin et municipal par sa courageuse lettre du 3 septembre, et par sa résistance aux empiétements de la commune; mais n'ayant rivalisé avec aucun individu, il n'inspirait qu'une colère d'opinion. Il n'avait offensé personnellement que Danton, en lui résistant dans le conseil, ce qui était peu dangereux, car de tous les hommes il n'y en avait pas dont le ressentiment fût moins à craindre que celui de Danton. Mais dans la personne de Roland c'était principalement sa femme qu'on détestait, sa femme, fière, sévère, courageuse, spirituelle, réunissant autour d'elle ces girondins si cultivés, si brillants, les animant de ses regards, les récompensant de son estime, et conservant dans son cercle, avec la simplicité républicaine, une politesse odieuse à des hommes obscurs et grossiers. Déjà ils s'efforçaient de répandre contre Roland un bas ridicule. Sa femme, disaient-ils, gouvernait pour lui, dirigeait ses amis, les récompensait même de ses faveurs. Dans son ignoble langage, Marat l'appelait *la Circé* du parti.

Guadet, Vergniaud, Gensonné, quoiqu'ils eussent répandu un grand éclat dans la législative, et qu'ils se fussent opposés au parti jacobin, n'avaient cependant pas éveillé encore toute la haine qu'ils excitèrent plus tard. Guadet même avait plu aux républicains énergiques par ses attaques hardies contre Lafayette et la cour. Guadet, vif, prompt à s'élancer en avant, passait du plus grand emportement au plus grand sang-froid; et, maître de lui à la tribune, il y brillait par l'à-propos et les mouvements. Aussi devait-il, comme tous les hommes, aimer un exercice dans lequel il excellait, en abuser même, et prendre trop de plaisir à battre avec la parole un parti qui lui répondrait bientôt avec la mort.

Vergniaud n'avait pas aussi bien réussi que Guadet auprès des esprits violents, parce qu'il ne montra jamais autant d'ardeur contre la cour, mais il avait été moins exposé aussi à les blesser, parce que, dans son abandon et sa nonchalance, il heurtait moins les personnes que son ami Guadet. Les passions éveillaient peu ce tribun, le laissaient sommeiller au milieu des agitations de parti, et, ne le portant

pas au-devant des hommes, ne l'exposaient
guère à leur haine. Cependant il n'était point
indifférent. Il avait un cœur noble, une belle
et lucide intelligence, et le feu oisif de son être,
s'y portant par intervalle, l'échauffait, l'élevait
jusqu'à la plus sublime énergie. Il n'avait pas
la vivacité des réparties de Guadet, mais il s'a-
nimait à la tribune, il y répandait une éloquence
abondante, et, grace à une souplesse d'organe
extraordinaire, il rendait ses pensées avec une
facilité, une fécondité d'expression, qu'aucun
homme n'a égalées. L'élocution de Mirabeau
était, comme son caractère, inégale et forte;
celle de Vergniaud, toujours élégante et noble,
devenait avec les circonstances, grande et énergique. Mais toutes les exhortations de l'épouse
de Roland ne réussissaient pas toujours à éveiller cet athlète, souvent dégoûté des hommes,
souvent opposé aux imprudences de ses amis,
et peu convaincu surtout de l'utilité des paroles
contre la force.

Gensonné, plein de sens et de probité, mais
doué d'une facilité d'expression médiocre, et
capable seulement de faire de bons rapports,
avait peu figuré encore à la tribune. Cependant
des passions fortes, un caractère obstiné, devaient lui valoir chez ses amis beaucoup d'influence, et chez ses ennemis la haine, qui at-

teint le caractère toujours plus que le talent.

Condorcet, autrefois marquis et toujours philosophe, esprit élevé, impartial, jugeant très-bien les fautes de son parti, peu propre aux terribles agitations de la démocratie, se mettait rarement en avant, n'avait encore aucun ennemi direct pour son compte, et se réservait pour tous les genres de travaux qui exigeaient des méditations profondes. Buzot, plein de sens, d'élévation d'ame, de courage, joignant à une belle figure une élocution ferme et simple, imposait aux passions par toute la noblesse de sa personne, et exerçait autour de lui le plus grand ascendant moral.

Barbaroux, élu par ses concitoyens, venait d'arriver du Midi, avec un de ses amis député comme lui à la convention nationale. Cet ami se nommait Rebecqui. C'était un homme peu cultivé, mais hardi, entreprenant, et tout dévoué à Barbaroux. On se souvient que ce dernier idolâtrait Roland et Pétion, qu'il regardait Marat comme un fou atroce, Robespierre comme un ambitieux, surtout depuis que Panis le lui avait proposé comme un dictateur indispensable. Révolté des crimes commis depuis son absence, il les imputait volontiers à des hommes qu'il détestait déja, et il se prononça, dès son arrivée, avec une énergie qui rendit toute réconciliation impossible. Inférieur à ses amis par l'esprit, mais doué d'intelligence et de facilité, beau, héroïque, il se répandit en menaces, et en quelques jours il obtint autant de haine que ceux qui pendant toute la législative n'avaient cessé de blesser les opinions et les hommes.

Le personnage autour duquel se rangeait tout le parti, et qui jouissait d'une considération universelle, était Pétion. Maire pendant la législative, il avait, par sa lutte avec la cour, acquis une popularité immense. A la vérité il avait, le 9 août, préféré une délibération à un combat; depuis il s'était prononcé contre septembre, et s'était séparé de la commune, comme Bailly en 1790; mais cette opposition tranquille et silencieuse, sans le brouiller encore avec la faction, le lui avait rendu redoutable. Plein de lumières, de calme, parlant rarement, ne voulant jamais rivaliser de talent avec personne, il exerçait sur tout le monde, et sur Robespierre lui-même, l'ascendant d'une raison froide, équitable, et universellement respectée. Quoique réputé girondin, tous les partis voulaient son suffrage, tous le redoutaient, et, dans la nouvelle assemblée, il avait pour lui non-seulement le côté droit, mais toute la masse moyenne, et beaucoup même du côté gauche.

Telle était donc la situation des girondins en présence de la faction parisienne: ils avaient pour eux l'opinion générale, qui réprouvait les excès; ils s'étaient emparés d'une grande partie des députés qui arrivaient chaque jour à Paris; ils avaient tous les ministres, excepté Danton, qui souvent dominait le conseil, mais ne se servait pas de sa puissance contre eux; enfin ils montraient à leur tête le maire de Paris, l'homme le plus respecté du moment. Mais à Paris, ils n'étaient pas chez eux, ils se trouvaient au milieu de leurs ennemis, et ils avaient à redouter la violence des classes inférieures, qui s'agitaient au-dessous d'eux, et surtout la violence de l'avenir, qui allait croître avec les passions révolutionnaires.

Le premier reproche qu'on leur adressa fut de vouloir sacrifier Paris. Déjà on leur avait imputé de vouloir se réfugier dans les départements et au-delà de la Loire. Les torts de Paris à leur égard étant plus grands depuis les 2 et 3 septembre, on leur supposa d'autant plus l'intention de l'abandonner, et on prétendit qu'ils avaient voulu réunir la convention ailleurs. Peu à peu les soupçons s'arrangeant, prirent une forme plus régulière. On leur reprochait de vouloir rompre l'unité nationale, et composer des quatre-vingt-trois départements, quatre-vingt-trois états, tous égaux entre eux, et unis par un simple lien fédératif. On ajoutait qu'ils voulaient par-là détruire la suprématie de Paris, et s'assurer une domination personnelle dans leurs départements respectifs. C'est alors que fut imaginée la calomnie du fédéralisme. Il est vrai que, lorsque la France était menacée par l'invasion des Prussiens, ils avaient songé, en cas d'extrémité, à se retrancher dans les départements méridionaux; il est encore vrai qu'en voyant les excès et la tyrannie de Paris, ils avaient quelquefois reposé leur pensée sur les départements; mais de là à un projet de régime fédératif il y avait loin encore. Et d'ailleurs, entre un gouvernement fédératif et un gouvernement unique et central, toute la différence consistant dans le plus ou moins d'énergie des institutions locales, le crime d'une telle idée était bien vague, s'il existait. Les girondins, n'y voyant au reste rien de coupable, ne s'en défendaient pas, et beaucoup d'entre eux, indignés de l'absurdité avec laquelle on poursuivait ce système, demandaient si, après tout, la Nouvelle-Amérique, la Hollande, la Suisse, n'étaient pas heureuses et libres sous un régime fédératif, et s'il y aurait une grande erreur ou un grand forfait à préparer à la France un sort pareil. Buzot surtout soutenait souvent cette doctrine, et Brissot, grand admirateur des Américains, la défendait également, plutôt comme opinion philosophique que comme projet applicable à la France. Ces conversations divulguées donnèrent plus de poids à la calomnie du fédéralisme. Aux Jacobins, on agita gravement la question du fédéralisme, et on souleva mille fureurs contre les girondins. On prétendit qu'ils voulaient détruire le faisceau de la puissance révolutionnaire, lui enlever cette unité qui en faisait la force, et cela, pour se faire rois dans leurs provinces.

Les girondins répondirent de leur côté par des reproches plus réels, mais qui malheureusement étaient exagérés aussi, et qui perdaient de leur force en perdant de leur vérité. Ils reprochaient à la commune de s'être rendue souveraine, d'avoir par ses usurpations empiété sur la souveraineté nationale, et de s'être arrogé à elle seule une puissance qui n'appartenait qu'à la France entière. Ils lui reprochaient de vouloir dominer la convention, comme elle avait opprimé l'assemblée législative; ils disaient qu'en siégeant auprès d'elle, les mandataires nationaux n'étaient pas en sûreté, et qu'ils siége-

raient au milieu des assassins de septembre. Ils
l'accusaient d'avoir déshonoré la révolution
pendant les quarante jours qui suivirent le 10
août, et de n'avoir rempli la députation de Paris
que d'hommes signalés pendant ces horribles
saturnales. Jusque-là tout était vrai. Mais ils
ajoutaient des reproches aussi vagues que ceux
de fédéralisme dont eux-mêmes étaient l'objet.
Ils accusaient hautement Marat, Danton et Robespierre, d'aspirer à la suprême puissance;
Marat, parce qu'il écrivait tous les jours qu'il
fallait un dictateur pour purger la société des
membres impurs qui la corrompaient; Robespierre, parce qu'il avait dogmatisé à la commune, et parlé avec insolence à l'assemblée, et
parce que, à la veille du 10 août, Panis l'avait
proposé à Barbaroux comme dictateur; Danton
enfin, parce qu'il exerçait sur le ministère, sur
le peuple et partout où il se montrait, l'influence d'un être puissant. On les nommait les
triumvirs, et cependant il n'y avait guère d'u-
nion entre eux. Marat n'était qu'un systémati-
que insensé; Robespierre n'était encore qu'un
jaloux, mais il n'avait pas assez de grandeur
pour être un ambitieux; Danton enfin était un
homme actif, passionné pour le but de la révolution, et qui portait la main sur toutes choses,
par ardeur plus que par ambition personnelle.

Mais parmi ces hommes, il n'y avait encore ni un usurpateur, ni des conjurés d'accord entre eux; et il était imprudent de donner à des adversaires, déjà plus forts que soi, l'avantage d'être accusés injustement. Cependant les girondins ménageaient plus Danton, parce qu'il n'y avait rien de personnel entre lui et eux, et ils méprisaient trop Marat pour l'attaquer directement; mais ils se déchaînaient impitoyablement contre Robespierre, parce que le succès de ce qu'on appelait sa vertu et son éloquence les irritait davantage: ils avaient pour lui le ressentiment qu'éprouve la véritable supériorité contre la médiocrité orgueilleuse et trop vantée.

Cependant on essaya de s'entendre avant l'ouverture de la convention nationale, et il y eut diverses réunions dans lesquelles on proposa de s'expliquer franchement, et de terminer des disputes funestes. Danton s'y prêtait de très-bonne foi*, parce qu'il n'y apportait aucun orgueil, et qu'il souhaitait avant tout le succès de la révolution. Pétion montra beaucoup de froideur et de raison; mais Robespierre fut aigre comme un homme blessé; les girondins furent fiers et sévères comme des hommes in-

---

* Voyez Durand-Maillanne, Dumouriez, Meilhan et tous les contemporains.

nocents, indignés, et qui croient avoir dans les mains leur vengeance assurée. Barbaroux dit qu'il n'y avait aucune alliance possible *entre le crime et la vertu*, et de part et d'autre on se retira plus éloigné d'une réconciliation qu'avant de s'être vu. Tous les jacobins se rangèrent autour de Robespierre, les girondins et la masse sage et modérée autour de Pétion. L'avis de celui-ci et des hommes sensés était de cesser toute accusation, puisqu'il était impossible de saisir les auteurs des massacres de septembre et du vol du Garde-Meuble; de ne plus parler des triumvirs, parce que leur ambition n'était ni assez prouvée ni assez manifeste pour être punie; de mépriser une vingtaine de mauvais sujets introduits dans l'assemblée par les élections de Paris; enfin de se hâter de remplir le but de la convention, en faisant une constitution et en décidant du sort de Louis XVI. Tel était l'avis des hommes froids; mais d'autres moins calmes firent comme d'usage des projets qui, ne pouvant être encore exécutés, avaient le danger d'avertir et d'irriter leurs adversaires. Ils proposèrent de casser la municipalité, de déplacer au besoin la convention, de transporter son siége ailleurs qu'à Paris, de la former en cour de justice, pour juger sans appel les conspirateurs, de lui composer enfin une garde particulière prise dans les quatre-vingt-trois départements. Ces projets n'eurent aucune suite et ne servirent qu'à irriter les passions. Les girondins s'en reposèrent sur la conscience publique, qui, suivant eux, allait se soulever aux accents de leur éloquence et au récit des crimes qu'ils devaient dénoncer. Ils se donnèrent rendez-vous à la tribune de la convention pour y écraser leurs adversaires.

Enfin, le 20 septembre, les députés à la convention se réunirent aux Tuileries pour constituer la nouvelle assemblée. Leur nombre étant suffisant, ils se constituèrent provisoirement, vérifièrent leurs pouvoirs, et procédèrent de suite à la nomination du bureau. Pétion fut presque à l'unanimité proclamé président. Brissot, Condorcet, Rabaud Saint-Étienne, Lasource, Vergniaud et Camus, furent élus secrétaires. Ces choix prouvent quelle était alors dans l'assemblée l'influence du parti girondin.

L'assemblée législative, qui depuis le 10 août avait été en permanence, fut informée, le 21, par une députation, que la convention nationale était formée, et que la législature était terminée. Les deux assemblées n'eurent qu'à se confondre l'une dans l'autre, et la convention alla occuper la salle de la législative.

Dès le 21, Manuel, procureur-syndic de la commune, suspendu après le 20 juin avec Pétion, devenu très-populaire à cause de cette suspension, enrôlé dès lors avec les furieux de la commune, mais depuis éloigné d'eux, et rapproché des girondins à la vue des massacres de l'Abbaye, Manuel fait le jour même une proposition qui excite une grande rumeur parmi les ennemis de la Gironde : « Citoyens « représentants, dit-il, il faut ici que tout res- « pire un caractère de dignité et de grandeur « qui impose à l'univers. Je demande que « le *président de la France* soit logé dans le « palais national des Tuileries, qu'il soit pré- « cédé de la force publique et des signes de « la loi, et que les citoyens se lèvent à son « aspect. » A ces mots, le capucin Chabot, le secrétaire de la commune Tallien, s'élèvent avec véhémence contre ce cérémonial, imité de la royauté. Chabot dit que les représentants du peuple doivent s'assimiler aux citoyens des rangs desquels ils sortent, aux sans-culottes, qui forment la majorité de la nation. Tallien ajoute qu'on ira chercher le président de la convention à un cinquième étage, et que c'est là que logent le génie et la vertu. La proposition de Manuel est donc rejetée, et les ennemis de la Gironde prétendent qu'elle a voulu décerner à son chef Pétion les honneurs souverains.

Après cette proposition, une foule d'autres se succèdent sans interruption. De toutes parts on veut constater par des déclarations authentiques les sentiments qui animent l'assemblée et la France. On demande que la nouvelle constitution ait pour base l'égalité absolue, que la souveraineté du peuple soit décrétée, que haine soit jurée à la royauté, à la dictature, au triumvirat, à toute autorité individuelle, et que la peine de mort soit décrétée contre quiconque en proposerait une pareille. Danton met fin à toutes les motions, en faisant décréter que la nouvelle constitution ne sera valable qu'après avoir été sanctionnée par le peuple. On ajoute que les lois existantes continueront provisoirement d'avoir leur effet, que les autorités non remplacées seront provisoirement maintenues, et que les impôts seront perçus comme par le passé, en attendant les nouveaux systèmes de contribution. Après ces propositions et ces décrets, Manuel, Collot-d'Herbois, Grégoire, entreprennent la question de la royauté, et demandent que son abolition soit prononcée sur-le-champ. Le peuple, disent-ils, vient d'être déclaré souverain, mais il ne le sera réellement que lorsque vous l'aurez délivré d'une autorité rivale, celle des rois. L'assemblée, les tribunes se lèvent pour exprimer une réprobation unanime contre la royauté. Cependant Bazire voudrait, dit-il, une discussion solennelle sur une question aussi importante. « Qu'est-il besoin de discuter, reprend « Grégoire, lorsque tout le monde est d'accord ? « Les cours sont l'atelier du crime, le foyer de « la corruption ; l'histoire des rois est le marty- « rologe des nations. Dès que nous sommes tous « également pénétrés de ces vérités, qu'est-il « besoin de discuter ? »

La discussion est en effet fermée. Il se fait un profond silence, et, sur la déclaration unanime de l'assemblée, le président déclare que la royauté est abolie en France. Ce décret est accueilli par des applaudissements universels ; la publication en est ordonnée sur-le-champ, ainsi que l'envoi aux armées et à toutes les municipalités.

Lorsque cette institution de la république fut proclamée, les Prussiens menaçaient encore le territoire. Dumouriez, comme on l'a vu, s'était porté à Sainte-Menehould, et la canonnade du 21, si heureuse pour nos armes, n'était pas encore connue à Paris. Le lendemain 22, Billaud-Varennes proposa de dater, non plus de l'an 4 de la liberté, mais de l'an 1er de la république. Cette proposition fut adoptée. L'année 1789 ne fut plus considérée comme ayant commencé la liberté, et la nouvelle ère républicaine s'ouvrit ce jour même, 22 septembre 1792.

Le soir on apprit la canonnade de Valmy, et la joie commença à se répandre. Sur la demande des citoyens d'Orléans, qui se plaignaient de leurs magistrats, il fut décrété que tous les membres des corps administratifs et des tribunaux seraient réélus, et que les conditions d'éligibilité, fixées par la constitution de 91, seraient considérées comme nulles. Il n'était plus nécessaire de prendre les juges parmi les légistes, ni les administrateurs dans une certaine classe de propriétaires. Déjà l'assemblée législative avait aboli le marc d'argent, et attribué à tous les citoyens en âge de majorité la capacité électorale. La convention acheva d'effacer les dernières démarcations, en appelant tous les citoyens à toutes les fonctions les plus diverses. Ainsi fut commencé le système de l'égalité absolue.

Le 23, tous les ministres furent entendus. Le député Cambon fit un rapport sur l'état des finances. Les précédentes assemblées avaient décrété la fabrication de deux milliards sept cents millions d'assignats; deux milliards cinq cents millions avaient été dépensés ; restait deux cents millions, dont cent soixante-seize étaient encore à fabriquer, et dont vingt-quatre se trouvaient en caisse. Les impôts étaient retenus par les départements pour les achats de grains ordonnés par la dernière assemblée ; il fallait de nouvelles ressources extraordinaires. La masse des biens nationaux s'augmentant tous les jours par l'émigration, on ne craignait pas d'émettre le papier qui les représentait, et on n'hésita pas à le faire : une nouvelle création d'assignats fut donc ordonnée.

Roland fut entendu sur l'état de la France et de la capitale. Aussi sévère et plus hardi encore qu'au 3 septembre, il exposa avec énergie les désordres de Paris, les causes et les moyens de les prévenir. Il recommanda l'institution prompte d'un gouvernement fort et vigoureux, comme la seule garantie d'ordre dans les états libres. Son rapport, entendu avec faveur, fut couvert d'applaudissements, et n'excita cependant aucune explosion chez ceux qui se regardaient comme accusés, dès qu'il s'agissait des troubles de Paris.

Mais à peine ce premier coup d'œil était-il jeté sur la situation de la France, qu'on apprend la nouvelle de la propagation du désordre dans certains départements. Roland écrit une lettre à la convention pour lui dénoncer de nouveaux excès, et en demander la répression. Aussitôt cette lecture achevée, les députés Kersaint, Buzot s'élancent à la tribune pour dénoncer les violences de tout genre qui commencent à se commettre partout. — « Les assassinats, disent-ils, sont imités dans les départements. Ce n'est pas l'anarchie qu'il faut en accuser, mais des tyrans d'une nouvelle espèce, qui s'élèvent sur la France à peine affranchie. C'est de Paris que partent tous les jours ces funestes inspirations du crime. Sur tous les murs de la capitale, on lit des affiches qui provoquent aux meurtres, aux incendies, aux pillages, et des listes de proscription où sont désignées chaque jour de nouvelles victimes. Comment préserver le peuple d'une affreuse misère, si tant de citoyens sont condamnés à cacher leur existence? Comment faire espérer à la France une constitution, si la convention, qui doit la décréter, délibère sous les poignards? Il faut, pour l'honneur de la révolution, arrêter tant d'excès, et distinguer entre la bravoure civique qui a bravé le despotisme au 10 août, et la cruauté servant, aux 2 et 3 septembre, une tyrannie muette et cachée. »

En conséquence, les orateurs demandent l'établissement d'un comité chargé,

1° De rendre compte de l'état de la république et de Paris en particulier;

2° De présenter un projet de loi contre les provocateurs au meurtre et à l'assassinat;

3° De rendre compte des moyens de donner à la convention nationale une force publique à sa disposition, prise dans les quatre-vingt-trois départements.

A cette proposition, tous les membres du côté gauche, où s'étaient rangés les esprits les plus ardents de la nouvelle assemblée, poussent des cris tumultueux. On exagère, suivant eux, les maux de la France. Les plaintes hypocrites qu'on vient d'entendre partent du fond des cachots, où ont été justement plongés les suspects qui, depuis trois ans, appelaient la guerre civile sur leur patrie. Les maux dont on se plaint étaient inévitables; le peuple est en état de révolution, et il devait prendre des mesures énergiques pour son salut. Aujourd'hui, ces moments critiques sont passés, et les déclarations que vient de faire la convention suffiront pour apaiser les troubles. D'ailleurs, pourquoi une juridiction extraordinaire? Les anciennes lois existent, et suffisent pour les provocations aux meurtres. Serait-ce encore une nouvelle loi martiale qu'on voudrait établir?...

Par une contradiction bien ordinaire chez les partis, ceux qui avaient demandé la juridiction extraordinaire du 17 août, ceux qui allaient demander le tribunal révolutionnaire, s'élevaient contre une loi qui, disaient-ils, était une loi de sang! — Une loi de sang, répond Kersaint, lorsque je veux au contraire en prévenir l'effusion! — Cependant l'ajournement est vivement demandé. — Ajourner la répression des meurtres, s'écrie Vergniaud, c'est les ordonner! Les ennemis de la France sont en armes sur notre territoire, et l'on veut que les citoyens français, au lieu de combattre, s'entr'égorgent comme les soldats de Cadmus!...

Enfin la proposition de Kersaint et Buzot est adoptée tout entière. On décrète qu'il sera préparé des lois pour la punition des provocateurs au meurtre, et pour l'organisation d'une garde départementale.

Cette séance du 24 septembre avait causé une grande émotion dans les esprits; cependant aucun nom n'avait été prononcé, et les accusations étaient restées générales. Le lendemain, on s'aborde avec les ressentiments de la veille, et d'une part on murmure contre les décrets rendus, de l'autre on éprouve le regret de n'avoir pas assez dit contre la faction appelée *désorganisatrice*. Tandis qu'on attaque les décrets, ou qu'on les défend, Merlin, autrefois huissier et officier municipal à Thionville, puis député à la législative, où il se signala parmi les patriotes les plus prononcés, Merlin, fameux par son ardeur et sa bravoure, demande la parole. — « L'ordre du jour, dit-il, est d'éclaircir si, comme Lasource me l'a assuré hier, il existe, au sein de la convention nationale, une faction qui veuille établir un triumvirat ou une dictature : il faut ou que les défiances cessent, ou que Lasource indique les coupables, et je jure de les poignarder en face de l'assemblée. » Lasource, si vivement sommé de s'expliquer, rapporte sa conversation avec Merlin, et désigne de nouveau, sans les nommer, les ambitieux qui veulent s'élever sur les ruines de la royauté détruite. —« Ce sont ceux qui ont provoqué le meurtre et le pillage, qui ont lancé des mandats d'arrêt contre des membres de la législative, qui désignent aux poignards les membres courageux de la convention, et qui imputent au peuple les excès qu'ils ordonnent eux-mêmes. Lorsqu'il en sera temps, il arrachera le voile qu'il ne fait que soulever, dût-il périr sous leurs coups. »

Cependant les triumvirs n'étaient pas nommés. Osselin monte à la tribune et désigne la députation de Paris, dont il est membre; il dit que c'est contre elle qu'on s'étudie à exciter des défiances, qu'elle n'est ni assez profondément ignorante, ni assez profondément scélérate, pour avoir conçu des projets de triumvirat et de dictature; qu'il fait serment du contraire, et demande l'anathème et la mort contre le premier qui serait surpris méditant de pareils projets.—Que chacun, ajoute-t-il, me suive à la tribune, et y fasse la même déclaration. — Oui, s'écrie Rebecqui, le courageux ami de Barbaroux; oui, ce parti accusé de projets tyranniques existe, et je le nomme: c'est le parti Robespierre. Marseille le connaît et nous envoie ici pour le combattre.

Cette apostrophe hardie cause une grande rumeur dans l'assemblée. Les yeux se dirigent sur Robespierre. Danton se hâte de prendre la parole pour apaiser ces divisions, et écarter des accusations qu'il savait en partie dirigées contre lui-même.—Ce sera, dit-il, un beau jour pour la république que celui où une explication franche et fraternelle calmera toutes ces défiances. On parle de dictateurs, de triumvirs; mais cette accusation est vague, et doit être signée. — Moi je la signerai, s'écrie de nouveau Rebecqui, en s'élançant au bureau. —Soit, répond Danton; s'il est des coupables, qu'ils soient immolés, fussent-ils les meilleurs de mes amis. Pour moi, ma vie est connue. Dans les sociétés patriotiques, au 10 août, au conseil exécutif, j'ai servi la cause de la liberté sans aucune vue personnelle, et avec *l'énergie de mon tempérament.* Je ne crains donc pas les accusations pour moi-même; mais je veux les épargner à tout le monde. Il est, j'en conviens, dans la députation de Paris, un homme qu'on pourrait appeler le *Royou* des républicains : c'est Marat. Souvent on m'a accusé d'être l'instigateur de ses placards; mais j'invoque le témoignage du président, et je lui demande de déclarer si, dans la commune et les comités, il ne m'a pas vu souvent aux prises avec Marat. Au reste, cet écrivain tant accusé a passé une partie de sa vie dans les souterrains et les cachots. La souffrance a altéré son humeur, il faut excuser ses emportements. Mais laissez là des discussions tout individuelles, et tâchez de les faire servir à la chose publique. Portez la peine de mort contre quiconque proposera la dictature ou le triumvirat. — Cette motion est couverte d'applaudissements. — Ce n'est pas tout, reprend Danton; il est une autre crainte répandue dans le public, et il faut la dissiper. On prétend qu'une partie des députés médite le régime fédératif, et la division de la France en une foule de sections. Il nous importe de former un tout. Déclarez donc, par un autre décret, l'unité de la France et de son gouvernement. Ces bases posées, écartons nos défiances, soyons unis, et marchons à notre but!

Buzot répond à Danton que la dictature se prend, mais ne se demande pas, et que porter des lois contre cette demande est illusoire; que quant au système fédératif, personne n'y a songé; que la proposition d'une garde départementale est un moyen d'unité, puisque tous les départements seront appelés à garder en commun la représentation nationale; qu'au reste, il peut être bon de faire une loi sur ce sujet, mais qu'elle doit être mûrement réfléchie, et qu'en conséquence, il faut renvoyer les propositions de Danton à la commission des six, décrétée la veille.

Robespierre, personnellement accusé, demande à son tour la parole. D'abord il annonce que ce n'est pas lui qu'il va défendre, mais la chose publique, attaquée dans sa personne. S'adressant à Rebecqui : « Citoyen, lui dit-il, qui n'avez pas craint de m'accuser, je vous remercie. Je reconnais à votre courage la cité célèbre qui vous a député. La patrie, vous et moi, nous gagnerons tous à cette accusation.

« On désigne, continue-t-il, un parti qui

médite une nouvelle tyrannie, et c'est moi qu'on en nomme le chef. L'accusation est vague; mais, grace à tout ce que j'ai fait pour la liberté, il me sera facile d'y répondre. C'est moi qui, dans la constituante, ai pendant trois ans combattu toutes les factions, quelque nom qu'elles empruntassent; c'est moi qui ai combattu contre la cour, dédaigné ses présents; c'est moi.... — Ce n'est pas la question, s'écrient plusieurs députés. — Il faut qu'il se justifie, répond Tallien. — Puisqu'on m'accuse, reprend Robespierre, de trahir la patrie, n'ai-je pas le droit d'opposer ma vie tout entière? » Il recommence alors l'énumération de ses doubles services contre l'aristocratie et contre les faux patriotes qui prenaient le masque de la liberté. En disant ces mots, il montrait le côté droit de la convention. Osselin lui-même, fatigué de cette énumération, interrompt Robespierre, et lui demande de donner une explication franche. — Il ne s'agit pas de ce que tu as fait, dit Lecointe-Puyravaux, mais de ce qu'on t'accuse de faire aujourd'hui. Robespierre se replie alors sur la liberté des opinions, sur le droit sacré de la défense, sur la chose publique, aussi compromise que lui-même dans cette accusation. On l'invite encore à être plus bref, mais il continue avec la même dif-

fusion. Rappelant les fameux décrets qu'il a fait rendre contre la réélection des constituants et contre la nomination des députés à des places données par le gouvernement, il demande si ce sont là des preuves d'ambition. Récriminant ensuite contre ses adversaires, il renouvelle l'accusation de fédéralisme, et finit en demandant l'adoption des décrets proposés par Danton, et un examen sérieux de l'accusation intentée contre lui. Barbaroux, impatient, s'élance à la barre : « Barbaroux de Mar-
« seille, s'écrie-t-il, se présente pour signer
« la dénonciation faite par Rebecqui contre
« Robespierre. » Alors il raconte une histoire fort insignifiante et souvent répétée : c'est qu'avant le 10 août, Panis le conduisit chez Robespierre, et qu'en sortant de cette entrevue Panis lui présenta Robespierre comme le seul homme, le seul dictateur capable de sauver la chose publique; et qu'à cela lui, Barbaroux, répondit que jamais les Marseillais ne baisseraient la tête devant un roi ni devant un dictateur.

Déjà nous avons rapporté ces faits, et on a pu juger si ces vagues et insignifiants propos des amis de Robespierre pouvaient servir de base à une accusation. Barbaroux reprend une à une les imputations adressées aux girondins;

il demande qu'on proscrive le fédéralisme par un décret; que tous les membres de la convention nationale jurent de se laisser bloquer dans la capitale, et d'y mourir plutôt que de la quitter. Après beaucoup d'applaudissements, Barbaroux reprend, et dit que, quant aux projets de dictature, on ne saurait les contester; que les usurpations de la commune, les mandats lancés contre les membres de la représentation nationale, les commissaires envoyés dans les départements, tout prouve un projet de domination; mais que la ville de Marseille veille à la sûreté de ses députés; que, toujours prompte à devancer les bons décrets, elle envoya le bataillon des fédérés, malgré le *veto* royal, et que maintenant encore elle envoie huit cents de ses citoyens, auxquels leurs pères ont donné deux pistolets, un sabre, un fusil, et un assignat de cinq cents livres; qu'elle y a joint deux cents hommes de cavalerie, bien équipés, et que cette force servira à commencer la garde départementale proposée pour la sûreté de la convention! « Pour « Robespierre, ajoute Barbaroux, j'éprouve un « vif regret de l'avoir accusé, car je l'aimais, « je l'estimais autrefois. Oui, nous l'aimions, « et nous l'estimions tous, et cependant nous « l'avons accusé! Mais qu'il reconnaisse ses

« torts, et nous nous désistons. Qu'il cesse
« de se plaindre, car s'il a sauvé la liberté par
« ses écrits, nous l'avons défendue de nos per-
« sonnes. Citoyens, quand le jour du péril
« sera arrivé, alors on nous jugera, alors nous
« verrons si les faiseurs de placards sauront
« mourir avec nous ! » De nombreux applaudissements accompagnent Barbaroux jusqu'à
sa place. Au mot de placards, Marat réclame
la parole. Cambon la demande après lui, et
obtient la préférence. Il dénonce alors des
placards où la dictature est proposée comme
indispensable, et qui sont signés du nom de
Marat. A ces mots, chacun s'éloigne de celui-
ci, et il répond par un sourire aux mépris
qu'on lui témoigne. A Cambon succèdent
d'autres accusateurs de Marat et de la commune. Marat fait de longs efforts pour obtenir
la parole; mais Panis l'obtient encore avant
lui, pour répondre aux allégations de Barbaroux. Panis nie maladroitement des faits
vrais, mais peu probants, et qu'il valait mieux
avouer, en se repliant sur leur peu de valeur.
Il est alors interrompu par Brissot, qui lui demande raison du mandat d'arrêt lancé contre
sa personne. Panis se replie sur les circonstances, qu'on a, dit-il, trop facilement ou-
bliées, sur la terreur et le désordre qui ré-

gnaient alors dans les esprits, sur la multitude des dénonciations contre les conspirateurs du 10 août, sur la force des bruits répandus contre Brissot, et sur la nécessité de les éclaircir.

Après ces longues explications, à tout moment interrompues et reprises, Marat insistant toujours pour avoir la parole, l'obtient enfin, lorsqu'il n'est plus possible de la lui refuser. C'était la première fois qu'il paraissait à la tribune. Son aspect produit un mouvement d'indignation, et un bruit affreux s'élève contre lui. *A bas! à bas!* est le cri général. Négligemment vêtu, portant une casquette, qu'il dépose sur la tribune, et promenant sur son auditoire un sourire convulsif et méprisant : « J'ai, dit-il, « un grand nombre d'ennemis personnels dans « cette assemblée..... — Tous! tous! s'écrient « la plupart des députés. — J'ai dans cette « assemblée, reprend Marat avec la même assu- « rance, un grand nombre d'ennemis person- « nels, je les rappelle à la pudeur. Qu'ils s'épar- « gnent les clameurs furibondes contre un « homme qui a servi la liberté, et eux-mêmes, « plus qu'ils ne pensent.

« On parle de triumvirat, de dictature, on « en attribue le projet à la députation de Pa- « ris; eh bien! je dois à la justice de déclarer « que mes collègues, et notamment Robespierre

« et Danton, s'y sont toujours opposés, et que
« j'ai toujours eu à les combattre sur ce point.
« Moi le premier, et le seul en France, entre
« tous les écrivains politiques, j'ai songé à cette
« mesure, comme au seul moyen d'écraser les
« traîtres et les conspirateurs. C'est moi seul
« qu'il faut punir; mais avant de punir il faut
« entendre. » Ici quelques applaudissements
éclatent, mais peu nombreux. Marat reprend :
« Au milieu des machinations éternelles d'un
« roi perfide, d'une cour abominable, et des
« faux patriotes qui, dans les deux assemblées,
« vendaient la liberté publique, me reproche-
« rez-vous d'avoir imaginé le seul moyen de
« salut, et d'avoir appelé la vengeance sur les
« têtes criminelles? non, car le peuple vous dé-
« savouerait. Il a senti qu'il ne lui restait plus
« que ce moyen, et c'est en se faisant dictateur
« lui-même qu'il s'est délivré des traîtres.

« J'ai frémi plus qu'un autre à l'idée de ces
« mouvements terribles, et c'est pour qu'ils ne
« fussent pas éternellement vains que j'aurais
« désiré qu'ils fussent dirigés par une main juste
« et ferme! Si, à la prise de la Bastille, on eût
« compris la nécessité de cette mesure, cinq
« cents têtes scélérates seraient tombées à ma
« voix, et la paix eût été affermie dès cette
« époque. Mais faute d'avoir déployé cette

« énergie aussi sage que nécessaire, cent mille
« patriotes ont été égorgés, et cent mille sont
« menacés de l'être! Au reste, la preuve que je
« ne voulais point faire de cette espèce de dic-
« tateur, de tribun, de triumvir (le nom n'y
« fait rien), un tyran tel que la sottise pour-
« rait l'imaginer, mais une victime dévouée à
« la patrie, dont nul ambitieux n'aurait envié
« le sort, c'est que je voulais en même temps
« que son autorité ne durât que peu de jours,
« qu'elle fût bornée au pouvoir de condamner
« les traîtres, et même qu'on lui attachât du-
« rant ce temps un boulet au pied, afin qu'il
« fût toujours sous la main du peuple. Mes
« idées, quelque révoltantes qu'elles vous pa-
« russent, ne tendaient qu'au bonheur public.
« Si vous n'étiez point vous-mêmes à la hau-
« teur de m'entendre, tant pis pour vous! »

Le profond silence qui avait régné jusque-là
est interrompu par quelques éclats de rire, qui
ne déconcertent point l'orateur, beaucoup plus
effrayant que risible. Il continue : « Telle était
« mon opinion, écrite, signée, publiquement
« soutenue. Si elle était fausse, il fallait la com-
« battre, m'éclairer, et ne point me dénoncer
« au despotisme.

« On m'a accusé d'ambition! mais voyez, et
« jugez-moi. Si j'avais seulement voulu mettre

« un prix à mon silence, je serais gorgé d'or,
« et je suis pauvre! Poursuivi sans cesse, j'ai
« erré de souterrains en souterrains, et j'ai prê-
« ché la vérité sur le billot!

« Pour vous, ouvrez les yeux; loin de con-
« sumer votre temps en discussions scandaleu-
« ses, perfectionnez la déclaration des droits,
« établissez la constitution, et posez les bases
« du gouvernement juste et libre, qui est le
« véritable objet de vos travaux. »

Une attention universelle avait été accordée à cet homme étrange, et l'assemblée, stupéfaite d'un système aussi effrayant et aussi calculé, avait gardé le silence. Quelques partisans de Marat, enhardis par ce silence, avaient applaudi; mais ils n'avaient pas été imités, et Marat avait repris sa place sans recevoir ni applaudissements, ni marques de colère.

Vergniaud, le plus pur, le plus sage des girondins, croit devoir prendre la parole pour réveiller l'indignation de l'assemblée. Il déplore le malheur d'avoir à répondre à un homme chargé de décrets!!!... Chabot, Tallien se récrient à ces mots, et demandent si ce sont les décrets lancés par le Châtelet pour avoir dévoilé Lafayette. Vergniaud insiste, et déplore d'avoir à répondre à un homme qui n'a pas purgé les décrets dont il est chargé, à un homme

tout dégouttant de calomnies, de fiel et de sang! — Les murmures se renouvellent; mais il continue avec fermeté, et après avoir distingué, dans la députation de Paris, David, Dusaulx et quelques autres membres, il prend en mains la fameuse circulaire de la commune que nous avons déjà citée, et la lit tout entière. Cependant comme elle était déjà connue, elle ne produit pas autant d'effet qu'une autre pièce, dont le député Boileau fait à son tour la lecture. C'est une feuille imprimée par Marat, le jour même, et dans laquelle il dit : « Une
« seule réflexion m'accable, c'est que tous mes
« efforts pour sauver le peuple n'aboutiront a
« rien sans une nouvelle insurrection. A voir
« la trempe de la plupart des députés à la con-
« vention nationale, je désespère du salut pu-
« blic. Si dans les huit premières séances les
« bases de la constitution ne sont pas posées,
« n'attendez plus rien de cette assemblée. Cin-
« quante ans d'anarchie vous attendent, et
« vous n'en sortirez que par un dictateur, vrai
« patriote et homme d'état..... *O peuple ba-*
« *billard! si tu savais agir!....* »

La lecture de cette pièce est souvent interrompue par des cris d'indignation. A peine est-elle achevée, qu'une foule de membres se déchaînent contre Marat. Les uns le menacent et

crient à l'Abbaye! à la guillotine! d'autres l'accablent de paroles de mépris. Il ne répond que par un nouveau sourire à toutes les attaques dont il est l'objet. Boileau demande un décret d'accusation, et la plus grande partie de l'assemblée veut aller aux voix. Marat insiste avec sang-froid pour être entendu. On ne veut l'écouter qu'à la barre; enfin il obtient la tribune. Selon son expression accoutumée, *il rappelle ses ennemis à la pudeur*. Quant aux décrets qu'on n'a pas rougi de lui opposer, il s'en fait gloire, parce qu'ils sont le prix de son courage. D'ailleurs le peuple, en l'envoyant dans cette assemblée nationale, a purgé les décrets, et décidé entre ses accusateurs et lui. Quant à l'écrit dont on vient de faire la lecture, il ne le désavouera pas, car le mensonge, dit-il, n'approcha jamais de ses lèvres, et la crainte est étrangère à son cœur. « Me demander une
« rétractation, ajoute-t-il, c'est exiger que je ne
« voie pas ce que je vois, que je ne sente pas
« ce que je sens, et il n'est aucune puissance
« sous le soleil qui soit capable de ce renver-
« sement d'idées : je puis répondre de la pu-
« reté de mon cœur, mais je ne puis changer
« mes pensées; elles sont ce que la nature des
« choses me suggère. »

Marat apprend ensuite à l'assemblée que cet

écrit, imprimé en placards, il y a dix jours, a été réimprimé, contre son gré, par son libraire; mais qu'il vient de donner, dans le premier numéro du *Journal de la République*, un nouvel exposé de ses principes, dont assurément l'assemblée sera satisfaite, si elle veut l'écouter.

On consent en effet à lire l'article, et l'assemblée, apaisée par les expressions modérées de Marat, dans cet article intitulé *Sa nouvelle marche*, le traite avec moins de rigueur; il obtient même quelques marques de satisfaction. Mais il remonte à la tribune avec son audace ordinaire, et prétend donner une leçon à ses collègues sur le danger de l'emportement et de la prévention. — Si son journal n'avait pas paru le jour même, pour le disculper, on l'envoyait aveuglément dans les fers. « Mais, dit-il, en montrant un pistolet qu'il portait toujours dans sa poche, et qu'il s'applique sur le front, j'avais de quoi rester libre, et si vous m'aviez décrété d'accusation, je me brûlais la cervelle à cette tribune même. Voilà le fruit de mes travaux, de mes dangers, de mes souffrances! Eh bien, je resterai parmi vous, pour braver vos fureurs! » A ce dernier mot de Marat, ses collègues, rendus à leur indignation, s'écrient que c'est un fou, un scélérat, et se livrent à un long tumulte.

La discussion avait duré plusieurs heures, et cependant qu'avait-on appris?.... rien sur le projet prétendu d'une dictature au profit d'un triumvirat, mais beaucoup sur le caractère des partis, et sur leur force respective. On avait vu Danton, facile et plein de bonne volonté pour ses collègues, à condition qu'on ne l'inquiéterait pas sur sa conduite : Robespierre, plein de fiel et d'orgueil : Marat, étonnant de cynisme et d'audace, repoussé même par son parti, mais tâchant d'habituer les esprits à ses atroces systèmes : tous trois enfin réussissant dans la révolution par des facultés et des vices différents, n'étant point d'accord les uns avec les autres, se désavouant réciproquement, et n'ayant évidemment que ce goût pour l'influence, naturel à tous les hommes, et qui n'est point encore un projet de tyrannie. On s'accorda avec les girondins pour proscrire septembre et ses horreurs; on leur décerna l'estime due à leurs talents et à leur probité; mais on trouva leurs accusations exagérées et imprudentes, et on ne put s'empêcher de voir dans leur indignation quelques sentiments personnels. Dès ce moment l'assemblée se distribua en côté droit et côté gauche, comme dans les premiers jours de la constituante. Au côté droit se placèrent tous les girondins, et ceux qui, sans être aussi personnellement liés à leur sort, partageaient cependant leur indignation généreuse. Au centre s'accumulèrent, en nombre considérable, tous les députés honnêtes, mais paisibles, qui, n'étant portés ni par leur caractère, ni par leur talent, à prendre part à la lutte des partis autrement que par leur vote, cherchaient, en se confondant dans la multitude, l'obscurité et la sécurité. Leur grand nombre dans l'assemblée, le respect encore très-grand qu'on avait pour elle, l'empressement que le parti jacobin et municipal mettait à se justifier à ses yeux, tout les rassurait. Ils aimaient à croire que l'autorité de la convention suffirait, avec le temps, pour dompter les agitateurs; ils n'étaient pas fâchés d'ajourner l'énergie, et de pouvoir dire aux girondins que leurs accusations étaient hasardées. Ils ne se montraient encore que raisonnables et impartiaux, parfois un peu jaloux de l'éloquence trop fréquente et trop brillante du côté droit; mais bientôt, en présence de la tyrannie, ils allaient devenir faibles et lâches. On les nomma *la Plaine*, et par opposition on appela *Montagne* le côté gauche, où tous les jacobins s'étaient amoncelés les uns au-dessus des autres. Sur les degrés de cette Montagne, on voyait les députés de Paris et ceux des départements qui devaient leur nomination à la correspondance des clubs, ou qui avaient été gagnés depuis leur arrivée, par l'idée qu'il ne fallait faire aucun quartier aux ennemis de la révolution. On y comptait aussi quelques esprits distingués, mais exacts, rigoureux, positifs, auxquels les théories et la philantropie des girondins déplaisaient comme de vaines abstractions. Cependant les montagnards étaient peu nombreux encore. La Plaine, unie au côté droit, composait une majorité immense, qui avait donné la présidence à Pétion, et qui approuvait les attaques des girondins contre septembre, sauf les personnalités, qui semblaient trop précoces et trop peu fondées*.

On avait passé à l'ordre du jour sur les accusations réciproques des deux partis; mais on avait maintenu le décret de la veille, et trois objets demeuraient arrêtés : 1° demander au ministère de l'intérieur un compte exact et fidèle de l'état de Paris; 2° rédiger un projet de loi contre les provocateurs au meurtre et au pillage; 3° aviser au moyen de réunir autour de la convention une garde départementale. Quant au rapport sur l'état de Paris, on savait

* Voyez un extrait des *Mémoires de Garat*, note 3 à la fin du 4ᵉ volume.

avec quelle énergie et dans quel sens il serait fait, puisqu'il était confié à Roland : la commission chargée des deux projets contre les provocations écrites et pour la composition d'une garde, ne donnait pas moins d'espoir, puisqu'elle était toute composée de girondins : Buzot, Lasource, Kersaint en faisaient partie.

C'est surtout contre ces deux derniers projets que les montagnards étaient le plus soulevés. Ils demandaient si on voulait renouveler la loi martiale et les massacres du Champ-de-Mars, si la convention voulait se faire des satellites et des gardes-du-corps, comme le dernier roi. Ils renouvelaient ainsi, comme le disaient les girondins, toutes les raisons données par la cour contre le camp sous Paris.

Beaucoup des membres du côté gauche, et même les plus ardents, étaient, en leur qualité de membres de la convention, très-prononcés contre les usurpations de la commune; et, à part les députés de Paris, aucun ne la défendait lorsqu'elle était attaquée, ce qui avait lieu tous les jours. Aussi les décrets se succédérent-ils vivement. Comme la commune tardait à se renouveler, en exécution du décret qui prescrivait la réélection de tous les corps administratifs, on ordonna au conseil exécutif de veiller à son renouvellement, et d'en rendre compte à l'assemblée sous trois jours. Une commission de six membres fut nommée pour recevoir la déclaration, signée de tous ceux qui avaient déposé des effets à l'Hôtel-de-Ville, et pour rechercher l'existence de ces effets, ou vérifier l'emploi qu'en avait fait la municipalité. Le directoire du département, que la commune insurrectionnelle avait réduit au titre et aux fonctions de simple commission administrative, fut réintégré dans toutes ses attributions, et reprit son titre de directoire. Les élections communales pour la nomination du maire, de la municipalité, et du conseil général, que les jacobins avaient récemment imaginé de faire à haute voix, pour intimider les faibles, furent de nouveau rendues secrètes par une confirmation de la loi existante. Les élections déja opérées d'après ce mode illégal, furent annulées, et les sections se soumirent à les recommencer dans la forme prescrite. On décréta enfin que tous les prisonniers enfermés sans mandat d'arrêt, seraient élargis sur-le-champ. C'était là un grand coup porté au comité de surveillance, acharné surtout contre les personnes.

Tous ces décrets avaient été rendus dans les premiers jours d'octobre, et la commune, vivement poussée, se voyait obligée à plier sous l'ascendant de la convention. Cependant le comité de surveillance n'avait pas voulu se laisser battre sans résistance. Ses membres s'étaient présentés à l'assemblée, disant qu'ils venaient confondre leurs ennemis. Dépositaires des papiers trouvés chez Laporte, intendant de la liste civile, et condamné, comme on s'en souvient, par le tribunal du 17 août, ils avaient découvert, disaient-ils, une lettre où il était parlé de ce qu'avaient coûté certains décrets, rendus dans les précédentes assemblées. Ils venaient démasquer les députés vendus à la cour, et prouver la fausseté de leur patriotisme. — Nommez-les! s'était écriée l'assemblée avec indignation. — Nous ne pouvons les désigner encore, avaient répondu les membres du comité. Sur-le-champ, pour repousser la calomnie, il fut nommé une commission de vingt-quatre députés, étrangers à la constituante et à la législative, chargés de vérifier ces papiers et d'en faire leur rapport. Marat, inventeur de cette ressource, publia dans son journal qu'il avait rendu aux *Rolandistes*, accusateurs de la commune, la *monnaie de leur pièce*; et il annonça la prétendue découverte d'une trahison des girondins. Cependant les papiers examinés, aucun des députés actuels ne se trouva compromis, et le comité de surveillance fut déclaré calomniateur. Les papiers étant trop volumineux pour que les vingt-quatre députés en continuassent l'examen à l'Hôtel-de-Ville, on les transporta dans l'un des comités de l'assemblée. Marat, se voyant ainsi privé de riches matériaux pour ses accusations journalières, s'en irrita beaucoup, et prétendit, dans son journal, qu'on avait voulu détruire la preuve de toutes les trahisons.

Après avoir ainsi réprimé les débordements de la commune, l'assemblée s'occupa du pouvoir exécutif, et décida que les ministres ne pourraient plus être pris dans son sein. Danton, obligé d'opter entre les fonctions de ministre de la justice et de membre de la convention, préféra, comme Mirabeau, celles qui lui assuraient la tribune, et quitta le ministère sans rendre compte des dépenses secrètes, disant qu'il avait rendu ce compte au conseil. Ce fait n'était pas très-exact; mais on n'y regarda pas de plus près, et on passa outre. Sur le refus de François de Neufchâteau, Garat, écrivain distingué, idéologue spirituel, et devenu fameux par l'excellente rédaction du *Journal de Paris*, occupa la place de ministre de la justice. Servan, fatigué d'une administration laborieuse, et au-dessus non de ses facultés, mais de ses forces, préféra le commandement de l'armée d'observation qu'on formait le long des Pyrénées. Le ministre Lebrun fut provisoirement chargé d'ajouter le portefeuille de la guerre à celui des affaires étrangères. Roland enfin offrit aussi sa démission, fatigué qu'il était d'une anarchie si contraire à sa probité et à son inflexible amour de l'ordre. Les girondins proposèrent à l'assemblée de l'inviter à garder le portefeuille. Les montagnards, et particulièrement Danton, qu'il avait beaucoup contrarié, s'opposèrent à cette démarche comme peu digne de l'assemblée. Danton se plaignit de ce qu'il était faible, et gouverné par sa femme; on répondit à ce reproche de faiblesse par la lettre du 3 septembre, et on aurait pu répondre encore en citant l'opposition que lui, Danton, avait rencontrée dans le conseil. Cependant on passa à l'ordre du jour. Pressé par les girondins et tous les gens de bien, Roland demeura au ministère. « J'y reste, écrivit-il noblement à l'as« semblée, puisque la calomnie m'y attaque, « puisque des dangers m'y attendent, puisque « la convention a paru désirer que j'y fusse « encore. Il est trop glorieux, ajouta-t-il en fi« nissant sa lettre, qu'on n'ait eu à me reprocher « que mon union avec le courage et la vertu. »

L'assemblée se partagea ensuite en divers comités. Elle créa un comité de surveillance composé de trente membres; un second de la guerre, de vingt-quatre; un troisième des comptes, de quinze; un quatrième de législation criminelle et civile, de quarante-huit; un cinquième des assignats, monnaies et finances, de quarante-deux. Un sixième comité, plus important que tous les autres, fut chargé du principal objet pour lequel la convention était réunie, c'est-à-dire, de préparer un projet de constitution. On le composa de neuf membres diversement célèbres, et presque tous choisis dans les intérêts du côté droit. La philosophie y eut ses représentants dans la personne de Sieyes, de Condorcet, et de l'Américain Thomas Payne, récemment élu citoyen français et membre de la convention nationale; la Gironde y fut particulièrement représentée par Gensonné, Vergniaud, Pétion et Brissot; le centre par Barrère, et la Montagne par Danton. On est sans doute étonné de voir ce tribun si remuant, mais si peu spéculatif, placé dans ce comité tout philosophique, et il semble que le caractère de Robespierre, sinon ses talents, aurait dû lui valoir ce rôle. Il est certain que Robespierre ambitionnait bien davantage cette distinction, et qu'il fut profondément blessé de ne pas l'obtenir. On l'accorda de préférence à Danton, que son esprit naturel rendait propre à tout, et qu'aucun ressentiment profond ne séparait encore de ses collègues. Ce fut cette composition du comité qui fit renvoyer si long-temps le travail de la constitution.

Après avoir pourvu de la sorte au rétablissement de l'ordre dans la capitale, à l'organisation du pouvoir exécutif, à la distribution des comités et aux préparatifs de la constitution, il restait un dernier objet à régler, l'un des plus graves dont l'assemblée eût à s'occuper, le sort de Louis XVI et de sa famille. Le plus profond silence avait été observé à cet égard dans l'assemblée, et on en parlait partout, aux Jacobins, à la commune, dans tous les lieux particuliers ou publics, excepté seulement à la convention. Des émigrés avaient été saisis les armes à la main, et on les conduisait à Paris pour leur appliquer les lois criminelles. A ce sujet, une voix s'éleva (c'était la première), et demanda si, au lieu de s'occuper de ces coupables subalternes, on ne songerait pas à ces coupables plus élevés renfermés au Temple. A ce mot, un profond silence régna dans l'assemblée. Barbaroux prit le premier la parole, et demanda qu'avant de savoir si la convention jugerait Louis XVI, on décidât si la convention serait corps judiciaire, car elle avait d'autres coupables à juger que ceux du Temple. En élevant cette question, Barbaroux faisait allusion au projet d'instituer la convention en cour extraordinaire, pour juger elle-même *les agitateurs, les triumvirs*, etc. Après quélques débats, la proposition fut renvoyée au comité de législation, pour examiner les questions auxquelles elle donnait naissance.

CHAPITRE IV.

Situation militaire à la fin d'octobre 1792. — Bombardement de Lille par les Autrichiens; prise de Worms et de Mayence par Custine. — Faute de nos généraux. — Mauvaises operations de Custine. — Armée des Alpes. Conquête de la Savoie et de Nice. — Dumouriez se rend à Paris; sa position à l'égard des partis. — Influence et organisation du club des Jacobins. — Etat de la société française; salons de Paris. — Entrevue de Marat et de Dumouriez. Anecdote. — Seconde lutte des girondins avec les montagnards; Louvet dénonce Robespierre; réponse de Robespierre; l'assemblée ne donne pas suite à son accusation. — Premières propositions sur le procès de Louis XVI.

Dans ce moment, la situation militaire de la France était bien changée. On touchait à la mi-octobre; déja l'ennemi était repoussé de la Champagne et de la Flandre, et le sol étranger envahi sur trois points, le Palatinat, la Savoie et le comté de Nice.

On a vu les Prussiens se retirant du camp de la Lune, reprenant la route de l'Argonne, jonchant les défilés de morts et de malades, et n'échappant à une perte totale que par la négligence de nos généraux qui poursuivaient chacun un but différent. Le duc de Saxe-Teschen n'avait pas mieux réussi dans son attaque sur les Pays-Bas. Tandis que les Prussiens marchaient sur l'Argonne, ce prince ne voulant pas rester en arrière, avait cru devoir essayer quelque entreprise éclatante. Cependant, quoique notre frontière du Nord fût dégarnie, ses moyens n'étaient pas beaucoup plus grands que les nôtres, et il put à peine réunir quinze mille hommes avec un matériel médiocre. Feignant alors de fausses attaques sur toute la ligne des places fortes, il provoqua la déroute de l'un de nos petits camps, et se porta tout-à-coup sur Lille, pour essayer un siège que les plus grands généraux n'avaient pu exécuter avec de puissantes armées et un matériel considérable. Il n'y a que la possibilité du succès qui justifie à la guerre les entreprises cruelles. Le duc ne put aborder qu'un point de la place, et y établit des batteries d'obusiers, qui la bombardèrent pendant six jours consécutifs, et incendièrent plus de deux cents maisons. On dit que l'archiduchesse Christine voulut assister elle-même à ce spectacle horrible. S'il en est ainsi, elle ne put être témoin que de l'héroïsme des assiégés, et de l'inutilité des barbaries autrichiennes. Les Lillois, résistant avec une noble obstination, ne consentirent jamais à se rendre; et, le 8 octobre, tandis que les Prussiens abandonnaient l'Argonne, le duc Albert était obligé de quitter Lille. Le général Labourdonnaie, arrivant de Soissons, Beurnonville, revenant de la Champagne, le forcèrent à s'éloigner rapidement de nos frontières, et la résistance des Lillois, publiée par toute la France, ne fit qu'augmenter l'enthousiasme général.

A peu près à la même époque, Custine tentait dans le Palatinat des entreprises hardies, mais d'un résultat plus brillant que solide. Attaché à l'armée de Biron, qui campait le long du Rhin, il était placé avec dix-sept mille hommes à quelque distance de Spire. La grande armée d'invasion n'avait que faiblement protégé ses derrières, en s'avançant dans l'intérieur de la France. De faibles détachements couvraient Spire, Worms et Mayence. Custine s'en aperçut, marcha sur Spire, et y entra sans résistance le 30 septembre. Enhardi par le succès, il pénétra le 5 octobre dans Worms, sans rencontrer plus de difficultés, et obligea une garnison de deux mille sept cents hommes à mettre bas les armes. Il prit ensuite Franckenthal, et songea sur-le-champ à l'importante place de Mayence, qui était le point de retraite le plus important pour les Prussiens, et dans lequel ils avaient eu l'imprudence de ne laisser qu'une médiocre garnison. Custine, avec dix-sept mille hommes et sans matériel, ne pouvait tenter un siége; mais il essaya d'un coup de main. Les idées qui avaient soulevé la France agitaient toute l'Allemagne, et particulièrement les villes à université. Mayence en était une, et Custine y pratiqua des intelligences. Il s'approcha des murs, s'en éloigna sur la fausse nouvelle de l'arrivée d'un corps autrichien, s'y reporta de nouveau, et, faisant de grands mouvements, trompa l'ennemi sur la force de son armée. On délibéra dans la place. Le projet de capitulation fut fortement appuyé par les partisans des Français, et le 21 octobre les portes furent ouvertes à Custine. La garnison mit bas les armes, excepté huit cents Autrichiens, qui rejoignirent la grande armée. La nouvelle de ces succès se répandit avec éclat, et causa une sensation extraordinaire. Ils avaient sans doute bien peu coûté; ils étaient bien peu méritoires, comparés à la constance des Lillois, et au magnanime sang-froid déployé à Sainte-Menehould; mais on était enchanté de passer de la simple résistance à la conquête. Jusque-là tout était bien de la part de Custine, si, appréciant sa position, il eût su terminer la campagne par un mouvement, qui était possible et décisif.

En cet instant, les trois armées de Dumouriez, de Kellermann et de Custine, étaient, par la plus heureuse rencontre, placées de manière à détruire les Prussiens et à conquérir par une seule marche toute la ligne du Rhin jusqu'à la mer. Si Dumouriez, moins préoccupé d'une autre idée, eût gardé Kellermann sous ses ordres, et eût poursuivi les Prussiens avec ses quatre-vingt mille hommes; si en même temps Custine, descendant le Rhin de Mayence à Coblentz, se fût jeté sur leurs derrières, on les aurait accablés infailliblement. Suivant ensuite le cours du Rhin jusqu'en Hollande, on prenait le duc Albert à revers, on l'obligeait à déposer les armes ou à se faire jour, et tous les Pays-Bas étaient soumis. Trèves et Luxembourg, compris dans la ligne que nous avions décrite, tombaient nécessairement; tout était France jusqu'au Rhin, et la campagne se trouvait terminée en un mois. Le génie abondait chez Dumouriez, mais ses idées avaient pris un autre cours. Brûlant de retourner en Belgique, il ne songeait qu'à y marcher directement, pour secourir Lille et pousser de front le duc Albert.

Il laissa donc Kellermann seul à la poursuite des Prussiens. Celui-ci pouvait encore se porter sur Coblentz, en passant entre Luxembourg et Trèves, tandis que Custine descendrait de Mayence. Mais Kellermann, peu entreprenant, ne présuma pas assez de ses troupes, qui paraissaient harassées, et se cantonna autour de Metz. Custine, de son côté, voulant se rendre indépendant et faire des incursions brillantes, n'avait aucune envie de se joindre à Kellermann et de se renfermer dans la limite du Rhin. Il ne pensa donc jamais à venir à Coblentz. Ainsi fut négligé ce beau plan, si bien saisi et développé par le plus grand de nos historiens militaires [*].

Custine, avec de l'esprit, était hautain, emporté et inconséquent. Il tendait surtout à se rendre indépendant de Biron et de tout autre général, et il eut l'idée de conquérir autour de lui. Prendre Manheim, l'exposait à violer la neutralité de l'électeur palatin, ce qui lui était défendu par le conseil exécutif; il songea donc à désemparer le Rhin pour s'avancer en Allemagne. Francfort, placé sur le Mein, lui sembla une proie digne d'envie, et il résolut de s'y porter. Cependant cette ville libre, commer-

[*] Jomini.

çante, toujours neutre dans les diverses guerres, et bien disposée pour les Français, ne méritait pas cette fâcheuse préférence. N'étant point défendue, il était facile d'y entrer, mais difficile de s'y maintenir, et par conséquent inutile de l'occuper. Cette excursion ne pouvait avoir qu'un but, celui de frapper des contributions, et il n'y avait aucune justice à les imposer à un peuple habituellement neutre, comptant tout au plus par ses vœux, et par ses vœux mêmes méritant la bienveillance de la France, dont il approuvait les principes et souhaitait les succès. Custine commit la faute d'y entrer. Ce fut le 27 octobre. Il leva des contributions, indisposa les habitants, dont il fit des ennemis pour les Français; et s'exposa, en se jetant ainsi sur le Mein, à être coupé du Rhin, ou par les Prussiens, s'ils fussent remontés jusqu'à Bingen, ou par l'électeur palatin, si, rompant la neutralité, il fût sorti de Manheim.

La nouvelle de ces courses sur le territoire ennemi continua de causer une grande joie à la France qui était tout étonnée de conquérir, quelques jours après avoir tant craint d'être conquise elle-même. Les Prussiens alarmés jetèrent un pont volant sur le Rhin, pour remonter le long de la rive droite, et chasser les Français. Heureusement pour Custine, ils mirent douze jours à passer le fleuve. Le découragement, les maladies et la séparation des Autrichiens avaient réduit cette armée à cinquante mille hommes. Clerfayt, avec ses dix-huit mille Autrichiens, avait suivi le mouvement général de nos troupes vers la Flandre, et se portait au secours du duc Albert. Le corps des émigrés avait été licencié, et cette brillante milice s'était réunie au corps de Condé, ou avait passé à la solde étrangère.

Tandis que ces événements se passaient à la frontière du Nord et du Rhin, nous remportions d'autres avantages sur la frontière des Alpes. Montesquiou, placé à l'armée du Midi, envahissait la Savoie et faisait occuper le comté de Nice par un de ses lieutenants. Ce général, qui avait fait voir dans la constituante toutes les lumières d'un homme d'état, et qui n'eut pas le temps de montrer les qualités d'un militaire, dont on assure qu'il était doué, avait été mandé à la barre de la législative pour rendre compte de sa conduite, accusée de trop de lenteur. Il était parvenu à convaincre ses accusateurs que ses retards tenaient au défaut de moyens, et non au manque de zèle, et il était retourné aux Alpes. Cependant il appartenait à la première génération révolutionnaire, et se trouvait ainsi incompatible avec la nouvelle. Mandé encore une fois, il allait être destitué, lorsqu'on apprit enfin son entrée en Savoie. Sa destitution fut alors suspendue, et on lui laissa continuer sa conquête.

D'après le plan conçu par Dumouriez, lorsqu'en qualité de ministre des affaires étrangères il régissait à la fois la diplomatie et la guerre, la France devait pousser ses armées jusqu'à ses frontières naturelles, le Rhin et la haute chaîne des Alpes. Pour cela, il fallait conquérir la Belgique, la Savoie et Nice. La France avait ainsi l'avantage, en rentrant dans les principes naturels de sa politique, de ne dépouiller que les deux seuls ennemis qui lui fissent la guerre, la maison d'Autriche et la cour de Turin. C'est de ce plan, manqué en avril dans la Belgique, et différé jusqu'ici dans la Savoie, que Montesquiou allait exécuter sa partie. Il donna une division au général Anselme, pour passer le Var et se porter sur Nice à un signal donné; il marcha lui-même, avec la plus grande partie de son armée, de Grenoble sur Chambéry; il fit menacer les troupes sardes par Saint-Geniés, et s'avançant lui-même du fort Barraux sur Montmélian, il parvint à les diviser et à les rejeter dans les vallées. Tandis que ses lieutenants les poursuivaient, il se porta sur Chambéry, le 28 septembre, et y fit son entrée triomphale, à la grande satisfaction des habitants, qui aimaient la liberté en vrais enfants des montagnes, et la France comme des hommes qui parlent la même langue, ont les mêmes mœurs, et appartiennent au même bassin. Il forma aussitôt une assemblée de Savoisiens, pour y faire délibérer sur une question qui ne pouvait pas être douteuse, celle de la réunion à la France.

Au même instant, Anselme, renforcé de six mille Marseillais, qu'il avait demandés comme auxiliaires, s'était approché du Var, torrent inégal, comme tous ceux qui descendent des hautes montagnes, tour à tour immense ou desséché, et ne pouvant pas même recevoir un pont fixe. Anselme passa très-hardiment le Var, et occupa Nice que le comte Saint-André venait d'abandonner, et où les magistrats l'avaient pressé d'entrer pour arrêter les désordres de la populace, qui se livrait à d'affreux pillages. Les troupes sardes se rejetèrent vers les hautes vallées; Anselme les poursuivit; mais il s'arrêta devant un poste redoutable, celui de Saorgio, dont il ne put jamais chasser les Piémontais. Pendant ce temps, l'escadre de l'amiral Truguet, combinant ses mouvements avec ceux du général Anselme, avait obtenu la reddition de Villefranche, et s'était portée devant la petite principauté d'Oneille. Beaucoup de corsaires trouvaient ordinairement un asile dans ce port, et par cette raison, il n'était pas inutile de le réduire. Mais, tandis qu'un canot français s'avançait pour parlementer, plusieurs hommes furent, en violation du droit des gens, tués par une décharge générale. L'amiral, embossant alors ses vaisseaux devant le port, l'écrasa de ses feux, y débarqua ensuite quelques troupes, qui saccagèrent la ville, et firent un grand carnage des moines qui s'y trouvaient en grand nombre, et qui étaient, dit-on, les instigateurs de ce manque de foi. Telle est la rigueur des lois militaires, et la malheureuse ville d'Oneille les subit sans aucune miséricorde. Après cette expédition, l'escadre française retourna devant Nice, où Anselme, séparé par les crues du Var du reste de son armée, se trouvait dangereusement compromis. Cependant, en se gardant bien contre le poste de Saorgio, et en ménageant les habitants plus qu'il ne le faisait, sa position était tenable, et il pouvait conserver sa conquête.

Sur ces entrefaites, Montesquiou s'avançait de Chambéry sur Genève, et allait se trouver en présence de la Suisse, très-diversement disposée pour les Français, et qui prétendait voir dans l'invasion de la Savoie un danger pour sa neutralité.

Les sentiments des cantons étaient très-partagés à notre égard. Toutes les républiques aristocratiques condamnaient notre révolution. Berne surtout, et son avoyer Stinger, la détestaient profondément, et d'autant plus que le pays de Vaud, si opprimé, la chérissait davantage. L'aristocratie helvétique, excitée par l'avoyer Stinger et par l'ambassadeur anglais, demandait la guerre contre nous, et faisait valoir le massacre des Gardes-Suisses au 10 août, le désarmement d'un régiment à Aix, et enfin l'occupation des gorges du Porentruy, qui dépendaient de l'évêché de Bâle, et que Biron avait fait occuper pour fermer le Jura. Le parti modéré l'emporta néanmoins, et on résolut une neutralité armée. Le canton de Berne, plus irrité et plus défiant, porta un corps d'armée à Nyon, et, sous le prétexte d'une demande des magistrats de Genève, plaça garnison dans cette ville. D'après les anciens traités, Genève, en cas de guerre entre la France et la Savoie, ne devait recevoir garnison ni de l'une ni de l'autre puissance. Notre envoyé en sortit aussitôt, et le conseil exécutif, poussé par Clavière, autrefois exilé de Genève, et jaloux d'y faire entrer la révolution, ordonna à Montesquiou de faire exécuter les traités. De plus, on lui enjoignit de mettre lui-même garnison dans la place, c'est-à-dire d'imiter la faute reprochée aux Bernois. Montesquiou sentait d'abord qu'il n'avait pas actuellement les moyens de prendre Genève, et ensuite qu'en rompant la neutralité et en se mettant en guerre avec la Suisse, on ouvrait l'est de la France, et on découvrait le flanc droit de notre défensive. Il résolut d'un côté d'intimider Genève, tandis que de l'autre il tâcherait de faire entendre raison au conseil exécutif. Il demanda donc hautement la sortie des troupes bernoises, et essaya de persuader au ministère français qu'on ne pouvait exiger davantage. Son projet était, en cas d'extrémité, de bombarder Genève, et de se porter par une marche hardie sur le canton de Vaud, pour le mettre en révolution. Genève consentit à la sortie des troupes bernoises, à condition que Montesquiou se retirerait à dix lieues, ce qu'il exécuta sur-le-champ. Cependant cette concession fut blâmée à Paris, et Montesquiou, placé à Carouge, où l'entouraient les exilés génevois qui voulaient rentrer dans leur patrie, se trouvait là entre la crainte de brouiller la France avec la Suisse, et la crainte de désobéir au conseil exécutif, qui méconnaissait les vues militaires et politiques les plus sages. Cette négociation, prolongée par la distance des lieux, n'était pas encore près de finir, quoiqu'on fût à la fin d'octobre.

Tel était donc, en octobre 1792, depuis Dunkerque jusqu'à Bâle, et depuis Bâle jusqu'à Nice, l'état de nos armes. La frontière de la Champagne était délivrée de la grande invasion; les troupes se portaient de cette province vers la Flandre, pour secourir Lille et envahir la Belgique. Kellermann prenait ses quartiers en Lorraine. Custine, échappé des mains de Biron, maître de Mayence, et courant imprudemment dans le Palatinat et jusqu'au Mein, réjouissait la France par ses conquêtes, effrayait l'Allemagne, et s'exposait imprudemment à être coupé par les Prussiens, qui remontaient la rive droite du Rhin, en troupes malades et battues, mais nombreuses, et capables encore d'envelopper la petite armée française. Biron campait toujours le long du Rhin. Montesquiou, maître de la Savoie par la retraite des Piémontais au-delà des Alpes, et préservé de nouvelles attaques par les neiges, avait à décider la question de la neutralité suisse ou par les armes ou par des négociations. Enfin Anselme, maître de Nice, et soutenu par une escadre, pouvait résister dans sa position malgré les crues du Var, et malgré les Piémontais groupés au-dessus de lui dans le poste de Saorgio.

Tandis que la guerre allait se transporter de

la Champagne dans la Belgique, Dumouriez avait demandé la permission de se rendre à Paris pour deux ou trois jours seulement, afin de concerter avec les ministres l'invasion des Pays-Bas, et le plan général de toutes les opérations militaires. Ses ennemis répandirent qu'il venait se faire applaudir, et qu'il quittait le soin de son commandement pour une frivole satisfaction de vanité. Ces reproches étaient exagérés, car le commandement de Dumouriez ne souffrait pas de cette absence, et de simples marches de troupes pouvaient se faire sans lui. Sa présence au contraire devait être fort utile au conseil pour la détermination d'un plan général, et d'ailleurs on pouvait lui pardonner une impatience de gloire, si générale chez les hommes, et si excusable quand elle ne nuit pas à des devoirs.

Il arriva le 11 octobre à Paris. Sa position était embarrassante, car il ne pouvait se trouver bien avec aucun des deux partis. La violence des jacobins lui répugnait, et il avait rompu avec les girondins, en les expulsant quelques mois auparavant du ministère. Cependant, fort bien accueilli dans toute la Champagne, il le fut encore mieux à Paris, surtout par les ministres et par Roland lui-même, qui mettait ses ressentiments personnels au néant, quand il

s'agissait de la chose publique. Il se présenta
le 12 à la convention. A peine l'eut-on annoncé,
que des applaudissements mêlés d'acclamations s'élevèrent de toutes parts. Il prononça
un discours simple, énergique, où était brièvement retracée toute la campagne de l'Argonne,
et où ses troupes et Kellermann lui-même
étaient traités avec les plus grands éloges. Son
état-major présenta ensuite un drapeau pris sur
les émigrés, et l'offrit à l'assemblée comme un
monument de la vanité de leurs projets. Aussitôt après, les députés se hâtèrent de l'entourer, et on leva la séance pour donner un libre
cours aux félicitations. Ce furent surtout les
nombreux députés de la Plaine, les *impartiaux*, comme on les appelait, qui, n'ayant à
lui reprocher ni rupture ni tiédeur révolutionnaire, lui témoignèrent le plus vif et le plus
sincère empressement. Les girondins ne restèrent pas en arrière; cependant, soit par la faute
de Dumouriez, soit par la leur, la réconciliation ne fut pas entière, et on put apercevoir
entre eux un reste de froideur. Les montagnards, qui lui avaient reproché un moment
d'attachement pour Louis XVI, et qui le trouvaient, par ses manières, son mérite et son
élévation, déjà trop semblable aux girondins,
lui surent mauvais gré des témoignages qu'il

obtint de leur part, et supposèrent ces témoignages plus significatifs qu'ils ne l'étaient réellement.

Après la convention, restait à visiter les jacobins, et cette puissance était alors devenue si imposante, que le général victorieux ne pouvait se dispenser de lui rendre hommage. C'est là que l'opinion en fermentation formait tous ses projets, et rendait tous ses arrêts. S'agissait-il d'une loi importante, d'une haute question politique, d'une grande mesure révolutionnaire, les jacobins, toujours plus prompts, se hâtaient d'ouvrir la discussion et de donner leur avis. Immédiatement après, ils se répandaient dans la commune, dans les sections, ils écrivaient à tous les clubs affiliés; et l'opinion qu'ils avaient émise, le vœu qu'ils avaient formé, revenaient sous forme d'adresse de tous les points de la France, et sous forme de pétition armée, de tous les quartiers de Paris. Lorsque, dans les conseils municipaux, dans les sections, et dans toutes les assemblées revêtues d'une autorité quelconque, on hésitait encore sur une question, par un dernier respect de la légalité, les jacobins, qui s'estimaient aussi libres que la pensée, la tranchaient hardiment, et toute insurrection était proposée chez eux long-temps à l'avance. Ils avaient pendant tout un mois délibéré sur celle du 10 août. Outre cette initiative dans chaque question, ils s'arrogeaient encore, dans tous les détails du gouvernement, une inquisition inexorable. Un ministre, un chef de bureau, un fournisseur étaient-ils accusés, des commissaires partaient des Jacobins, se faisaient ouvrir les bureaux, et demandaient des comptes rigoureux, qu'on leur rendait sans hauteur, sans dédain, sans impatience. Tout citoyen qui croyait avoir à se plaindre d'un acte quelconque, n'avait qu'à se présenter à la société, et il y trouvait des défenseurs officieux pour lui faire rendre justice. Un jour c'étaient des soldats qui se plaignaient de leurs officiers, des ouvriers de leurs entrepreneurs; un autre jour on voyait une actrice réclamer contre son directeur; une fois même un jacobin vint demander réparation de l'adultère commis avec sa femme par l'un de ses collègues.

Chacun s'empressait de se faire inscrire sur les registres de la société pour faire preuve de zèle patriotique. Presque tous les députés nouvellement arrivés à Paris s'étaient hâtés de s'y présenter; on en avait compté cent treize dans une semaine, et ceux même qui n'avaient pas l'intention de suivre les séances ne laissaient pas que de demander leur admission. Les so-

ciétés affiliées écrivaient du fond des provinces, pour s'informer si les députés de leurs départements s'étaient fait recevoir, et s'ils étaient assidus. Les riches de la capitale tâchaient de se faire pardonner leur opulence en allant aux Jacobins se couvrir du bonnet rouge, et leurs équipages encombraient la porte de ce séjour de l'égalité. Tandis que la salle était remplie du grand nombre de ses membres, que les tribunes regorgeaient de peuple, une foule immense, mêlée aux équipages, attendait à la porte, et demandait à grands cris à être introduite. Quelquefois cette multitude s'irritait, lorsque la pluie, si fréquente sous le ciel de Paris, ajoutait aux ennuis de l'attente, et alors quelque membre demandait l'admission du *bon peuple*, qui souffrait aux portes de la salle. Marat avait souvent réclamé dans de pareilles occasions ; et quand l'admission était accordée, quelquefois même avant, une multitude immense d'hommes et de femmes venaient inonder la société et se mêler à ses membres. C'était à la fin du jour qu'on s'assemblait. La colère, excitée et contenue à la convention, venait faire là une libre explosion. La nuit, la multitude des assistants, tout contribuait à échauffer les têtes ; souvent la séance, se prolongeant, dégénérait en un tumulte épouvantable, et les agitateurs y puisaient, pour le lendemain, le courage des plus audacieuses tentatives. Cependant cette société, si avancée en démagogie, n'était pas encore ce qu'elle devint plus tard. On y souffrait encore à la porte les équipages de ceux qui venaient abjurer l'inégalité des conditions. Quelques membres avaient fait de vains efforts pour y parler le chapeau sur la tête, et on les avait obligés à se découvrir. Brissot, à la vérité, venait d'en être exclu par une décision solennelle; mais Pétion continuait d'y présider, au milieu des applaudissements. Chabot, Collot-d'Herbois, Fabre d'Églantine, y étaient les orateurs favorisés. Marat y paraissait étrange encore, et Chabot disait, en langage du lieu, que Marat était un *porc-épic qu'on ne pouvait saisir d'aucun côté.*

Dumouriez fut reçu par Danton, qui présidait la séance. De nombreux applaudissements l'accueillirent, et en le voyant on lui pardonna l'amitié supposée des girondins. Il prononça quelques mots convenables à la situation, et promit *avant la fin du mois de marcher à la tête de soixante mille hommes, pour attaquer les rois, et sauver les peuples de la tyrannie.*

Danton répondant en style analogue, lui dit que, ralliant les Français au camp de Sainte-Menehould, il avait bien mérité de la patrie, mais qu'une nouvelle carrière s'ouvrait; qu'il devait faire tomber les couronnes devant le bonnet rouge dont la société l'avait honoré, et que son nom figurerait alors parmi les plus beaux noms de la France. Collot-d'Herbois le harangua ensuite, et lui tint un discours qui montre et la langue de l'époque, et les dispositions du moment à l'égard du général.

« Ce n'est pas un roi qui t'a nommé, ô
« Dumouriez, ce sont tes concitoyens. Sou-
« viens-toi qu'un général de la république ne
« doit jamais servir qu'elle seule. Tu as en-
« tendu parler de Thémistocle; il venait de
« sauver la Grèce à Salamine ; mais, calomnié
« par ses ennemis, il se vit obligé de chercher
« un asile chez les tyrans. On lui offrit de servir
« contre sa patrie : pour toute réponse, il s'en-
« fonça son épée dans le cœur. Dumouriez, tu
« as des ennemis, tu seras calomnié, souviens-
« toi de Thémistocle!

« Des peuples esclaves t'attendent pour les
« secourir : bientôt tu les délivreras. Quelle
« glorieuse mission!..... Il faut cependant te dé-
« fendre de quelque excès de générosité envers
« tes ennemis. *Tu as reconduit le roi de Prusse*
« *un peu trop à la manière française*..... Mais,
« nous l'espérons, l'Autriche paiera double.

« Tu iras à Bruxelles, Dumouriez..... je n'ai

« rien à te dire.... Cependant si tu y trouvais
« une femme exécrable qui, sous les murs de
« Lille, est venue repaître sa férocité du spec-
« tacle des boulets rouges!... Mais cette femme
« ne t'attend pas....

« A Bruxelles la liberté va renaître sous tes
« pas.... citoyens, filles, femmes, enfants, se
« presseront autour de toi; de quelle félicité tu
« vas jouir, Dumouriez!... Ma femme... est de
« Bruxelles, elle t'embrassera aussi.* »

Danton sortit ensuite avec Dumouriez, dont il s'était emparé, et auquel il faisait en quelque sorte les honneurs de la nouvelle république. Danton ayant montré à Paris une contenance aussi ferme que Dumouriez à Sainte-Menehould, on les regardait l'un et l'autre comme les deux sauveurs de la révolution, et on les applaudissait ensemble dans tous les spectacles où ils se montraient. Un certain instinct rapprochait ces deux hommes, malgré la différence de leurs habitudes. C'étaient les corrompus des deux régimes qui s'unissaient avec un même génie, un même goût pour les plaisirs, mais avec une corruption différente. Danton avait celle du peuple, et Dumouriez celle des cours; mais plus heureux

---

* Voyez la note 1 à la fin du 4e volume.

que son collègue, ce dernier n'avait servi que généreusement et les armes à la main, et Danton avait eu le malheur de souiller un grand caractère par les atrocités de septembre.

Ces salons si brillants, où les hommes célèbres jouissaient autrefois de la gloire, où, pendant tout le dernier siècle, on avait écouté et applaudi Voltaire, Diderot, d'Alembert, Rousseau, ces salons n'existaient plus. Il restait la société simple et choisie de madame Roland, où se réunissaient tous les girondins, le beau Barbaroux, le spirituel Louvet, le grave Buzot, le brillant Guadet, l'entraînant Vergniaud, et où régnaient encore une langue pure, des entretiens pleins d'intérêt, et des mœurs élégantes et polies. Les ministres s'y réunissaient deux fois la semaine, et on y faisait un repas composé d'un seul service. Telle était la nouvelle société républicaine, qui joignait aux graces de l'ancienne France le sérieux de la nouvelle, et qui allait bientôt disparaître devant la grossièreté démagogique. Dumouriez assista à l'un de ces festins si simples, éprouva d'abord quelque gêne à l'aspect de ces anciens amis qu'il avait chassés du ministère, de cette femme qui lui semblait trop sévère, et à laquelle il paraissait trop licencieux; mais il soutint cette situation avec son esprit accoutumé, et fut touché surtout de la cordialité sincère de Roland. Après la société des girondins, celle des artistes était la seule qui eût survécu à la dispersion de l'ancienne aristocratie. Presque tous les artistes avaient embrassé chaudement une révolution qui les vengeait des dédains nobiliaires, et qui ne promettait de faveur qu'au génie. Ils accueillirent Dumouriez à leur tour, et lui donnèrent une fête, où furent réunis tous les talents que renfermait la capitale. Mais au milieu même de la fête, une scène étrange vint l'interrompre, et causer autant de dégoût que de surprise.

Marat, toujours prompt à devancer les méfiances révolutionnaires, n'était point satisfait du général. Dénonciateur acharné de tous les hommes entourés de la faveur publique, il avait toujours provoqué, par ses dégoûtantes invectives, les disgraces encourues par les chefs populaires. Mirabeau, Bailly, Lafayette, Pétion, les girondins, avaient été accablés de ses outrages, lorsqu'ils jouissaient encore de toute leur popularité. Depuis le 10 août surtout, il s'était livré à tous les désordres de son esprit; et, quoique révoltant pour les hommes raisonnables et honnêtes, et étrange au moins pour les révolutionnaires emportés, il avait été encouragé par un commencement de succès. Aussi ne manquait-il pas de se regarder en quelque sorte comme un homme public, essentiel au nouvel ordre de choses. Il passait une partie de sa vie à recueillir des bruits, à les répandre dans sa feuille, et à parcourir les bureaux pour y redresser les torts des administrateurs envers le peuple. Faisant au public la confidence de sa vie, il disait un jour dans l'un de ses numéros[*], que ses occupations étaient accablantes; que sur les vingt-quatre heures de la journée, il n'en donnait que deux au sommeil, et une seule à la table et aux soins domestiques; qu'en outre des heures consacrées à ses devoirs de député, il en employait régulièrement six à recueillir et à faire valoir les plaintes d'une foule de malheureux et d'opprimés; qu'il consacrait les heures restantes à lire une multitude de lettres et à y répondre, à écrire ses observations sur les événements, à recevoir des dénonciations, à s'assurer de la véracité des dénonciateurs, enfin à faire sa feuille, et à veiller à l'impression d'un grand ouvrage. Depuis trois années il n'avait pas pris, disait-il, un quart d'heure de

---

[*] *Journal de la République française*, n° 93, mercredi 9 janvier 1793.

récréation; et on tremble en se figurant ce que peut produire dans une révolution une intelligence aussi désordonnée, servie par cette activité dévorante.

Marat prétendait ne voir dans Dumouriez qu'un aristocrate de mauvaises mœurs, dont il fallait se défier. Par surcroît de motifs, il apprit que Dumouriez venait de sévir avec la plus grande rigueur contre deux bataillons de volontaires qui avaient égorgé des déserteurs émigrés. Sur-le-champ il se rend aux Jacobins, dénonce le général à leur tribune, et demande deux commissaires pour aller l'interroger sur sa conduite. On lui adjoint aussitôt les nommés Montaut et Bentabolle, et sur l'heure il se met en marche avec eux. Dumouriez n'était point à sa demeure. Marat court aux divers spectacles, et enfin apprend que Dumouriez assistait à une fête que lui donnaient les artistes chez mademoiselle Candeille, femme célèbre alors. Marat n'hésite pas à s'y rendre, malgré son dégoûtant costume. Les équipages, les détachements de la garde nationale qu'il trouve à la porte du lieu où se donnait la fête, la présence du commandant Santerre, d'une foule de députés, les apprêts d'un festin, irritent son humeur. Il s'avance hardiment et demande Dumouriez. Une espèce de rumeur s'élève à son approche. Son nom prononcé fait disparaître une foule de visages, qui, disait-il, fuyaient ses regards accusateurs. Marchant droit vers Dumouriez, il l'interpelle vivement, et lui demande compte des traitements exercés envers les deux bataillons. Le général le regarde, puis lui dit avec une curiosité méprisante : — Ah! c'est vous qu'on appelle Marat! — Il le considère encore des pieds à la tête, et lui tourne le dos, sans lui adresser une parole. Cependant, les jacobins qui accompagnaient Marat, paraissant plus doux et plus honnêtes, Dumouriez leur donne quelques explications, et les renvoie satisfaits. Marat, qui ne l'était pas, pousse de grands cris dans les antichambres, gourmande Santerre, qui fait, dit-il, auprès du général le métier d'un laquais; déclame contre les gardes nationaux qui contribuaient à l'éclat de la fête, et se retire en menaçant de sa colère tous les aristocrates composant la réunion. Aussitôt il court transcrire dans son journal cette scène ridicule, qui peint si bien la situation de Dumouriez, les fureurs de Marat et les mœurs de cette époque *.

* Voyez le récit de Marat lui-même, note 2 à la fin du 4ᵉ volume.

Dumouriez avait passé quatre jours à Paris, et, pendant ce temps, il n'avait pu s'entendre avec les girondins, quoiqu'il eût parmi eux un ami intime dans la personne de Gensonné. Il s'était borné à conseiller à ce dernier de se réconcilier avec Danton, comme avec l'homme le plus puissant, et celui qui, malgré ses vices, pouvait devenir le plus utile aux gens de bien. Dumouriez ne s'était pas mieux entendu avec les jacobins, dont il était dégoûté, et auxquels il était suspect, à cause de son amitié supposée avec les girondins. Son séjour à Paris l'avait donc peu servi auprès des deux partis, mais lui avait été plus utile sous le rapport militaire.

Suivant son usage, il avait conçu un plan général adopté par le conseil exécutif. D'après ce plan, Montesquiou devait se maintenir le long des Alpes, et s'assurer la grande chaîne pour limite, en achevant la conquête de Nice, et en s'efforçant de conserver la neutralité suisse. Biron devait être renforcé, afin de garder le Rhin depuis Bâle jusqu'à Landau. Un corps de douze mille hommes, aux ordres du général Meusnier, était destiné à se porter sur les derrières de Custine, afin de couvrir ses communications. Kellermann avait ordre de quitter ses quartiers, de passer rapidement entre Luxembourg et Trèves, pour courir à Coblentz, et de faire ainsi ce qu'on lui avait déjà conseillé, et ce que lui et Custine auraient dû exécuter depuis long-temps. Prenant enfin l'offensive lui-même avec quatre-vingt mille hommes, Dumouriez devait compléter le territoire français par l'acquisition projetée de la Belgique. Gardant ainsi la défensive sur toutes les frontières protégées par la nature du sol, on n'attaquait hardiment que sur la frontière ouverte, celle des Pays-Bas, là où, comme le disait Dumouriez, on ne pouvait SE DÉFENDRE QU'EN GAGNANT DES BATAILLES.

Il obtint, par le crédit de Santerre, que l'absurde idée du camp sous Paris serait abandonnée; que tous les rassemblements qu'on avait faits en hommes, en artillerie, en munitions, en effets de campement, seraient reportés en Flandre, pour servir à son armée qui manquait de tout; qu'on y ajouterait des souliers, des capotes, et six millions de numéraire pour fournir le prêt aux soldats, en attendant l'entrée dans les Pays-Bas, après laquelle il espérait se suffire à lui-même. Il partit, vers le 16 octobre, un peu désabusé de ce qu'on appelle reconnaissance publique, un peu moins d'accord avec les partis qu'auparavant, et tout au plus dédommagé de son voyage par quelques arrangements militaires, faits avec le conseil exécutif.

Pendant cet intervalle, la convention avait continué d'agir contre la commune en pressant son renouvellement, et en surveillant tous ses actes. Pétion avait été nommé maire à une majorité de treize mille huit cent quatre-vingt-dix-neuf voix, tandis que Robespierre n'en avait obtenu que vingt-trois, Billaud-Varennes quatorze, Panis quatre-vingts, et Danton onze. Cependant il ne faut point mesurer la popularité de Robespierre et de Pétion d'après cette différence dans le nombre des voix, parce qu'on avait l'habitude de voir dans l'un un maire, et dans l'autre un député, et qu'on ne songeait pas à faire autre chose de chacun d'eux; mais cette immense majorité prouve la popularité dont jouissait encore le principal chef du parti girondin. Il ne faut pas oublier de dire que Bailly obtint deux voix, singulier souvenir donné à ce vertueux magistrat de 1789. Pétion refusa la mairie, fatigué qu'il était des convulsions de la commune, et préférant les fonctions de député à la convention nationale.

Les trois mesures principales projetées dans la fameuse séance du 24 septembre étaient, une loi contre les provocations au meurtre, un décret sur la formation d'une garde départementale, et enfin un compte exact de l'état de Paris. Les deux premières, confiées à la commission des neuf, excitaient un cri continuel aux Jacobins, à la commune et dans les sections. La commission des neuf n'en continuait pas moins ses travaux, et de divers départements, entre autres de Marseille et du Calvados, arrivaient spontanément et comme avant le 10 août, des bataillons qui devançaient le décret sur la garde départementale. Roland, chargé de la troisième mesure, c'est-à-dire du rapport sur l'état de la capitale, le fit sans faiblesse et avec une rigoureuse vérité. Il peignit et excusa la confusion inévitable de la première insurrection; mais il retraça avec énergie et frappa de réprobation les crimes ajoutés par le 2 septembre à la révolution du 10 août; il montra tous les débordements de la commune, ses abus de pouvoir, ses emprisonnements arbitraires, et ses immenses dilapidations. Il finit par ces mots:

« Département sage, mais peu puissant; com« mune active et despote; peuple excellent,
« mais dont une partie saine est intimidée ou
« contrainte, tandis que l'autre est travaillée
« par les flatteurs et enflammée par la calom« nie; confusion des pouvoirs, abus et mépris

« des autorités; force publique faible et nulle « par un mauvais commandement, voilà Pa- « ris ! * »

Son rapport fut couvert d'applaudissements par la majorité ordinaire, bien que, pendant la lecture, certains murmures eussent éclaté vers la Montagne. Cependant une lettre écrite par un particulier à un magistrat, communiquée par ce magistrat au conseil exécutif, et dévoilant le projet d'un nouveau 2 septembre contre une partie de la convention, excita une grande agitation. Une phrase de cette lettre, relative aux conspirateurs, disait : *Ils ne veulent entendre parler que de Robespierre*. A ce mot tous les regards se dirigèrent sur lui ; les uns lui témoignaient de l'indignation, les autres l'excitaient à prendre la parole. Il la prit pour s'opposer à l'impression du rapport de Roland, qu'il qualifia de roman diffamatoire, et il soutint qu'on ne devait pas donner de publicité à ce rapport, avant que ceux qui s'y trouvaient accusés, et lui-même particulièrement, eussent été entendus. S'étendant alors sur ce qui lui était personnel, il commença à se justifier ; mais il ne pouvait se faire entendre, à cause du bruit qui régnait dans la salle.

* Séance du 29 octobre.

— Parle, lui disait Danton, parle; les bons citoyens sont là qui t'entendent. Robespierre, parvenant à dominer le bruit, recommence son apologie, et défie ses adversaires de l'accuser en face, et de produire contre lui une seule preuve positive. A ce défi, Louvet s'élance: — C'est moi, lui dit-il, moi qui t'accuse. Et en achevant ces mots il occupait déjà le pied de la tribune, et Barbaroux, Rebecqui, l'y suivaient pour soutenir l'accusation. A cette vue, Robespierre est ému, et son visage paraît altéré; il demande que son accusateur soit entendu, et que lui-même le soit ensuite. Danton, lui succédant à la tribune, se plaint du système de calomnie organisé contre la commune et la députation de Paris, et répète sur Marat, qui était la principale cause de toutes les accusations, ce qu'il avait déjà déclaré, c'est-à-dire qu'il ne l'aimait pas, qu'il avait fait l'expérience de son *tempérament volcanique et insociable*, et que toute idée d'une coalition triumvirale était absurde. Il finit en demandant qu'on fixe un jour pour discuter le rapport. L'assemblée en décrète l'impression, mais elle en ajourne la distribution aux départements, jusqu'à ce qu'on ait entendu Louvet et Robespierre.

Louvet était plein de hardiesse et de courage; son patriotisme était sincère; mais, dans sa haine contre Robespierre, entrait le ressentiment d'une lutte personnelle, commencée aux Jacobins, continuée dans *la Sentinelle*, renouvelée dans l'assemblée électorale, et devenue plus violente depuis qu'il se trouvait face à face avec son jaloux rival dans la convention nationale. A une extrême pétulance de caractère, Louvet joignait une imagination romanesque et crédule qui l'égarait, et lui faisait supposer un concert et des complots là où il n'y avait que l'effet spontané des passions. Il croyait à ses propres suppositions, et voulait forcer ses amis à y ajouter la même foi. Mais il rencontrait dans le froid bon sens de Pétion et de Roland, dans l'indolente impartialité de Vergniaud, une opposition qui le désolait. Buzot, Barbaroux, Guadet, sans être aussi crédules, sans supposer des trames aussi compliquées, croyaient à la méchanceté de leurs adversaires, et secondaient les attaques de Louvet par indignation et par courage. Salles, député de la Meurthe, ennemi opiniâtre des anarchistes dans la constituante et dans la convention, Salles, doué d'une imagination sombre et violente, était seul accessible à toutes les suggestions de Louvet, et croyait, comme lui, à de vastes complots, tramés dans la commune et aboutissant à l'étranger. Amis passionnés de la liberté, Louvet et Salles ne pouvaient consentir à lui imputer tant de maux, et ils aimaient mieux croire que les montagnards, surtout Marat, étaient stipendiés par l'émigration et l'Angleterre, pour pousser la révolution au crime, au déshonneur et à la confusion générale. Plus incertains sur le compte de Robespierre, ils voyaient au moins en lui un tyran dévoré d'orgueil et d'ambition, et marchant par tous les moyens au suprême pouvoir.

Louvet, résolu d'attaquer hardiment Robespierre et de ne lui laisser aucun repos, tenait son discours tout prêt, et s'en était muni le jour où Roland devait faire son rapport : aussi fut-il tout préparé à soutenir l'accusation lorsqu'on lui donna la parole. Il la prit sur-le-champ, et immédiatement après Roland.

Déjà les girondins avaient assez de penchant à mal juger les événements, et à supposer des projets criminels là où il n'y avait que des passions emportées : mais, pour le crédule Louvet, la conspiration était encore bien plus évidente et plus fortement combinée. Dans l'exagération croissante des jacobins, dans le succès que la morgue de Robespierre y avait obtenu pendant 1792, il voyait un complot tramé par l'ambitieux tribun. Il le montra, s'entourant de sa-

tellites à la violence desquels il livrait ses
contradicteurs ; se rendant lui-même l'objet
d'un culte idolâtre, faisant dire partout, avant
le 10 août, que lui seul pouvait sauver la liberté et la France, et, le 10 août arrivé, se
cachant à la lumière, reparaissant deux jours
après le danger, marchant alors droit à la commune, malgré la promesse de ne jamais accepter de place, et, de sa pleine autorité, s'asseyant
lui-même au bureau du conseil général; là s'emparant d'une bourgeoisie aveugle, la poussant
à son gré à tous les excès, allant insulter pour
elle l'assemblée législative, et exigeant de cette
assemblée des décrets sous peine du tocsin ;
ordonnant, sans jamais paraître, les massacres
et les vols de septembre, pour appuyer l'autorité
municipale par la terreur; envoyant ensuite
par toute la France des émissaires qui allaient
conseiller les mêmes crimes, et engager les provinces à reconnaître la supériorité et l'autorité
de Paris. Robespierre, ajoute Louvet, voulait
détruire la représentation nationale pour lui
substituer la commune dont il disposait, et nous
donner le gouvernement de Rome, où, sous le
nom de municipes, les provinces étaient soumises à la souveraineté de la métropole. Maître
ainsi de Paris, qui l'eût été de la France, il
aurait succédé à la royauté détruite. Cepen-

dant, voyant approcher le moment de la réunion d'une nouvelle assemblée, il avait passé du conseil général à l'assemblée électorale, et avait dirigé ses choix par la terreur, afin d'être maître de la convention par la députation de Paris.

C'est lui, Robespierre, qui avait désigné aux électeurs cet homme de sang dont les placards incendiaires remplissaient la France de surprise et d'épouvante. Ce libelliste, du nom duquel Louvet ne voulait pas, disait-il, souiller ses lèvres, n'était que l'enfant perdu de l'assassinat, doué, pour prêcher le crime et calomnier les citoyens les plus purs, d'un courage qui manquait au cauteleux Robespierre. Quant à Danton, Louvet le séparait de l'accusation, et s'étonnait même qu'il se fût élancé à la tribune pour repousser une attaque qui ne se dirigeait pas contre lui. Cependant il ne le séparait pas de septembre, parce que dans ces jours malheureux, lorsque toutes les autorités, l'assemblée, les ministres, le maire, parlaient en vain pour arrêter les massacres, le ministre seul de la justice *ne parlait pas*; parce qu'enfin, dans les fameux placards, il était excepté seul des calomnies répandues contre les plus purs des citoyens. « Et puisses-tu, s'écriait Lou-
« vet, puisses-tu, ô Danton, te laver aux yeux

« de la postérité de cette déshonorante excep-
« tion ! » Des applaudissements avaient accueilli
ces paroles, aussi généreuses qu'imprudentes.

Cette accusation, constamment applaudie,
n'avait cependant pas été entendue sans beaucoup de murmures; mais un mot souvent répété
pendant la séance les avait arrêtés. Assurez-moi
du silence, avait dit Louvet au président, *car
je vais toucher le mal*, et on criera. — Appuie,
avait dit Danton, touche le mal. — Et chaque fois
que s'élevaient des murmures : *Silence!* criait-
on, *silence les blessés!*

Louvet résume enfin son accusation. « Robes-
« pierre, s'écrie-t-il, je t'accuse d'avoir calomnié
« les plus purs citoyens, et de l'avoir fait le jour
« où les calomnies étaient des proscriptions; je
« t'accuse de t'être produit toi-même comme
« un objet d'idolâtrie, et d'avoir fait répandre
« que tu étais le seul homme capable de sauver
« la France; je t'accuse d'avoir avili, insulté et
« persécuté la représentation nationale, d'avoir
« tyrannisé l'assemblée électorale de Paris, et
« d'avoir marché au suprême pouvoir par la
« calomnie, la violence et la terreur, et je de-
« mande un comité pour examiner ta conduite. »
Louvet propose une loi qui condamne au bannissement quiconque aura fait de son nom un
sujet de division entre les citoyens. Il veut

qu'aux mesures dont la commission des neuf prépare le projet, on en ajoute une nouvelle, c'est de mettre la force armée à la disposition du ministre de l'intérieur. « Enfin, dit-il, je de-
« mande sur l'heure un décret d'accusation
« contre Marat!... Dieux! s'écrie-t-il, dieux!
« je l'ai nommé! »

Robespierre, étourdi des applaudissements prodigués à son adversaire, veut prendre la parole. Au milieu du bruit et des murmures qu'excite sa présence, il hésite, ses traits et sa voix sont altérés, il se fait entendre cependant, et demande un délai pour préparer sa défense. Le délai lui est accordé, et la défense est ajournée au 5 novembre. Le renvoi était heureux pour l'accusé, car, excitée par Louvet, l'assemblée ressentait ce jour-là une vive indignation.

Le soir, vive rumeur aux Jacobins, où se faisait le contrôle de toutes les séances de la convention. Une foule de membres accourent éperdus pour raconter la *conduite horrible* de Louvet, et pour demander sa radiation. Il avait calomnié la société, inculpé Danton, Santerre, Robespierre et Marat; il avait demandé une accusation contre les deux derniers, proposé des lois sanguinaires, attentatoires à la liberté de la presse, et enfin proposé *l'ostracisme d'A-*

thènes. Legendre dit que c'était *un coup monté*, puisque Louvet avait son discours tout prêt, et que bien évidemment le rapport de Roland n'avait eu d'autre objet que de fournir une occasion à cette diatribe.

Fabre d'Églantine se plaint de ce que le scandale augmente tous les jours, de ce qu'on s'évertue à calomnier Paris et les patriotes. — « On lie, dit-il, de petites conjectures à de petites suppositions, on en fait sortir une vaste conspiration, et on ne veut nous dire ni où elle est, ni quels en sont les agents et les moyens. S'il y avait un homme qui eût tout vu, tout apprécié dans l'un et l'autre parti, vous ne pourriez douter que cet homme, ami de la vérité, ne fût très-propre à la faire connaître. Cet homme c'est Pétion. Forcez sa vertu à dire tout ce qu'il a vu, et à prononcer sur les crimes imputés aux patriotes. Quelque condescendance qu'il puisse avoir pour ses amis, j'ose dire que les intrigues ne l'ont point corrompu. Pétion est toujours pur et sincère; il voulait parler aujourd'hui, forcez-le à s'expliquer[*]. »

Merlin s'oppose à ce qu'on fasse Pétion juge entre Robespierre et Louvet, car c'est violer l'égalité que d'instituer ainsi un citoyen juge

---

[*] Voyez la note 5 à la fin du 4ᵉ volume.

suprême des autres. D'ailleurs Pétion est respectable, sans doute; mais s'il venait à dévier! n'est-il pas homme? Pétion n'est-il pas ami de Brissot, de Roland? Pétion ne reçoit-il pas Lasource, Vergniaud, Barbaroux, tous les intrigants qui compromettent la liberté?

La motion de Fabre est abandonnée, et Robespierre jeune, prenant un ton lamentable, comme faisaient à Rome les parents des accusés, exprime sa douleur, et se plaint de n'être pas calomnié comme son frère. « C'est le mo-
« ment, dit-il, des plus grands dangers, tout
« le peuple n'est pas pour nous. Il n'y a que
« les citoyens de Paris qui soient suffisamment
« éclairés; les autres ne le sont que très-im-
« parfaitement..... Il serait donc possible que
« l'innocence succombât lundi!... car la conven-
« tion a entendu tout entier le long mensonge
« de Louvet. Citoyens, s'écrie-t-il, j'ai eu un
« grand effroi; il me semblait que des assassins
« allaient poignarder mon frère. J'ai entendu
« des hommes dire qu'il ne périrait que de
« leurs mains; un autre m'a dit qu'il voulait
« être son bourreau. » A ces mots, plusieurs membres se lèvent, et déclarent qu'eux aussi ont été menacés, qu'ils l'ont été par Barbaroux, par Rebecqui et par plusieurs citoyens des tribunes; que ceux qui les menaçaient leur

ont dit : Il faut se débarrasser de Marat et de Robespierre. On entoure alors Robespierre jeune, on lui promet de veiller sur son frère, et on décide que tous ceux qui ont des amis ou des parents dans les départements écriront pour éclairer l'opinion. Robespierre jeune, en quittant la tribune, ne manque pas d'ajouter une calomnie. Anacharsis Clootz, dit-il, lui avait assuré que tous les jours il rompait, chez Roland, des lances contre le fédéralisme.

Vient à son tour le fougueux Chabot. Ce qui le blesse surtout dans le discours de Louvet, c'est qu'il s'attribue le 10 août à lui et à ses amis, et le 2 septembre à deux cents assassins. « Moi, dit Chabot, je me souviens
« que je m'adressai, le 9 août au soir, à mes-
« sieurs du côté droit, pour leur proposer l'in-
« surrection, et qu'ils me répondirent par un
« sourire du bout des lèvres. Je ne vois donc
« pas quel droit ils ont de s'attribuer le 10
« août. Quant au 2 septembre, l'auteur en est
« encore ce même peuple qui a fait le 10 août
« malgré eux, et qui après la victoire a voulu
« se venger. Louvet dit qu'il n'y avait pas deux
« cents assassins, et moi j'assure que j'ai passé
« avec les commissaires de la législative sous
« une voûte de dix mille sabres. J'ai reconnu
« plus de cent cinquante fédérés. Il n'y a point

« de crimes en révolution. Marat, tant accusé,
« n'est poursuivi que pour des faits de révolu-
« tion. Aujourd'hui on accuse Marat, Danton,
« Robespierre; demain ce sera Santerre, Cha-
« bot, Merlin, etc. »

Excité par ces audacieuses paroles, un fédéré présent à la séance fait ce qu'aucun homme n'avait encore publiquement osé : il déclare qu'il *agissait* avec un grand nombre de ses camarades aux prisons, et qu'il avait cru n'égorger que des conspirateurs, des fabricateurs de faux assignats, et sauver Paris du massacre et de l'incendie; il ajoute qu'il remercie la société de la bienveillance qu'elle leur a témoignée à tous, qu'ils partent le lendemain pour l'armée, et n'emportent qu'un regret, c'est de laisser les patriotes dans d'aussi grands périls.

Cette affreuse déclaration termina la séance. Robespierre n'avait point paru, et il ne parut pas de toute cette semaine, préparant sa réponse, et laissant ses partisans disposer l'opinion. Pendant ce temps, la commune de Paris persistait dans sa conduite et son système. On disait qu'elle avait enlevé jusqu'à dix millions dans la caisse de Septeuil, trésorier de la liste civile; et, dans le moment même, elle faisait répandre une adresse à toutes les municipalités contre le projet de donner une garde à la convention. Barbaroux proposa aussitôt quatre décrets formidables et parfaitement conçus :

Par le premier, la capitale devait perdre le droit de posséder la représentation nationale, quand elle n'aurait pas su la protéger contre les insultes ou les violences ;

Par le second, les fédérés et les gendarmes nationaux devaient, concurremment avec les sections armées de Paris, garder la représentation nationale et les établissements publics ;

Par le troisième, la convention devait se constituer en cour de justice pour juger les conspirateurs ;

Par le quatrième enfin, la convention cassait la municipalité de Paris.

Ces quatre décrets étaient parfaitement adaptés aux circonstances, et convenaient aux vrais dangers du moment ; mais, pour les rendre, il aurait fallu avoir toute la puissance qui ne pouvait résulter que des décrets mêmes. Pour se créer des moyens d'énergie, il faut l'énergie, et tout parti modéré qui veut arrêter un parti violent, est dans un cercle vicieux dont il ne peut jamais sortir. Sans doute la majorité, penchant pour les girondins, aurait pu rendre les décrets, mais c'était sa modération qui la faisait pencher pour eux, et sa modération même

lui conseillait d'attendre, de temporiser, de se
fier à l'avenir, et d'écarter tout moyen trop tôt
énergique. L'assemblée repoussa même un décret beaucoup moins rigoureux; c'était le premier de ceux dont on avait confié la rédaction
à la commission des neuf. Buzot le proposait,
et il était relatif aux provocateurs au meurtre
et à l'incendie. Toute provocation directe était
punie de mort, et la provocation indirecte
punie de dix années de fers. L'assemblée trouva
la provocation directe trop sévèrement punie,
et la provocation indirecte trop vaguement
définie et trop difficile à atteindre. Buzot dit
en vain qu'il fallait des mesures révolutionnaires, et par conséquent arbitraires, contre
les adversaires qu'on voulait combattre; il ne
fut pas écouté, et il ne pouvait pas l'être en
s'adressant à une majorité qui condamnait dans
le parti violent les mesures révolutionnaires
mêmes, et qui par conséquent était peu propre
à les employer contre lui. La loi fut donc ajournée; et la commission des neuf, instituée pour
aviser aux moyens de maintenir le bon ordre,
devint pour ainsi dire inutile.

L'assemblée cependant montrait un peu plus
d'énergie, dès qu'il s'agissait de réprimer les
écarts de la commune. Alors elle semblait défendre son autorité avec une espèce de jalousie

et de force. Le conseil général de la commune, mandé à la barre à cause de la pétition contre le projet d'une garde départementale, vint se justifier. Il n'était plus, disait-il, celui du 10 août. Quelques prévaricateurs s'étaient rencontrés parmi ses membres, on avait eu raison de les dénoncer, mais ils ne se trouvaient plus dans son sein. Ne confondez pas, ajoutait-il, les innocents et les coupables. Rendez-nous la confiance dont nous avons besoin. Nous voulons ramener le calme nécessaire à la convention pour l'établissement de bonnes lois. Quant à l'envoi de cette pétition, ce sont les sections qui l'ont voulu, nous ne sommes que leurs mandataires; mais on les engagera à s'en désister.

Cette soumission désarma les girondins eux-mêmes, et, à la requête de Gensonné, les honneurs de la séance furent accordés au conseil général. Cette docilité des administrateurs pouvait bien satisfaire l'orgueil de l'assemblée, mais elle ne pouvait rien quant aux véritables dispositions de Paris. Le tumulte augmentait à mesure qu'on approchait du 5 novembre, jour fixé pour entendre Robespierre. La veille, il y eut des rumeurs en sens divers. Des bandes parcoururent Paris, les unes en criant : A la guillotine, Robespierre, Danton, Marat! les autres en criant : A la mort, Roland, Lasource, Guadet! On s'en plaignit aux Jacobins, où il ne fut parlé que des cris poussés contre Robespierre, Danton et Marat. On accusait de ces cris des dragons et des fédérés, qui alors étaient encore dévoués à la convention. Robespierre jeune parut de nouveau à la tribune, se lamenta sur les dangers de l'innocence, repoussa un projet de conciliation proposé par un membre de la société, en disant que le parti opposé était décidément contre-révolutionnaire, et qu'on ne devait garder avec lui ni paix ni trêve; que sans doute l'innocence périrait dans la lutte, mais qu'il fallait qu'elle se sacrifiât, et qu'on laissât succomber Maximilien Robespierre, parce que la perte d'un seul homme n'entraînerait pas celle de la liberté. Tous les jacobins applaudirent à ces beaux sentiments, en assurant au jeune Robespierre qu'il n'en serait rien, et que son frère ne périrait pas.

Des plaintes toutes différentes furent proférées à l'assemblée, et là, on dénonça les cris poussés contre Roland, Lasource, Guadet, etc. Roland se plaignit de l'inutilité de ses réquisitions au département et à la commune pour obtenir la force armée. On discuta beaucoup, on échangea des reproches, et la journée s'écoula sans prendre aucune mesure. Le lendemain, 5 novembre, Robespierre parut enfin à la tribune.

Le concours était général, et on attendait avec impatience le résultat de cette discussion solennelle. Le discours de Robespierre était volumineux et préparé avec soin. Ses réponses aux accusations de Louvet furent celles qu'on ne manque jamais de faire en pareil cas :
« Vous m'accusez, dit-il, d'aspirer à la tyran-
« nie; mais, pour y parvenir, il faut des moyens,
« et où sont mes trésors et mes armées? Vous
« prétendez que j'ai élevé dans les Jacobins l'é-
« difice de ma puissance. Mais que prouve cela?
« c'est que j'y étais plus écouté, que je m'a-
« dressais peut-être mieux que vous à la raison
« de cette société, et que vous ne voulez ici
« venger que les disgraces de votre amour-pro-
« pre. Vous prétendez que cette société célè-
« bre est dégénérée; mais demandez un décret
« d'accusation contre elle, alors je prendrai le
« soin de la justifier, et nous verrons si vous
« serez plus heureux ou plus persuasifs que
« Léopold et Lafayette. Vous prétendez que je
« n'ai paru à la commune que deux jours après
« le 10 août, et qu'alors je me suis moi-même
« installé au bureau. Mais d'abord je n'y ai pas
« été appelé plus tôt; et, quand je me suis

« présenté au bureau, ce n'était pas pour m'y
« installer, mais pour faire vérifier mes pou-
« voirs. Vous ajoutez que j'ai insulté l'assem-
« blée législative, que je l'ai menacée du toc-
« sin : le fait est faux. Quelqu'un, placé près
« de moi, m'accusa de sonner le tocsin ; je ré-
« pondis à l'interlocuteur que les sonneurs de
« tocsin étaient ceux qui, par l'injustice, ai-
« grissaient les esprits ; et alors l'un de mes col-
« lègues, moins réservé, ajouta qu'on le son-
« nerait. Voilà le fait unique sur lequel mon
« accusateur a bâti cette fable. Dans l'assemblée
« électorale, j'ai pris la parole, mais on était
« convenu de la prendre ; j'y ai présenté quel-
« ques observations, et plusieurs ont usé du
« même droit. Je n'ai accusé ni recommandé
« personne. Cet homme dont vous m'imputez
« de me servir, Marat, ne fut jamais ni mon
« ami ni mon recommandé. Si je jugeais de
« lui par ceux qui l'attaquent, il serait absous,
« mais je ne prononce pas. Je dirai seulement
« qu'il me fut constamment étranger, qu'une
« fois il vint chez moi, que je lui adressai quel-
« ques observations sur ses écrits, sur leur
« exagération et sur le regret qu'éprouvaient
« les patriotes de lui voir compromettre notre
« cause par la violence de ses opinions ; mais
« il me trouva politique à vues étroites, et le

« publia le lendemain. C'est donc une calom-
« nie que de me supposer l'instigateur et l'al-
« lié de cet homme. » De ces accusations personnelles passant aux accusations générales
dirigées contre la commune, Robespierre répète avec tous ses défenseurs, que le 2 septembre a été la suite du 10 août; qu'on ne
peut après coup marquer le point précis où
devaient se briser les flots de l'insurrection
populaire; que sans doute les exécutions étaient
illégales, mais que sans mesures illégales on
ne pouvait secouer le despotisme; qu'il fallait
faire ce même reproche à toute la révolution;
car tout y était illégal, et la chute du trône,
et la prise de la Bastille! Il peint ensuite les
dangers de Paris, l'indignation de ses citoyens,
leur concours autour des prisons, leur irrésis-
tible fureur en songeant qu'ils laissaient derrière eux des conspirateurs qui égorgeraient
leurs familles. « On assure qu'un innocent a
« péri, s'écrie l'orateur avec emphase, un seul;
« c'est beaucoup trop, sans doute. Citoyens!
« pleurez cette méprise cruelle! nous l'avons
« pleurée dès long-temps; c'était un bon ci-
« toyen, c'était un de nos amis! Pleurez même
« les victimes qui devaient être réservées à la
« vengeance des lois, et qui sont tombées sous
« le glaive de la justice populaire! Mais que

« votre douleur ait un terme comme toutes les
« choses humaines. Gardons quelques larmes
« pour des calamités plus touchantes : pleurez
« cent mille patriotes immolés par la tyrannie!
« pleurez nos citoyens expirant sous leurs toits
« embrasés, et les fils des citoyens massacrés
« au berceau ou dans les bras de leurs mères!
« pleurez donc l'humanité abattue sous le joug
« des tyrans..... Mais consolez-vous, si, im-
« posant silence à toutes les viles passions, vous
« voulez assurer le bonheur de votre pays, et
« préparer celui du monde.

« La sensibilité qui gémit presque exclusi-
« vement pour les ennemis de la liberté m'est
« suspecte. Cessez d'agiter sous mes yeux la
« robe sanglante du tyran, ou je croirai que
« vous voulez remettre Rome dans les fers! »

C'est avec ce mélange de logique astucieuse
et de déclamation révolutionnaire que Robespierre parvint à captiver son auditoire et à obtenir des applaudissements unanimes. Tout ce
qui lui était personnel était juste, et il y avait
de l'imprudence de la part des girondins à signaler un projet d'usurpation là où il n'y avait
encore qu'une ambition d'influence, rendue
odieuse par un caractère envieux; il y avait de
l'imprudence à vouloir trouver dans les actes
de la commune la preuve d'une vaste cons-

piration, lorsqu'il n'existait que les effets naturels du débordement des passions populaires. Les girondins fournissaient ainsi à l'assemblée l'occasion de leur donner tort contre leurs adversaires. Flattée pour ainsi dire de voir le prétendu chef des conspirateurs réduit à se justifier, charmée de voir tous les crimes expliqués par une insurrection désormais impossible, et de rêver un meilleur avenir, la convention crut plus digne, plus prudent de mettre toutes ces personnalités au néant. On proposa donc l'ordre du jour. Aussitôt Louvet s'élance pour le combattre, et demande à répliquer. Une foule d'orateurs se présentent, et veulent parler pour, sur, ou contre l'ordre du jour. Barbaroux, désespérant de se faire entendre, s'élance à la barre pour être écouté au moins comme pétitionnaire. Lanjuinais propose qu'on engage la discussion sur les importantes questions que renferme le rapport de Roland. Enfin Barrère parvient à obtenir la parole : « Ci-
« toyens, dit-il, s'il existait dans la république
« un homme né avec le génie de César ou
« l'audace de Cromwell, un homme qui, avec
« le talent de Sylla, en aurait les dangereux
« moyens ; s'il existait ici quelque législateur
« d'un grand génie, d'une ambition vaste, d'un
« caractère profond ; un général, par exemple,

« le front ceint de lauriers, et revenant au mi-
« lieu de vous pour vous commander des lois
« ou insulter aux droits du peuple, je propo-
« serais contre lui un décret d'accusation. Mais
« que vous fassiez cet honneur à des hommes
« d'un jour, à de petits entrepreneurs d'émeute,
« à ceux dont les couronnes civiques sont mê-
« lées de cyprès, voilà ce que je ne puis con-
« cevoir ! »

Ce singulier médiateur proposa de motiver ainsi l'ordre du jour : *Considérant que la convention nationale ne doit s'occuper que des intérêts de la république....* — « Je ne veux pas de
« votre ordre du jour, s'écrie Robespierre, s'il
« renferme un préambule qui me soit inju-
« rieux. » L'assemblée adopte l'ordre du jour pur et simple.

On courut aux Jacobins célébrer cette victoire, et Robespierre y fut reçu en triomphateur. A peine parut-il qu'on le couvrit d'applaudissements. Un membre demanda qu'on lui laissât la parole pour faire le récit de la journée. Un autre assura que sa modestie l'en empêcherait, et qu'il ne voudrait pas parler. Robespierre, jouissant en silence de cet enthousiasme, laissa à un autre le soin d'un récit adulateur. Il fut appelé Aristide. Son éloquence *naïve et mâle* fut louée avec une affectation qui prouve combien était connu son goût pour la louange littéraire. La convention fut réhabilitée, l'estime de la société lui revint, et on prétendit que le triomphe de la vérité commençait, et qu'il ne fallait plus désespérer du salut de la république.

Barrère fut interpellé pour qu'il s'expliquât sur la manière dont il s'était exprimé à l'égard des *petits faiseurs d'émeute*; et il se peignit tout entier en déclarant qu'il avait voulu, par ces mots, désigner non les chauds patriotes accusés avec Robespierre, mais leurs adversaires.

Ainsi finit cette célèbre accusation. Elle fut une véritable imprudence. Toute la conduite des girondins se caractérise par cette démarche. Ils éprouvaient une généreuse indignation; ils l'exprimaient avec talent; mais il s'y mêlait assez de ressentiments personnels, assez de fausses conjectures, de suppositions chimériques, pour donner à ceux qui aimaient à s'abuser, une raison de ne pas les croire, à ceux qui redoutaient un acte d'énergie, un motif de l'ajourner, à ceux enfin qui affectaient l'impartialité, un prétexte pour ne pas adopter leurs conclusions, et ces trois classes composaient toute la Plaine. Un d'entre ces membres, cependant, le sage Pétion, ne partagea point leurs exagérations; il fit imprimer le discours qu'il avait préparé, et où toutes choses étaient sagement appréciées. Vergniaud, que sa raison et son indolence dédaigneuse mettaient au-dessus des passions, était exempt aussi de leurs travers, et il garda un profond silence. Dans le moment, l'accusation des girondins n'eut d'autre résultat que de rendre définitivement toute réconciliation impossible, d'avoir même usé dans un combat inutile le plus puissant et le seul de leurs moyens, la parole et l'indignation, et d'avoir augmenté la haine et la fureur de leurs ennemis, sans s'être donné une ressource de plus.

Malheur aux vaincus lorsque les vainqueurs se divisent! Ceux-ci font diversion à leurs propres querelles, ils cherchent surtout à se surpasser en zèle, en écrasant leurs ennemis abattus. Au Temple étaient des prisonniers sur lesquels allait se décharger toute la fougue des passions révolutionnaires. La monarchie, l'aristocratie, tout le passé enfin contre lequel la révolution luttait avec fureur, se trouvaient comme personnifiés dans le malheureux Louis XVI. Et la manière dont on traiterait le prince déchu devait, pour chacun, servir à prouver la manière dont on haïssait la contre-révolution. La législative, trop rapprochée de la constitution qui déclarait le roi inviolable, n'avait pas osé décider de son sort; elle l'avait suspendu et enfermé au Temple; elle n'avait pas même aboli la royauté, et avait légué à une convention le soin de juger le matériel et le personnel de la vieille monarchie. La royauté abolie, la république décrétée, et le travail de la constitution confié aux méditations des esprits les plus distingués de l'assemblée, il restait à s'occuper du sort de Louis XVI. Un mois et demi s'était écoulé, et des soins infinis, la direction des approvisionnements, la surveillance des armées, le soin des subsistances qui manquaient alors comme dans tous les temps de troubles, la police et tous les détails du gouvernement qu'on n'avait transmis, après la chute de la royauté, à un conseil exécutif qu'avec une extrême défiance, enfin des querelles violentes empêchèrent d'abord de s'occuper des prisonniers du Temple. Une fois il en avait été question, et, comme on l'a vu, la proposition fut renvoyée au comité de législation. En attendant on en parlait partout. Aux Jacobins, on demandait chaque jour le jugement de Louis XVI, et on accusait les girondins de l'écarter par des querelles, auxquelles cependant chacun prenait autant de part et d'intérêt qu'eux-mêmes. Le 1er novembre, dans l'intervalle de l'accusation de Robespierre à son apologie, une section s'étant plainte de nouveaux placards provoquant au meurtre et à la sédition, on réclama, comme on le faisait toujours, le jugement de Marat. Les girondins prétendaient que lui et quelques-uns de ses collègues étaient la cause de tout le désordre, et à chaque fait nouveau ils proposaient de les poursuivre. Leurs ennemis au contraire disaient que la cause des troubles était au Temple; que la nouvelle république ne serait fondée, et que le calme et la sécurité n'y régneraient que quand le ci-devant roi aurait été immolé, et que par ce coup terrible toute espérance aurait été enlevée aux conspirateurs. Jean de Bry, ce député qui, à la législative, avait voulu qu'on ne suivît pour règle de conduite que *la loi du salut public*, prit la parole à ce sujet, et proposa de juger à la fois Marat et Louis XVI. « Marat, dit-il, a mérité le titre de mangeur « d'hommes; il serait digne d'être roi. Il est « la cause des troubles dont Louis XVI est le « prétexte : jugeons-les tous les deux, et as-« surons le repos public par ce double exem-« ple. » En conséquence la convention ordonna que le rapport sur les dénonciations contre Marat lui serait fait séance tenante, et que, sous huit jours au plus tard, le comité de législation donnerait son avis sur les formes à observer dans le jugement de Louis XVI. Si après huit jours le comité n'avait pas présenté son travail, tout membre aurait le droit de se présenter à la tribune pour y traiter cette grande question. De nouvelles querelles et de nouveaux soins empêchèrent le rapport sur Marat, qui ne fut même présenté que long-temps après, et le comité de législation prépara le sien sur l'auguste et malheureuse famille enfermée au Temple.

L'Europe avait en ce moment les yeux sur la France. On regardait avec étonnement ces sujets d'abord jugés si faibles, maintenant devenus victorieux et conquérants, et assez audacieux pour faire un défi à tous les trônes. On observait avec inquiétude ce qu'ils allaient faire, et on espérait encore que leur audace aurait bientôt un terme. Cependant des événements militaires se préparaient, qui allaient doubler leur enivrement, et ajouter à la surprise et à l'effroi du monde.

CHAPITRE V.

Suite des opérations militaires de Dumouriez. — Modifications dans le ministère, Pache ministre de la guerre.— Victoire de Jemmapes. — Situation morale et politique de la Belgique; conduite politique de Dumouriez. — Prise de Gand, de Mons, de Bruxelles, de Namur, d'Anvers; conquête de la Belgique jusqu'à la Meuse. — Changements dans l'administration militaire; mésintelligence de Dumouriez avec la convention et les ministres. — Notre position aux Alpes et aux Pyrénées.

Dumouriez était parti pour la Belgique à la fin d'octobre, et le 25 il se trouvait à Valenciennes. Son plan général fut réglé d'après l'idée qui le dominait, et qui consistait à pousser l'ennemi de front, en profitant de la grande supériorité numérique qu'on avait sur lui. Dumouriez aurait pu, en marchant sur la Meuse, avec la plus grande partie de ses forces, empêcher la jonction de Clerfayt, qui arrivait de la Champagne, prendre le duc Albert à revers, et exécuter ainsi ce qu'il avait eu le tort de ne pas faire d'abord, en négligeant de courir sur le Rhin, et de suivre ce fleuve jusqu'à Clèves; mais son plan était autre, et il préférait à une marche savante une action éclatante qui redoublât le courage des soldats, déjà très-relevé par la canonnade de Valmy, et qui détruisît l'opinion établie en Europe, depuis cinquante ans, que les Français, excellents pour des coups de main, étaient incapables de gagner une bataille rangée. La supériorité du nombre lui permettait une tentative pareille, et cette idée avait sa profondeur, aussi bien que les manœuvres qu'on lui a reproché de n'avoir pas employées. Cependant il ne négligea pas de tourner l'ennemi et de le séparer de Clerfayt. Valence, placé à cet effet le long de la Meuse, devait marcher de Givet sur Namur et sur Liége, avec l'armée des Ardennes, forte de dix-huit mille hommes. D'Harville, avec douze mille, avait ordre de se mouvoir entre la grande armée et Valence, pour tourner l'ennemi de plus près. Telles étaient les dispositions de Dumouriez à sa droite. A sa gauche, Labourdonnaie devait, en partant de Lille, parcourir la côte de la Flandre et s'emparer de toutes les places maritimes. Arrivé à Anvers, il lui avait été prescrit de longer la frontière hollandaise, et de joindre la Meuse à Ruremonde. La Belgique se trouvant ainsi enfermée dans un cercle, Dumouriez en occupait le centre avec une masse de quarante mille hommes, et pouvait accabler les ennemis sur le premier point où ils voudraient tenir tête aux Français.

Impatient d'entrer en campagne et de s'ouvrir la vaste carrière où s'élançait son ardente imagination, Dumouriez pressait l'arrivée des approvisionnements qu'on lui avait promis à Paris, et qui auraient dû être rendus le 25 à Valenciennes. Servan avait quitté le ministère de la guerre, préférant au chaos de l'administration les fonctions moins agitées d'un commandement d'armée. Il rétablissait sa tête et sa santé dans son camp des Pyrénées. Roland avait proposé et fait accepter pour son successeur, Pache, homme simple, éclairé, laborieux, qui, ayant autrefois quitté la France pour aller vivre en Suisse, était revenu à l'époque de la révolution, avait rendu le brevet d'une pension qu'il recevait du maréchal de Castries, et s'était distingué dans les bureaux de l'intérieur par un esprit et une application rares. Portant dans sa poche un morceau de pain, et ne quittant pas même le ministère pour manger, il travaillait pendant des journées entières, et avait charmé Roland par ses mœurs et son zèle. Servan avait demandé à le posséder pendant sa difficile administration d'août et de septembre, et Roland ne le lui avait cédé qu'avec regret et en considération de l'importance des travaux de la guerre. Pache rendit dans ce nouveau poste les mêmes services que dans le premier; et, lorsque la place de ministre de la guerre vint à vaquer, il fut aussitôt proposé pour la remplir, comme un de ces êtres obscurs, mais précieux, auxquels la justice et l'intérêt public devaient assurer une faveur rapide. Pache, doux et modeste, plaisait à tout le monde, et ne pouvait manquer d'être accepté : les girondins comptaient naturellement sur la modération politique d'un homme aussi calme, aussi sage, et qui d'ailleurs leur devait sa fortune. Les jacobins, qui le trouvaient plein de déférence pour eux, exaltaient sa modestie, et l'opposaient à ce qu'ils appelaient l'orgueil et la dureté de Roland. Dumouriez, de son côté, fut charmé d'un ministre qui paraissait plus maniable que les girondins, et plus disposé à suivre ses vues. Il avait en effet de nouveaux griefs contre Roland. Celui-ci lui avait écrit, au nom du conseil, une lettre dans laquelle il lui reprochait de vouloir trop imposer ses plans au ministère, et lui témoignait d'autant plus de défiance qu'on lui supposait plus de talents. Roland était loyal, et ce qu'il disait dans le secret de la correspondance, il l'eût combattu en public. Dumouriez, méconnaissant l'intention honnête de Roland, avait fait ses plaintes à Pache, qui les avait reçues, et qui l'avait consolé par ses flatteries des défiances de ses collègues. Tel était le nouveau ministre de la guerre : placé entre les jacobins, les girondins et Dumouriez, écoutant les plaintes des uns contre les autres, il les gagnait tous par ses paroles et sa déférence, et leur faisait espérer à tous un second et un ami.

Dumouriez attribua au renouvellement des bureaux les retards qu'essuyait l'approvisionnement de son armée. Il n'y avait d'arrivé que la moitié des munitions et des fournitures promises, et il se mit en marche sans attendre le reste, écrivant à Pache qu'il lui fallait indispensablement trente mille paires de souliers, vingt-cinq mille couvertures, des effets de campement pour quarante mille hommes, et surtout deux millions de numéraire pour fournir le prêt aux soldats, qui, entrant dans un pays où les assignats n'avaient pas cours, devaient payer en argent tout ce qu'ils achèteraient. On promit tout, et Dumouriez, excitant l'ardeur de ses troupes, les encourageant par la perspective d'une conquête prochaine et assurée, les porta en avant, quoique dépourvues de ce qui était nécessaire pour une campagne d'hiver et sous un climat rigoureux.

La marche de Valence, retardée par une diversion sur Longwy, et par le dénûment de tous les effets militaires qui n'arrivèrent qu'en novembre, permit à Clerfayt de passer sans obstacle de Luxembourg dans la Belgique, et de joindre le duc Albert avec douze mille hommes. Dumouriez, renonçant pour le moment à se servir de Valence, rapprocha de lui la division du général d'Harville, et portant ses troupes entre Quarouble et Quiévrain, se hâta de joindre l'armée ennemie. Le duc Albert, fidèle au système autrichien, avait formé un cordon de Tournay jusqu'à Mons, et, quoiqu'il eût trente mille hommes, il n'en réunissait guère que vingt devant la ville de Mons. Dumouriez le serrant de près, arriva le 3 novembre devant le moulin de Boussu, et ordonna à son avant-garde, commandée par le brave Beurnonville, de chasser l'ennemi posté sur les hauteurs. L'attaque réussit d'abord, mais repoussée ensuite, notre avant-garde fut obligée de se retirer. Dumouriez sentant combien il importait de ne pas reculer au début, reporta Beurnonville en avant, fit enlever tous les postes ennemis, et le 5 au soir se trouva en présence des Autrichiens, retranchés sur les hauteurs qui bordent la ville de Mons.

Ces hauteurs, disposées circulairement en avant de la place, portent trois villages, Jemmapes, Cuesmes et Berthaimont. Les Autrichiens, qui s'attendaient à y être attaqués, avaient formé l'imprudente résolution de s'y maintenir, et avaient mis dès long-temps le plus grand soin à s'y rendre inexpugnables. Clerfayt occupait Jemmapes et Cuesmes; un peu plus loin, Beaulieu campait au-dessus de Berthaimont. Des pentes rapides, des bois, des abatis, quatorze redoutes, une artillerie formidable rangée en étages, et vingt mille hommes, protégeaient ces positions et en rendaient l'abord presque impossible. Des chasseurs tyroliens remplissaient les bois qui s'étendaient au-dessous des hauteurs. La cavalerie, placée dans l'intervalle des coteaux, et surtout dans la trouée qui séparait Jemmapes de Cuesmes, était prête à déboucher et à fondre sur nos colonnes, dès qu'elles seraient ébranlées par le feu des batteries.

C'est en présence de ce camp si fortement retranché que s'établit Dumouriez. Il forma son armée en demi-cercle, parallèlement aux positions de l'ennemi. Le général d'Harville, qui venait d'opérer sa jonction avec le corps de bataille, dans la soirée du 5, fut destiné à manœuvrer sur l'extrême droite de notre ligne. Dès le 6 au matin, il devait, longeant les positions de Beaulieu, s'efforcer de les tourner, et occuper ensuite les hauteurs en arrière de Mons, seule retraite des Autrichiens. Beurnonville, formant la droite même de notre attaque, avait ordre de marcher sur le village de Cuesmes. Le duc de Chartres, qui servait dans notre armée avec le grade de général, et qui ce jour-là commandait au centre, devait aborder Jemmapes de front, et tâcher en même temps de pénétrer par la trouée qui séparait Jemmapes de Cuesmes. Enfin le général Ferrand, revêtu du commandement de la gauche, était chargé de traverser un petit village nommé Quarégnon, et de se porter sur le flanc de Jemmapes. Toutes ces attaques devaient s'exécuter en colonnes par bataillons; la cavalerie était prête à les soutenir par derrière et sur les côtés. Notre artillerie fut disposée de manière à battre chaque redoute en flanc, et à éteindre ses feux s'il était possible. Une réserve d'infanterie et de cavalerie attendait l'événement derrière le ruisseau de Waine.

Pendant la nuit du 5 au 6, le général Beaulieu ouvrit l'avis de sortir des retranchements et de fondre inopinément sur les Français, pour les déconcerter par une attaque brusque et nocturne. Cet avis énergique ne fut pas suivi, et le 6 à huit heures du matin, les Français étaient en bataille, pleins de courage et d'espérance, quoique sous un feu meurtrier et à la vue de retranchements presque inabordables. Soixante mille hommes couvraient le champ de bataille, et cent bouches à feu retentissaient sur le front des deux armées.

La canonnade fut engagée dès le matin; Dumouriez ordonna aux généraux Ferrand et Beurnonville de commencer l'attaque, l'un à gauche et l'autre à droite, tandis que lui-même attendrait au centre le moment d'agir, et que d'Harville, longeant les positions de Beaulieu, irait fermer la retraite. Ferrand attaqua mollement, et Beurnonville ne parvint pas à éteindre le feu des Autrichiens. Il était onze heures, et l'ennemi n'était pas assez ébranlé sur les côtés pour qu'on pût l'aborder de front. Alors Dumouriez envoya son fidèle Thouvenot à l'aile gauche pour décider le succès. Thouvenot, faisant cesser une inutile canonnade, traverse Quaregnon, tourne Jemmapes, et marchant tête baissée, la baïonnette au bout du fusil, gravit la hauteur par côté, et arrive sur le flanc des Autrichiens. Dumouriez apprenant ce mouvement, se résout à commencer l'attaque de front, et porte le centre directement contre Jemmapes. Il fait avancer son infanterie en colonnes, et dispose des hussards et des dragons pour couvrir la trouée entre Jemmapes et Cuesmes, d'où la cavalerie ennemie allait s'élancer. Nos troupes s'ébranlent et traversent sans hésiter l'espace intermédiaire. Cependant une brigade voyant déboucher par la trouée la cavalerie autrichienne, chancèle, recule, et découvre le flanc de nos colonnes. Dans cet instant, le jeune Baptiste Renard, simple domestique de Dumouriez, cédant à une inspiration de courage et d'intelligence, court au général de cette brigade, lui reproche sa faiblesse, lui signale le danger, et le ramène à la trouée. Un certain ébranlement s'était manifesté dans tout le centre, et nos bataillons commençaient à tourbillonner sous le feu des batteries. Le duc de Chartres se jette au milieu des rangs, les rallie, forme autour de lui un bataillon qu'il appelle *bataillon de Jemmapes*, et le porte vigoureusement à l'ennemi. Le combat est ainsi rétabli, et Clerfayt, déjà pris en flanc, menacé de front, résiste néanmoins avec une fermeté héroïque.

Dumouriez, témoin de tous ces mouvements, mais incertain du succès, court à la droite, où le combat ne se décidait point, malgré les efforts de Beurnonville. Son intention était de terminer brusquement l'attaque, ou bien de replier son aile droite, et de s'en servir pour protéger la retraite du centre, si un mouvement rétrograde devenait nécessaire.

Beurnonville avait fait de vains efforts contre le village de Cuesmes, et il allait se replier lorsque Dampierre, qui commandait un point de l'attaque, prend avec lui quelques compagnies, et s'élance audacieusement au milieu d'une redoute. Dumouriez arrive à l'instant même où Dampierre exécutait cette courageuse tentative; il trouve le reste de ses bataillons sans chef, exposés à un feu terrible, et hésitant en présence des hussards impériaux qui se préparaient à les charger. Ces bataillons étaient ceux qui au camp de Maulde s'étaient si fortement attachés à Dumouriez. Il les rassure, et les dispose à tenir ferme contre la cavalerie ennemie. Une décharge à bout portant arrête cette cavalerie, et les hussards de Berchini lancés à propos sur elle achèvent de la mettre en fuite. Alors Dumouriez, se mettant à la tête de ses bataillons, et entonnant avec eux l'hymne des Marseillais, les entraîne à sa suite, les porte sur les retranchements, renverse tout devant lui, et enlève le village de Cuesmes.

Cet exploit à peine terminé, Dumouriez, toujours inquiet pour le centre, repart au galop, suivi de quelques escadrons. Mais tandis qu'il accourt, le jeune duc de Montpensier arrive à sa rencontre, pour lui annoncer la victoire du centre, due principalement à son frère le duc de Chartres. Ainsi, Jemmapes étant envahi par côté et par devant, et Cuesmes emporté, Clerfayt ne pouvait plus opposer de résistance, et devait se retirer. Il cède donc le terrain après une belle défense, et abandonne à Dumouriez une victoire chèrement disputée. Il était deux heures; nos troupes, harassées de fatigue, demandaient un instant de repos : Dumouriez le leur accorde, et fait halte sur les hauteurs même de Jemmapes et de Cuesmes. Il comptait, pour la poursuite de l'ennemi, sur d'Harville, qui était chargé de tourner Berthaimont et d'aller couper les derrières des Autrichiens. Mais l'ordre n'étant pas assez clair et ayant été mal compris, d'Harville s'était tenu en présence de Berthaimont, et en avait inutilement canonné les hauteurs. Clerfayt se retira donc sous la protection de Beaulieu, qui n'avait pas été entamé, et tous deux prirent la route de Bruxelles, que d'Harville ne leur fermait pas.

La bataille avait coûté aux Autrichiens quinze

cents prisonniers, quatre mille cinq cents morts ou blessés, et à peu près autant aux Français. Dumouriez déguisa sa perte, et n'avoua que quelques cents hommes. On lui a reproché de n'avoir pas, en marchant sur sa droite, tourné l'ennemi, pour le prendre ainsi par derrière, au lieu de s'obstiner à l'attaque de gauche et du centre. Il en avait eu l'idée en ordonnant à d'Harville de longer Berthaimont, mais il ne s'y attacha pas assez. Sa vivacité, qui souvent empêchait la réflexion, et le désir d'une action éclatante, lui firent préférer à Jemmapes, comme dans toute la campagne, une attaque de front. Au reste, plein de présence d'esprit et d'ardeur au milieu de l'action, il avait enlevé nos troupes, et leur avait communiqué un courage héroïque. L'éclat de cette grande action fut prodigieux. La victoire de Jemmapes remplit en un instant la France de joie, et l'Europe d'une nouvelle surprise. Il fut question partout de cette artillerie bravée avec tant de sang-froid, de ces redoutes escaladées avec tant d'audace; on exagéra même le péril et la victoire, et, par toute l'Europe, la faculté de remporter de grandes batailles fut de nouveau reconnue aux Français.

À Paris, tous les républicains sincères eurent une grande joie de cette nouvelle, et préparèrent des fêtes. Le domestique de Dumouriez, le jeune Baptiste Renard, fut présenté à la convention, et gratifié par elle d'une couronne civique et d'une épaulette d'officier. Les girondins, par patriotisme, par justice, applaudirent aux succès du général. Les jacobins, quoique le suspectant, applaudirent aussi par le besoin d'admirer le succès de la révolution. Marat seul, reprochant à tous les Français leur engouement, prétendit que Dumouriez avait dû mentir sur le nombre de ses morts, qu'on n'attaquait pas une montagne à si peu de frais, qu'il n'avait pris ni bagage ni artillerie, que les Autrichiens s'en allaient tranquillement, que c'était une retraite plutôt qu'une défaite, que Dumouriez aurait pu prendre l'ennemi autrement ; et mêlant à cette sagacité une atroce fureur de calomnie, il ajoutait que cette attaque de front n'avait eu lieu que pour immoler les braves bataillons de Paris ; que ses collègues à la convention, aux Jacobins, tous les Français enfin, si prompts à admirer, étaient des étourdis ; et que pour lui, il déclarerait Dumouriez un bon général, quand toute la Belgique serait soumise, sans qu'un seul Autrichien s'en échappât ; et un bon patriote, lorsque la Belgique serait profondément révolutionnée, et rendue tout-à-fait libre. — Vous autres Français, disait-il,

avec cette disposition à tout admirer sur-le-champ, vous êtes exposés à revenir aussi promptement. Un jour vous proscrivez Montesquiou; on vous apprend qu'il a conquis la Savoie, vous l'applaudissez : vous le proscrivez de nouveau, et vous devenez la risée générale par ces allées et venues. « Pour moi, je me dé-
« fie, et j'accuse toujours; et quant aux in-
« convénients de cette disposition, ils sont in-
« comparablement moindres que ceux de la
« disposition contraire, car jamais ils ne com-
« promettent le salut public. Sans doute ils
« peuvent m'exposer à me méprendre sur le
« compte de quelques individus; mais, vu la
« corruption du siècle, et la multitude d'enne-
« mis par éducation, par principes et par intérêt
« de toute liberté, il y a mille à parier contre
« un que je ne prendrai pas le change, en les
« considérant d'emblée comme des intrigants
« et des fripons publics tout prêts à machiner.
« Je suis donc mille fois moins exposé à être
« trompé sur le compte des fonctionnaires pu-
« blics; et, tandis que la funeste confiance que
« l'on a en eux les met à même de tramer
« contre la patrie avec autant d'audace que
« de sécurité, la défiance éternelle dont le
« public les environnerait, d'après mes prin-
« cipes, ne leur permettrait pas de faire un pas

« sans trembler d'être démasqués et punis*. »

Cette bataille venait d'ouvrir la Belgique aux Français; mais là, d'étranges difficultés se présentaient à Dumouriez, et deux tableaux frappants vont s'offrir : sur le territoire conquis, la révolution française agissant sur les révolutions voisines pour les hâter ou se les assimiler; et dans notre armée, la démagogie pénétrant dans les administrations, et les désorganisant pour les épurer.

Il y avait en Belgique plusieurs partis : le premier, celui de la domination autrichienne, n'existait que dans les armées impériales chassées par Dumouriez; le second, composé de toute la nation, nobles, prêtres, magistrats, peuple, repoussait unanimement le joug étranger, et voulait l'indépendance de la nation belge; mais celui-ci se sous-divisait en deux autres : les prêtres et privilégiés voulaient conserver les anciens états, les anciennes institutions, les démarcations de classes et de provinces, tout enfin, excepté la domination autrichienne, et ils avaient pour eux une partie de la population, encore très-superstitieuse et très-attachée au clergé : enfin les démagogues

---

* *Journal de la République française*, par Marat, l'Ami du peuple, n° 43, du lundi 12 novembre 1792.

ou jacobins belges voulaient une révolution complète et la souveraineté du peuple. Ceux-ci demandaient le niveau français et l'égalité absolue. Ainsi chacun adoptait de la révolution ce qui lui convenait; les privilégiés n'y cherchaient que leur ancien état; les plébéiens voulaient la démagogie et le règne de la multitude. Entre les divers partis, on conçoit que Dumouriez par ses goûts devait garder un milieu. Repoussant l'Autriche qu'il combattait avec ses soldats, condamnant les prétentions exclusives des privilégiés, il ne voulait cependant pas transporter à Bruxelles les jacobins de Paris, et y faire naître des Chabot et des Marat. Son but était donc, en ménageant l'ancienne organisation du pays, de réformer ce qu'elle avait de trop féodal. La partie éclairée de la population se prêtait bien à ces vues; mais il était difficile d'en faire un ensemble, à cause du peu d'union des villes et des provinces; et, de plus, en la formant en assemblée, on l'exposait à être vaincue par le parti violent. Dans le cas où il pourrait réussir, Dumouriez songeait, soit par une alliance, soit par une réunion, à rattacher la Belgique à l'empire français, et à compléter ainsi notre territoire. Il aurait désiré surtout empêcher les dilapidations, s'assurer les immenses ressources de la contrée pour la guerre, et n'indisposer aucune classe, pour ne pas faire dévorer son armée par une insurrection. Il songeait principalement à ménager le clergé, qui avait encore une grande influence sur l'esprit du peuple. Il voulait enfin des choses que l'expérience des révolutions démontre impossibles, et auxquelles tout le génie administratif et politique doit renoncer d'avance avec une entière résignation. On verra plus tard se développer ses plans et ses projets.

En entrant en Belgique, il promit, par une proclamation, de respecter les propriétés, les personnes et l'indépendance nationale. Il ordonna que tout fût maintenu, que les autorités demeurassent en fonctions, que les impôts continuassent d'être perçus, et que sur-le-champ des assemblées primaires fussent réunies, pour former une convention nationale qui déciderait du sort de la Belgique.

Des difficultés bien autrement graves se préparaient pour lui. Des motifs de politique, de bien public, d'humanité, pouvaient lui faire désirer en Belgique une révolution prudente et mesurée, mais il avait à faire vivre son armée, et c'était ici son affaire personnelle. Il était général et avant tout obligé d'être victorieux. Pour cela, il lui fallait de la discipline et des ressources. Entré à Mons le 7 novembre au matin, au milieu de la joie des Brabançons, qui lui décernèrent une couronne ainsi qu'au brave Dampierre, il se trouva dans les plus grands embarras. Ses commissaires des guerres étaient à Valenciennes; rien de ce qu'on lui avait promis n'arrivait. Il lui fallait des vêtements pour ses soldats à moitié nus, des vivres, des chevaux pour son artillerie, des charrois très-actifs pour seconder le mouvement de l'invasion, surtout dans un pays où les transports étaient extrêmement difficiles, enfin du numéraire pour payer les troupes, parce qu'en Belgique on n'acceptait pas volontiers les assignats. Les émigrés en avaient répandu une grande quantité de faux, et les avaient ainsi discrédités; d'ailleurs, aucun peuple n'aime à participer aux embarras d'un autre, en acceptant le papier qui représente ses dettes.

L'impétuosité du caractère de Dumouriez, portée jusqu'à l'imprudence, ne permet pas de croire qu'il fût demeuré depuis le 7 jusqu'au 11 à Mons, et qu'il eût laissé le duc de Saxe-Teschen se retirer tranquillement, si des détails d'administration ne l'eussent retenu malgré lui, et n'eussent absorbé son attention qui aurait dû être exclusivement fixée sur les détails militaires. Il forma un plan très-bien conçu; c'était de passer lui-même des marchés avec les Belges, pour les vivres, fourrages et approvisionnements. Il y avait à cela une foule d'avantages. Les objets à consommer étaient sur les lieux, et on n'avait pas à craindre les retards. Ces achats intéressaient beaucoup de Belges à la présence des armées françaises. En payant les vendeurs en assignats, ceux-ci étaient obligés d'en favoriser eux-mêmes la circulation; on se dispensait ainsi de rendre cette circulation forcée, chose importante, car chaque individu à qui arrive une monnaie forcée se regarde comme volé par l'autorité qui l'impose, et c'est le moyen de blesser le plus universellement un peuple. Dumouriez avait en outre songé à faire des emprunts au clergé, avec la garantie de la France. Ces emprunts lui fournissaient des fonds et du numéraire; et le clergé, quoique frappé momentanément, se sentait rassuré sur son existence et ses biens, puisqu'on traitait avec lui. Enfin la France ayant à demander aux Belges des indemnités pour les frais d'une guerre libératrice, on eût affecté ces indemnités au paiement des emprunts, et, moyennant un léger appoint, toute la guerre eût été payée, et Dumouriez, comme il l'avait annoncé, aurait vécu aux frais de la Belgique, sans la vexer ni la désorganiser. Mais c'étaient là des plans de génie, et, en temps de révolution, il semble que le génie devrait prendre un parti décidé : il devrait ou prévoir les désordres et les violences qui vont suivre, et se retirer sur-le-champ; ou, en les prévoyant, s'y résigner, et consentir à être violent pour continuer d'être utile à la tête des armées ou de l'état. Aucun homme n'a été assez détaché des choses de ce monde, pour essayer du premier parti; il en est un qui a été grand, et qui a su demeurer pur en suivant le second. C'est celui qui, placé au comité de salut public, sans participer à ses actes politiques, se renferma dans les soins de la guerre, et *organisa la victoire*, chose pure, permise, et toujours patriotique sous tous les régimes.

Dumouriez s'était servi pour ses marchés et ses opérations financières de Malus, commissaire des guerres, qu'il estimait beaucoup parce qu'il le trouvait habile et actif, sans trop s'inquiéter s'il était modéré ou non dans ses gains; il avait employé aussi le nommé d'Espagnac, ancien abbé libertin, et l'un de ces corrompus spirituels de l'ancien régime, qui faisaient tous les métiers avec beaucoup de grace et d'habileté, et laissaient dans tous une réputation équivoque. Dumouriez le dépêcha au ministère pour expliquer ses plans, et faire ratifier tous les engagements qu'il avait pris. Il donnait déjà bien assez de prise sur lui par l'espèce de dictature administrative qu'il s'arrogeait, et par la modération révolutionnaire qu'il montrait à l'égard des Belges, sans se compromettre encore par son association avec des hommes déjà suspects, et qui, ne le fussent-ils pas, allaient bientôt le devenir. Dans ce moment en effet une rumeur générale s'élevait contre les anciennes administrations, qui étaient remplies, disait-on, de fripons et d'aristocrates.

Après avoir donné ses soins à l'entretien de ses soldats, Dumouriez s'occupa d'accélérer la marche de Labourdonnaie. Ce général, après s'être obstiné à demeurer en arrière, n'était entré à Tournay que fort tard, et là, il provoquait des scènes dignes des jacobins, et levait de fortes contributions. Dumouriez lui ordonna de marcher rapidement sur Gand et l'Escaut, pour se rendre à Anvers, et achever ensuite le circuit du pays jusqu'à la Meuse. Valence, enfin arrivé en ligne après des retards involontaires, eut ordre d'être le 13 ou le 14 à Nivelles. Dumouriez, croyant que le duc de Saxe-Teschen se retirerait derrière le canal de Vilvorden, voulait que Valence, tournant la forêt de Soignies, se portât derrière ce canal, et y reçut le duc au passage de la Dyle.

Le 11, il partit de Mons, ne joignit que lentement l'armée ennemie, qui elle-même se retirait avec ordre, mais avec une extrême lenteur. Mal servi par ses transports, il ne put pas arriver assez promptement pour se venger des retards qu'il avait été obligé de subir. Le 13, s'avançant lui-même avec une simple avant-garde, il donna au milieu de l'ennemi à Anderlecht, et faillit être enveloppé; mais, avec son adresse et sa fermeté ordinaires, il déploya sa petite troupe, usa avec beaucoup d'appareil de quelques pièces d'artillerie, et persuada aux Autrichiens qu'il était sur le champ de bataille avec toute son armée. Il parvint ainsi à les contenir, et eut le temps d'être secouru par ses soldats, qui, apprenant sa position critique, accouraient en toute hâte pour le dégager.

Il entra le 14 dans Bruxelles, et y fut arrêté de nouveau par des embarras administratifs, n'ayant ni numéraire ni aucune des ressources nécessaires à l'entretien de ses troupes. Il apprit là que le ministère avait refusé de consentir ses derniers marchés, excepté un seul, et que toutes les anciennes administrations militaires étaient renouvelées et remplacées par un comité dit *des achats*. Ce comité avait seul, à l'avenir, le droit d'acheter pour l'entretien des armées, sans qu'il fût permis aux généraux de s'en mêler aucunement. C'était là le commencement d'une révolution qui se préparait dans les administrations, et qui allait les livrer pour un temps à une désorganisation complète.

Les administrations qui exigent une longue pratique ou une application spéciale sont ordinairement celles où une révolution pénètre le plus tard, parce qu'elles excitent moins l'ambition, et que d'ailleurs la nécessité d'y conserver des sujets capables les garantit de la fureur des renouvellements. Ainsi on n'avait opéré presque aucun changement dans les états-majors, dans les corps savants de l'armée, dans les bureaux des divers ministères, dans les anciennes régies des vivres, et surtout dans la marine, qui est de toutes les parties de l'art militaire celle qui exige les connaissances les plus spéciales. Aussi ne manquait-on pas de crier contre les aristocrates dont ces corps étaient remplis, et on reprochait au conseil exécutif de ne pas les renouveler. L'administration qui soulevait le plus d'irritation était celle des vivres. On adressait de justes reproches aux fournisseurs, qui, par disposition d'état, et surtout à la faveur de ce moment de désordre, exigeaient dans tous leurs marchés des prix exorbitants, donnaient les plus mauvaises marchandises aux troupes, et volaient l'état avec impudence. Il n'y avait qu'un cri de toutes parts contre leurs exactions. Ils avaient surtout un adversaire inexorable dans le député Cambon de Montpellier. Passionné pour les matières de finances et d'économie publique, ce député s'était acquis un grand ascendant dans les discussions de ce genre, et jouissait de toute la confiance de l'assemblée. Quoique démocrate prononcé, il n'avait cessé de tonner contre les exactions de la commune, et il surprenait ceux qui ne comprenaient pas qu'il poursuivît comme financier les désordres qu'il aurait peut-être excusés comme jacobin. Il se déchaînait avec une plus grande énergie encore contre les fournisseurs, et les poursuivait avec toute la fougue de son caractère. Chaque jour il dénonçait de nouvelles fraudes, en réclamait la répression, et tout le monde à cet égard était d'accord avec lui. Les hommes honnêtes voulaient punir des fripons, les jacobins voulaient persécuter des aristocrates, et les intrigants rendre des places vacantes.

On eut donc l'idée de former un comité composé de quelques individus chargés de faire tous les achats pour le compte de la république. On pensa que ce comité, unique et responsable, épargnerait à l'état les fraudes de cette multitude de fournisseurs isolés, et qu'achetant seul pour toutes les administrations, il ne ferait plus hausser les prix par la concurrence, comme il arrivait lorsque chaque ministère, chaque armée traitaient individuellement, pour leurs besoins respectifs. Cette institution fut établie de l'avis de tous les ministres, et Cambon surtout en était le plus grand partisan, parce que cette forme nouvelle et simple convenait à son esprit absolu. On signifia donc à Dumouriez qu'il n'aurait plus aucun marché à passer, et on lui ordonna d'annuler ceux qu'il venait de signer. On supprima en même temps les caisses des régisseurs, et on poussa la rigueur de l'exécution jusqu'à faire des difficultés pour acquitter, à la trésorerie nationale, un prêt qu'un négociant belge avait fait à l'armée sur un bon de Dumouriez.

Cette révolution dans l'administration des vivres, dont le motif était louable, concourait malheureusement avec des circonstances qui allaient en rendre les effets désastreux. Pendant son ministère, Servan avait eu à pourvoir aux premiers besoins des troupes hâtivement rassemblées dans la Champagne, et c'était beaucoup d'avoir suffi aux embarras du premier moment. Mais, après la campagne de l'Argonne, les approvisionnements faits avec tant de peine se trouvaient épuisés; les volontaires, partis de chez eux avec un seul habit, étaient presque nus, de sorte qu'il fallait fournir un équipement complet à chacune des armées, et suffire à ce renouvellement de tout le matériel, au milieu de l'hiver et malgré la rapidité de l'invasion en Belgique. Le successeur de Servan, Pache, était donc chargé d'une tâche immense, et malheureusement, avec beaucoup d'esprit et d'application, il avait un caractère souple et faible qui, le portant à plaire à tout le monde, surtout aux jacobins, l'empêchait de commander à personne, et de communiquer à une vaste administration le nerf nécessaire. Si on joint donc à l'urgence, à l'immensité des besoins, aux difficultés de la saison, et à la nécessité d'une grande promptitude, la faiblesse d'un nouveau ministère, le désordre général de l'état, et par-dessus tout une révolution dans le système administratif, on concevra la confusion du premier moment, le dénûment des armées, leurs plaintes amères, et la violence des reproches entre les généraux et les ministres.

A la nouvelle de ces changements administratifs, Dumouriez s'emporta vivement. En attendant l'organisation du nouveau système, il voyait son armée exposée à périr de misère, si ses marchés n'étaient pas maintenus et exécutés. Il prit donc sur lui de les maintenir, et ordonna à ses agents, Malus, d'Espagnac, et à un troisième nommé Petit-Jean, de continuer leurs opérations sous sa propre responsabilité. Il écrivit en même temps au ministre avec une hauteur qui allait le rendre plus suspect encore à des démagogues défiants, ombrageux, mécontents déjà de sa tiédeur révolutionnaire, et de sa dictature administrative. Il déclara qu'il exigeait, pour continuer ses services, qu'on lui laissât pourvoir lui-même aux besoins de son armée; il soutint que le comité des achats était une absurdité, parce qu'il exporterait laborieusement et de loin ce qu'on trouverait plus facilement sur les lieux; que les transports exposeraient à des frais énormes et à des retards, pendant lesquels les armées mourraient de faim, de froid et de misère; que les Belges perdraient tout intérêt à la présence des Français, ne seconderaient plus la circulation des assignats; que le pillage des fournisseurs continuerait tout de même, parce que la facilité de voler l'état dans les fournitures avait toujours fait et ferait toujours des voleurs, et que rien n'empêcherait les membres du comité des achats de se faire entrepreneurs et acheteurs, quoique la loi le leur défendît; qu'ainsi c'était là un vain rêve d'économie, qui, ne fût-il pas chimérique, amènerait pour le moment une désastreuse interruption dans les services. Ce qui ne contribuait pas peu à irriter Dumouriez contre le comité des achats, c'est qu'il voyait dans les membres qui le composaient des créatures du ministre Clavière, et croyait apercevoir dans cette innovation un résultat de la défiance des girondins contre lui. Cependant c'était une création faite de bonne foi, et approuvée par tous les côtés, sans aucune intention de parti.

Pache, en ministre patriote et ferme, aurait dû chercher à satisfaire le général pour le conserver à la république. Pour cela il aurait fallu examiner ses demandes, voir ce qu'il y avait de juste, y faire droit, repousser le reste, et conduire toute chose avec autorité et vigueur, de manière à empêcher les reproches, les disputes et la confusion. Loin de là, Pache, accusé déja par les girondins de faiblesse, et mal disposé pour eux, laissa se heurter entre eux le général, les girondins et la convention. Au conseil, il faisait part des lettres irréfléchies où Dumouriez se plaignait ouvertement des défiances des ministres girondins à son égard; à la convention, il faisait connaître les demandes impérieuses, à la suite desquelles Dumouriez offrait sa démission en cas de refus. Ne blâmant rien, mais n'expliquant rien, et affectant dans ses rapports une fidélité scrupuleuse, il laissa produire à chaque chose ses plus fâcheux effets. Les girondins, la convention, les jacobins, chacun fut irrité à sa manière de la hauteur du général. Cambon tonna contre Malus, d'Espagnac et Petit-Jean, cita les prix de leurs marchés, qui étaient excessifs, peignit le luxe désordonné de d'Espagnac, les anciennes malversations de Petit-Jean, et les fit décréter tous trois par l'assemblée. Il prétendit que Dumouriez était entouré d'intrigants dont il fallait le délivrer; il soutint que le comité des achats était une excellente institution; que prendre les objets de consommation sur le théâtre de la guerre, c'était priver les ouvriers français de travail, et les exposer aux mutineries de l'oisiveté; que, quant aux assignats, il n'était nullement nécessaire d'user d'adresse pour les faire circuler; que le général avait tort de ne pas les faire recevoir d'autorité, et de ne pas transporter en Belgique la révolution tout entière avec son régime, ses systèmes et ses monnaies; et que les Belges, auxquels on donnait la liberté, devaient en accepter les avantages et les inconvénients. A la tribune de la convention, Dumouriez ne fut guère considéré que comme dupé par ses agents; mais, aux Jacobins, et dans la feuille de Marat, il fut dit tout uniment qu'il était d'accord avec eux, et qu'il recevait une part des bénéfices, ce dont on n'avait d'autre preuve que l'exemple assez fréquent des généraux.

Dumouriez fut donc obligé de livrer les trois commissaires, et on lui fit l'affront de les faire arrêter malgré la garantie qu'il leur avait donnée. Pache lui écrivit, avec sa douceur accoutumée, qu'on examinerait ses demandes, qu'on pourvoirait à ses besoins, et que le comité des achats ferait pour cela des acquisitions considérables; il lui annonçait en même temps de nombreux arrivages, qui n'avaient pas lieu. Dumouriez, qui ne les recevait pas, se plaignait sans cesse; de manière qu'à lire d'une part les lettres du ministre, on aurait cru que tout abondait, et à lire celles du général, on devait croire à un dénûment absolu. Dumouriez eut recours à des expédients, à des emprunts sur les chapitres des églises; il vécut avec un marché de Malus, qu'on lui avait permis de maintenir, vu l'urgence, et il fut encore retenu du 14 au 19 à Bruxelles.

Dans cet intervalle, Stengel, détaché avec l'avant-garde, avait pris Malines : c'était une prise importante, à cause des munitions en poudre et en armes de toute espèce que cette place renfermait, et qui en faisaient l'arsenal de la Belgique. Labourdonnaie était entré le 18 à Anvers, organisait des clubs, indisposait les Belges en encourageant les agitateurs populaires, et malgré tout cela ne mettait aucune vigueur dans le siége du château. Dumouriez, ne pouvant plus s'accommoder d'un lieutenant si fort occupé de clubs, et si peu de la guerre, le remplaça par Miranda, Péruvien plein de bravoure, qui était venu en France à l'époque de la révolution, et avait obtenu un haut grade par l'amitié de Pétion. Labourdonnaie, privé de son armée et ramené dans le département du Nord, vint y exciter le zèle des jacobins contre *César Dumouriez*. C'était là le nom que déjà on commençait à donner au général.

L'ennemi avait songé d'abord à se placer derrière le canal de Vilvorden, et à se tenir en relation avec Anvers. Il commettait ainsi la même faute que Dumouriez, en cherchant à se rapprocher de l'Escaut, au lieu de courir sur la Meuse, comme ils auraient dû le faire tous deux, l'un pour se retirer, l'autre pour empêcher la retraite. Enfin Clerfayt, qui avait pris le commandement, sentit la nécessité de repasser promptement la Meuse, et d'abandonner Anvers à son sort. Dumouriez alors reporta Valence de Nivelles sur Namur, pour en faire le siège, et il eut le tort très-grave de ne pas le jeter au contraire le long de la Meuse, pour fermer la retraite des Autrichiens. La défaite de l'armée défensive eût amené naturellement la reddition de la place. Mais l'exemple des grandes manœuvres stratégiques n'avait pas encore été donné, et d'ailleurs Dumouriez manqua ici, comme dans une foule d'occasions, de la réflexion nécessaire. Il partit de Bruxelles le 19. Le 20, il traversa Louvain; le 22, il joignit l'ennemi à Tirlemont, et lui tua trois ou quatre cents hommes. Là, encore retenu par un dénûment absolu, il ne repartit que le 26. Le 27, il arriva devant Liége, et eut à soutenir un fort engagement à Varoux, contre l'arrière-garde ennemie. Le général Staray, qui la commandait, se défendit glorieusement, et reçut une blessure mortelle. Enfin, le 28 au matin, Dumouriez entra dans Liége, aux acclamations du peuple, qui était là dans les dispositions les plus révolutionnaires. Miranda avait pris la citadelle d'Anvers le 29, et pouvait achever le circuit de la Belgique, en marchant jusqu'à Ruremonde. Valence occupa Namur le 2 décembre. Clerfayt se porta vers la Roër, et Beaulieu vers le Luxembourg.

Dans ce moment, toute la Belgique était occupée jusqu'à la Meuse; mais il restait à conquérir le pays jusqu'au Rhin, et de grands obstacles se présentaient encore à Dumouriez. Soit la difficulté des transports, soit la négligence des bureaux, rien n'arrivait à son armée; et quoiqu'il y eût d'assez grands approvisionnements à Valenciennes, tout manquait sur la Meuse. Pache, pour satisfaire les jacobins, leur avait ouvert ses bureaux, et la plus grande désorganisation y régnait. On y négligeait le travail, on y donnait, par inattention, les ordres les plus contradictoires. Tout service devenait ainsi presque impossible, et tandis que le ministre croyait les transports effectués, ils ne l'étaient pas. L'institution du comité des achats avait encore augmenté le désordre. Le nouveau commissaire, nommé Ronsin, qui avait remplacé Malus et d'Espagnac, en les dénonçant, était dans le plus grand embarras. Fort mal accueilli à l'armée, il avait été effrayé de sa tâche, et, sur l'ordre de Dumouriez, il continua les achats sur les lieux, malgré les dernières décisions. Par ce moyen, l'armée avait eu du pain et de la viande; mais les vêtements, les moyens de transport, le numéraire et les fourrages manquaient absolument, et tous les chevaux mouraient de faim. Une autre calamité affligeait cette armée, c'était la désertion. Les volontaires, qui dans le premier enthousiasme avaient couru en Champagne, s'étaient refroidis depuis que le moment du péril était passé. D'ailleurs ils étaient dégoûtés par les privations de tout genre qu'ils essuyaient, et ils désertaient en foule. Le seul corps de Dumouriez en avait perdu au moins dix mille, et chaque jour il en perdait davantage. Les levées belges ne s'effectuaient pas, parce qu'il était presque impossible d'organiser un pays où les diverses classes de la population et les diverses provinces du territoire n'étaient nullement disposées à s'entendre. Liége abondait dans le sens de la révolution; mais le Brabant et la Flandre voyaient avec défiance surgir les jacobins dans les clubs qu'on avait essayé d'établir à Gand, Anvers, Bruxelles, etc. Le peuple belge n'était pas trop d'accord avec nos soldats qui voulaient payer en assignats; nulle part on ne consentait à recevoir notre papier-monnaie, et Dumouriez refusait de lui donner une circulation forcée. Ainsi, quoique victorieuse et maîtresse de la campagne, l'armée se trouvait dans une situation malheureuse à cause de la disette, de la désertion, et de la disposition incertaine et presque défavorable des habitants. La convention assiégée des rapports contradictoires du général qui se plaignait avec hauteur, et du ministre qui certifiait avec modestie, mais avec assurance, que les envois les plus abondants avaient été faits, dépêcha quatre commissaires pris dans son sein, pour aller s'assurer par leurs yeux du véritable état des choses. Ces quatre commissaires étaient Danton, Camus, Lacroix et Cossuin.

Tandis que Dumouriez avait employé le mois de novembre à occuper la Belgique jusqu'à la Meuse, Custine, courant toujours aux environs de Francfort et du Mein, était menacé par les Prussiens qui remontaient la Lahn. Il aurait voulu que tout le versement de la guerre eût lieu de son côté, pour couvrir ses derrières, et assurer ses folles incursions en Allemagne. Aussi ne cessait-il de se plaindre contre Dumouriez, qui n'arrivait pas à Cologne, et contre Kellermann, qui ne se portait pas sur Coblentz. On vient de voir les difficultés qui empêchaient Dumouriez d'avancer plus vite; et pour rendre le mouvement de Kellermann possible, il aurait fallu que Custine, renonçant à des incursions qui faisaient retentir d'acclamations la tribune des jacobins et les journaux, se renfermât dans la limite du Rhin, et que, fortifiant Mayence, il voulût descendre lui-même à Coblentz. Mais il désirait qu'on fît tout derrière lui, pour avoir l'honneur de prendre l'offensive en Allemagne. Pressé de ses sollicitations et de ses plaintes, le conseil exécutif rappela Kellermann, le remplaça par Beurnonville, et donna à ce dernier la mission tardive de prendre Trèves, dans une saison très-avancée, au milieu d'un pays pauvre, et difficile à occuper. Il n'y avait jamais eu qu'une bonne voie pour exécuter cette entreprise, c'était, dans l'origine, de marcher entre Luxembourg et Trèves, et d'arriver ainsi à Coblentz, tandis que Custine s'y porterait par le Rhin. On aurait alors écrasé les Prussiens, encore abattus de leur défaite en Champagne, et donné la main à Dumouriez, qui devait être à Cologne, ou qu'on aurait aidé à s'y porter s'il n'y avait pas été. De cette manière, Luxembourg et Trèves, qu'il était impossible de prendre de vive force, tombaient par famine et par défaut de secours; mais Custine ayant persisté dans ses courses en Wétéravie, l'armée de la Moselle étant restée dans ses cantonnements, il n'était plus temps de marcher sur ces places à la fin de novembre, pour y soutenir Custine contre les Prussiens ranimés et remontant le Rhin. Beurnonville fit valoir ces raisons; mais on était en disposition de conquérir, on voulait punir l'électeur de Trèves de sa conduite envers la France, et Beurnonville eut ordre de tenter une attaque qu'il essaya avec autant d'ardeur que s'il l'avait approuvée. Après quelques combats brillants et opiniâtres, il fut obligé d'y renoncer et de se replier vers la Lorraine. Dans cette situation, Custine se sentait compromis sur les bords du Mein; mais il ne voulait pas, en se retirant, avouer sa témérité et le peu de solidité de sa conquête, et il persistait à s'y maintenir sans aucune espérance fondée de succès. Il avait placé dans Francfort une garnison de deux mille quatre cents hommes, et quoique cette force fût tout-à-fait insuffisante dans une place ouverte et au milieu d'une population indisposée par des contributions injustes, il ordonnait au commandant de s'y maintenir; et lui, posté à Ober-Usel et Hombourg, un peu au-dessous de Francfort, affectait une constance et une fierté ridicules. Telle était la situation de l'armée sur ce point, à la fin de novembre et au commencement de décembre.

Rien ne s'était donc encore effectué le long

du Rhin. Aux Alpes, Montesquiou qu'on a vu négociant avec la Suisse et tâchant à la fois de faire entendre raison à Genève et au ministère français, Montesquiou avait été obligé d'émigrer. Une accusation avait été dirigée contre lui, pour avoir compromis, disait-on, la dignité de la France, en laissant insérer dans le projet de convention un article par lequel nos troupes devaient s'éloigner, et surtout en exécutant cet article du projet. Un décret fut lancé contre lui, et il se réfugia dans Genève. Mais son ouvrage était garanti par sa modération, et tandis qu'on le mettait en accusation, on transigeait avec Genève d'après les bases qu'il avait fixées. Les troupes bernoises se retiraient, les troupes françaises se cantonnaient sur les limites convenues, la précieuse neutralité suisse était assurée à la France, et l'un de ses flancs était garanti pour plusieurs années. Cet important service avait été méconnu, grace aux inspirations de Clavière, et grace aussi à une susceptibilité de parvenus que nous devions à nos victoires de la veille.

Dans le comté de Nice on avait glorieusement repris le poste de Sospello, que les Piémontais nous avaient arraché pour un instant, et qu'ils avaient perdu de nouveau après un échec considérable. Ce succès était dû à l'habileté du général Brunet. Nos flottes, qui dominaient dans la Méditerranée, allaient à Gênes, à Naples, où régnaient des branches de la maison de Bourbon, et enfin dans tous les états d'Italie, faire reconnaître la nouvelle république française. Après une canonnade devant Naples, on avait obtenu la reconnaissance de la république, et nos flottes revenaient fières des aveux arrachés par elles. Aux Pyrénées régnait une parfaite immobilité, et Servan, faute de moyens, avait la plus grande peine à recomposer l'armée d'observation. Malgré des dépenses énormes de cent quatre-vingts, de deux cents millions par mois, toutes les armées des Pyrénées, des Alpes, de la Moselle, étaient dans la même détresse, par la désorganisation des services, et par la confusion qui régnait au ministère de la guerre. Au milieu de cette misère, nous n'en avions pas moins l'ivresse et l'orgueil de la victoire. Dans ce moment, les esprits exaltés par Jemmapes, par la prise de Francfort, par l'occupation de la Savoie et de Nice, par le subit retour de l'opinion européenne en notre faveur, crurent entendre s'ébranler les monarchies, et s'imaginèrent un instant que les peuples allaient renverser les trônes et se former en républiques. « Ah ! s'il était vrai, s'écriait un « membre des Jacobins, à propos de la réunion

« de la Savoie à la France, s'il était vrai que le
« réveil des peuples fût arrivé; s'il était vrai
« que le renversement de tous les trônes dût
« être la suite prochaine du succès de nos ar-
« mées et du volcan révolutionnaire; s'il était
« vrai que les vertus républicaines vengeassent
« enfin le monde de tous les crimes couron-
« nés; que chaque région, devenue libre,
« forme alors un gouvernement conforme à
« l'étendue plus ou moins grande que la nature
« lui aura fixée, et que de toutes ces conven-
« tions nationales, un certain nombre de dé-
« putés extraordinaires forment au centre du
« globe une convention universelle, qui veille
« sans cesse au maintien des droits de l'homme,
« à la liberté générale du commerce et à la
« paix du genre humain!...*»

Dans ce moment, la convention apprenant les vexations commises par le duc de Deux-Ponts contre quelques sujets de sa dépendance, rendit, dans un élan d'enthousiasme, le décret suivant:

« La convention nationale déclare qu'elle
« accordera secours et fraternité à tous les
« peuples qui voudront recouvrer leur liberté,

---

* Discours de Milhaud, député du Cantal, prononcé aux Jacobins en novembre 1792.

« et elle charge le pouvoir exécutif de donner
« des ordres aux généraux des armées françai-
« ses, pour secourir les citoyens qui auraient
« été ou qui seraient vexés pour la cause de
« la liberté.

« La convention nationale ordonne aux gé-
« néraux des armées françaises de faire impri-
« mer et afficher le présent décret dans tous
« les lieux où ils porteront les armes de la ré-
« publique.

« Paris, le 19 novembre 1792. »

CHAPITRE VI.

État des partis au moment du procès de Louis XVI. — Caractère et opinions des membres du ministère à cette époque, Roland, Pache, Lebrun, Garat, Monge et Clavière. — Détails sur la vie intérieure de la famille royale dans la tour du Temple. — Commencement de la discussion sur la mise en jugement de Louis XVI; résumé des débats; opinion de Saint-Just. — État fâcheux des subsistances; détails et questions d'économie politique. — Discours de Robespierre sur le jugement du roi. — La convention décrète que le roi sera jugé par elle. — Papiers trouvés dans l'*armoire de fer*. — Premier interrogatoire de Louis XVI à la convention. — Choc des opinions et des intérêts pendant le procès; inquiétude des jacobins. — Position du duc d'Orléans; on propose son bannissement.

Le procès de Louis XVI allait enfin commencer, et les partis s'attendaient ici pour mesurer leurs forces, pour découvrir leurs intentions, et se juger définitivement. On observait surtout les girondins, pour surprendre chez eux le moindre mouvement de pitié, et les accuser de royalisme, si la grandeur déchue parvenait à les toucher.

Le parti des jacobins, qui poursuivait dans la personne de Louis XVI la monarchie tout entière, avait fait des progrès sans doute, mais il trouvait une opposition encore assez forte à Paris, et surtout dans le reste de la France. Il dominait dans la capitale par son club, par la commune, par les sections, mais la classe moyenne reprenait courage, et lui opposait encore quelque résistance. Pétion ayant refusé la mairie, le médecin Chambon avait obtenu une grande majorité de suffrages, et avait accepté à regret des fonctions qui convenaient peu à son caractère modéré et nullement ambitieux. Ce choix prouve la puissance que possédait encore la bourgeoisie dans Paris même. Et elle en avait une bien plus grande dans le reste de la France. Les propriétaires, les commerçants, toutes les classes moyennes enfin n'avaient déserté ni les conseils municipaux, ni les conseils de départements, ni les sociétés populaires, et envoyaient des adresses à la majorité de la convention, dans le sens des lois et de la modération. Beaucoup de sociétés affiliées aux jacobins improuvaient la société-mère, et lui demandaient hautement la radiation de Marat, quelques-unes même celle de Robespierre. Enfin, des Bouches-du-Rhône, du Calvados, du Finistère, de la Gironde, partaient de nouveaux fédérés, qui, devançant les décrets comme au 10 août, venaient protéger la convention et assurer son indépendance.

Les jacobins ne possédaient pas encore les armées; les états-majors et l'organisation militaire continuaient de les en repousser. Ils avaient cependant envahi un ministère, celui de la guerre. Pache le leur avait ouvert par faiblesse, et il avait remplacé par des membres du club tous ses anciens employés. On se tutoyait dans ses bureaux, on y allait en sale costume, on y faisait des motions, et il s'y trouvait quantité de prêtres mariés, introduits par Audouin, gendre de Pache, et prêtre marié lui-même. L'un des chefs de ce ministère était Hassenfratz, autrefois habitant de Metz, expatrié pour cause de banqueroute, et, comme tant d'autres, parvenu à de hautes fonctions en déployant beaucoup de zèle démagogique. On renouvelait ainsi les administrations de l'armée, et autant que possible, on remplissait l'armée elle-même d'une nouvelle classe et d'une nouvelle opinion. Aussi, tandis que Roland était voué à la haine des jacobins, Pache était chéri, loué par eux. On vantait sa douceur, sa modestie, sa grande capacité, et on les opposait à la sévérité de Roland, qu'on appelait de l'orgueil. Roland en effet n'avait donné aux jacobins aucun accès dans son ministère de l'intérieur. Observer les rapports des corps constitués, ramener dans les limites ceux qui s'en écartaient, maintenir la tranquillité publique, surveiller les sociétés populaires, pourvoir aux subsistances, protéger le commerce et les propriétés, c'est-à-dire veiller à toute l'administration intérieure de l'état, telles étaient ses immenses fonctions, et il les remplissait avec une rare énergie. Tous les jours, il dénonçait la commune, poursuivait ses excès de pouvoir, ses dilapidations, ses envois de commissaires; il arrêtait ses correspondances, ainsi que celles des jacobins, et substituait à leurs écrits violents d'autres écrits pleins de modération, qui produisaient partout le meilleur effet. Il veillait à toutes les propriétés d'émigrés échues à l'état, donnait un grand soin aux subsistances, réprimait les désordres dont elles étaient l'occasion, et se multipliait en quelque sorte pour opposer aux passions révolutionnaires la loi et la force quand il le pouvait. On conçoit quelle différence les jacobins devaient mettre entre Pache et Roland. Les familles des deux ministres contribuaient elles-mêmes à rendre cette différence plus sensible. La femme, les filles de Pache allaient dans les clubs, dans les sections, paraissaient même dans les casernes des fédérés, qu'on voulait gagner à la cause, et se distinguaient, par un bas jacobinisme, de cette épouse de Roland, polie et fière, et surtout entourée de ces orateurs si brillants et si odieux.

Pache et Roland étaient donc les deux hommes autour desquels on se rangeait dans le conseil. Clavière, aux finances, quoiqu'il fût souvent brouillé avec tous les autres, par l'extrême irascibilité de son caractère, revenait toujours à Roland quand il était apaisé. Lebrun, faible, mais attaché aux girondins par ses lumières, travaillait beaucoup avec Brissot; et les jacobins appelant ce dernier un intrigant, disaient qu'il était maître de tout le gouvernement, parce qu'il aidait Lebrun dans les travaux de la diplomatie. Garat, en contemplant les partis d'une hauteur métaphysique, se contentait de les juger, et ne se croyait pas tenu de les combattre. Il semblait se croire dispensé de soutenir les girondins, parce qu'il leur découvrait des torts, et se faisait de son inertie une véritable sagesse. Cependant les jacobins acceptaient la neutralité d'un esprit aussi distingué comme un précieux avantage, et la payaient de quelques éloges. Monge enfin, esprit mathématique, patriote prononcé, peu disposé pour les théories un peu vagues des girondins, suivait l'exemple de Pache, laissait envahir son ministère par les jacobins, et sans désavouer les girondins auxquels il devait son élévation, recevait les éloges de leurs adversaires, et partageait la popularité du ministre de la guerre.

Ainsi, trouvant deux complaisants dans Pache et Monge, un idéologue indifférent dans Garat, mais un adversaire inexorable dans Roland, qui ralliait à lui Lebrun et Clavière, et souvent ramenait les autres, le parti jacobin n'avait pas encore le gouvernement de l'état, et répétait partout qu'il n'y avait qu'un roi de moins dans le nouvel ordre de choses, mais qu'à part cela, c'était le même despotisme, les mêmes intrigues et les mêmes trahisons. Il disait que la révolution ne serait complète et sans retour que lorsqu'on aurait détruit l'auteur secret de toutes les machinations et de toutes les résistances, enfermé au Temple.

On voit quelles étaient les forces respectives des partis, et l'état de la révolution à l'instant où fut commencé le procès de Louis XVI. Ce prince avec sa famille habitait la grande tour du Temple. La commune ayant la disposition de la force armée et le soin de la police dans la capitale, avait aussi la garde du Temple, et c'est à son autorité ombrageuse, inquiète et peu généreuse, que la famille royale était soumise. Cette famille infortunée étant gardée par une classe d'hommes bien inférieure à celle dont se composait la convention, ne devait s'attendre ni à la modération ni aux égards que l'éducation et des mœurs polies inspirent toujours pour le malheur. Elle avait d'abord été placée dans la petite tour; mais elle fut ensuite transportée dans la grande, parce qu'on jugea que la surveillance en serait plus facile et plus sûre. Le roi occupait un étage, et les princesses avec les enfants en occupaient un autre. On les réunissait pendant le jour, et on leur permettait de passer ensemble les tristes instants de leur captivité. Un seul domestique avait obtenu la permission de les suivre dans leur prison : c'était le fidèle Cléry, qui, échappé aux massacres du 10 août, était rentré au milieu de Paris, pour servir dans leur infortune ceux qu'il avait servis jadis dans l'éclat de leur toute-puissance. Il était levé dès le commencement du jour, et se multipliait pour remplacer auprès de ses maîtres les nombreux serviteurs qui les entouraient autrefois. On déjeunait à neuf heures dans la chambre du roi. A dix heures, toute la famille se réunissait chez la reine. Louis XVI s'occupait alors de l'éducation de son fils. Il lui faisait apprendre quelques vers de *Racine* et de *Corneille*, et ensuite il lui donnait les premières notions de la géographie, science qu'il avait cultivée lui-même avec beaucoup d'ardeur et de succès. La reine, de son côté, travaillait à l'éducation de sa fille, et puis s'occupait avec sa sœur à des ouvrages de tapisserie. A une heure, quand le temps était beau, la famille tout entière était conduite dans les jardins pour y respirer l'air, et y faire une courte promenade. Plusieurs municipaux et officiers de garde l'accompagnaient, et, suivant les occasions, elle trouvait quelquefois des visages humains et attendris, quelquefois durs et méprisants. Les hommes peu cultivés sont peu généreux, et chez eux, la grandeur n'est pas pardonnée, aussitôt qu'elle est abattue. Qu'on se figure des artisans grossiers, sans lumières, maîtres de cette famille dont ils se reprochaient d'avoir si long-temps souffert le pouvoir et alimenté le luxe, et on concevra quelles basses vengeances ils devaient quelquefois exercer sur elle! Souvent le roi et la reine entendaient de cruels propos, et retrouvaient, sur les murs des cours et des corridors, l'expression d'une haine que l'ancien gouvernement avait fréquemment méritée, mais que Louis XVI ni son épouse n'avaient rien fait pour inspirer. Cependant ils trouvaient parfois un soulagement dans de furtives expressions d'intérêt, et ils continuaient ces promenades douloureuses à cause de leurs enfants, auxquels l'exercice était nécessaire. Tandis qu'ils parcouraient tristement cette cour du Temple, ils apercevaient aux fenêtres des maisons voisines une foule d'anciens sujets encore attachés à leurs maîtres, et qui venaient contempler l'espace étroit où était enfermé le monarque déchu. A deux heures, la promenade finissait, et on servait le dîner. Après le dîner, le roi prenait quelque repos; pendant son sommeil, son épouse, sa sœur et sa fille travaillaient en silence, et Cléry dans une autre salle exerçait le jeune prince à des jeux de son âge. On faisait ensuite une lecture en commun, on soupait, et chacun rentrait dans son appartement, après un adieu pénible, car ils ne se quittaient jamais sans douleur. Le roi lisait encore pendant plusieurs heures. Montesquieu, Buffon, l'historien Hume, l'Imitation de Jésus-Christ, quelques classiques latins et italiens formaient ses lectures habituelles. Il avait achevé environ deux cent cinquante volumes à sa sortie du Temple.

Telle était la vie de ce monarque pendant sa triste captivité. Rendu à la vie privée, il était rendu à toutes ses vertus, et devenait digne de l'estime de tous les cœurs honnêtes. Ses ennemis eux-mêmes, en le voyant si simple, si calme, si pur, n'auraient pu se défendre d'une émotion involontaire, et auraient, en faveur des vertus de l'homme, pardonné aux torts du prince.

La commune, extrêmement méfiante, employait les plus gênantes précautions. Des officiers municipaux ne perdaient jamais de vue aucune des personnes de la famille royale, et, au moment seul du coucher, ils consentaient à en être séparés par une porte fermée. Alors ils plaçaient un lit à l'entrée de chaque appartement, de manière à en fermer la sortie, et y passaient la nuit. Santerre avec son état-major faisait chaque jour une visite générale dans toute la tour, et en rendait un compte régulier. Les officiers municipaux de garde formaient une espèce de conseil permanent, qui, placé dans une salle de la tour, était chargé de donner des ordres, et de répondre à toutes les demandes des prisonniers. D'abord on avait laissé dans la prison, encre, papier et plumes; mais bientôt on enleva tous ces objets, ainsi que tous les instruments tranchants, comme couteaux, rasoirs, ciseaux, canifs, et on fit les recherches les plus minutieuses et les plus offensantes pour découvrir ceux de ces instruments qui auraient pu être cachés. Ce fut une grande peine pour les princesses, qui dès lors furent privées de leurs ouvrages de couture, et ne purent plus réparer leurs vêtements, déjà dans un assez mauvais état, n'ayant pas été renouvelés depuis la translation au Temple. Dans le sac du château, presque tout ce qui tenait à l'usage personnel de la famille royale avait été détruit. L'épouse de l'ambassadeur d'Angleterre envoya du linge à la reine, et la commune, sur la demande du roi, en fit faire pour toute la famille. Quant aux habits et vêtements, ni le roi ni la reine ne songèrent à en demander; ils en auraient sans doute obtenu s'ils en avaient exprimé le désir. Quant à l'argent, on leur remit en septembre une somme de 2000 fr. pour leurs menues dépenses; mais on ne voulut plus leur en donner depuis, parce qu'on craignait l'usage qu'ils en pourraient faire. Une somme était déposée dans les mains de l'administrateur du Temple, et sur la demande des prisonniers, on achetait les divers objets dont ils avaient besoin.

Il ne faut pas exagérer les torts de la nature humaine, et supposer que joignant une exécrable bassesse aux fureurs du fanatisme, les gardiens de la famille prisonnière lui imposassent à plaisir d'indignes privations, et voulussent ainsi lui rendre plus pénible le souvenir de sa grandeur passée. La méfiance était seule cause de certains refus. Ainsi, tandis que la crainte des complots et des communications empêchait qu'on leur accordât plus d'un serviteur dans l'intérieur de la prison, un nombreux domestique était employé à préparer leurs aliments. Treize officiers de bouche remplissaient la cuisine placée à quelque distance de la tour. Les rapports de la dépense du Temple, où la plus grande décence est observée, où les prisonniers sont qualifiés avec égard, où leur sobriété est vantée, où Louis XVI est justifié du bas reproche de trop se livrer au goût du vin, ces rapports non suspects portent la dépense de la table à 28,745 livres en deux mois. Tandis que treize domestiques occupaient la cuisine, un seul pouvait pénétrer dans la prison, et aidait Cléry à servir les prisonniers à table. Eh bien, tant est ingénieuse la captivité! c'était par ce domestique, dont Cléry avait intéressé la sensibilité, que les nouvelles extérieures pénétraient quelquefois au Temple. On avait toujours laissé ignorer aux malheureux prisonniers les événements du dehors. Les représentants de la commune s'étaient contentés de leur communiquer les journaux qui mentionnaient les victoires de la république, et qui leur ôtaient ainsi tout espoir.

Cléry avait imaginé, pour les tenir au courant, un moyen adroit, et qui lui réussissait assez bien. Par le moyen des communications qu'il s'était ménagées au dehors, il avait fait choisir et payer un crieur public, qui venait se placer sous les fenêtres du Temple, et sous prétexte de vendre des journaux, en rapportait les principaux détails de toute la force de sa voix. Cléry, qui était convenu de l'heure, se plaçait auprès de la même fenêtre, recueillait ce qu'il entendait, et le soir, se penchant sur le lit du roi, à l'instant où il lui en fermait les rideaux, il lui rapportait ce qu'il avait appris. Telle était la situation de la famille infortunée tombée du trône dans les fers, et la manière dont le zèle industrieux d'un serviteur fidèle luttait avec la défiance ombrageuse de ses gardiens.

Les comités avaient enfin présenté leur travail sur le procès de Louis XVI. Dufriche-Valazé avait fait un premier rapport sur les faits reprochés au monarque, et sur les pièces qui pouvaient les constater. Ce rapport, trop long pour être entendu jusqu'au bout, fut imprimé par ordre de la convention, et distribué à chacun de ses membres. Le 7 novembre, le député Mailhe, parlant au nom du comité de législation, présenta le rapport sur les grandes questions auxquelles le procès donnait naissance :

Louis XVI peut-il être jugé ?

Quel tribunal prononcera le jugement ?

Telles étaient les deux questions essentielles qui allaient occuper les esprits, et qui devaient les agiter profondément. L'impression du rapport fut ordonnée sur-le-champ. Traduit dans toutes les langues, distribué à un nombre considérable d'exemplaires, il remplit bientôt la France et l'Europe. La discussion fut ajournée au 13, malgré Billaud-Varennes, qui voulait qu'on décidât par acclamation la question de la mise en jugement.

Ici allait se livrer la dernière lutte entre les idées de l'assemblée constituante et les idées de la convention; et cette lutte devait être d'autant plus violente, que la vie ou la mort d'un roi allait en être le résultat. L'assemblée constituante était démocratique par ses idées, et monarchique par ses sentiments. Ainsi, tandis qu'elle constituait l'état tout entier en république, par un reste d'affection et de ménagement pour Louis XVI, elle conservait la royauté avec les attributs qu'on est convenu de lui accorder, dans le système de la monarchie féodale régularisée. Hérédité, pouvoir exécutif, participation au pouvoir législatif, et surtout inviolabilité, telles sont les prérogatives que l'on reconnaît au trône dans les monarchies modernes, et que la première assemblée avait laissées à la maison régnante. La participation au pouvoir législatif, et le pouvoir exécutif, sont des fonctions qui peuvent varier dans leur étendue, et qui ne constituent pas aussi essentiellement la royauté moderne que l'hérédité et l'inviolabilité. De ces deux dernières, l'une assure la transmission perpétuelle et naturelle de la royauté, la seconde la met hors de toute atteinte dans la personne de chaque héritier; toutes deux enfin en font quelque chose de perpétuel qui ne s'interrompt pas, et quelque chose d'inaccessible, qu'aucune pénalité ne peut atteindre. Condamnée à n'agir que par des ministres, qui répondent de ses actions, la royauté n'est accessible que dans ses agents, et on a ainsi un point pour la frapper sans l'ébranler. Telle est la monarchie féodale, successivement modifiée par le temps, et conciliée avec le degré de liberté auquel sont parvenus les peuples modernes.

Cependant l'assemblée constituante avait été portée à mettre une restriction à cette inviolabilité royale. La fuite à Varennes, les entreprises des émigrés, l'amenèrent enfin à penser que la responsabilité ministérielle ne garantirait pas une nation de toutes les fautes de la royauté. Elle avait en conséquence prévu le cas où un monarque se mettrait à la tête d'une armée ennemie, pour attaquer la constitution de l'état, ou bien ne s'opposerait pas, par un *acte formel*, à une entreprise de cette nature faite en son nom. Dans ce cas, elle avait déclaré le monarque non point justiciable des lois ordinaires contre la félonie, mais déchu; il était *censé avoir abdiqué la royauté*. Tel est le langage textuel de la loi qu'elle avait rendue. La proposition d'accepter la constitution, faite par elle au roi, et l'acceptation de la part du roi, avaient rendu le contrat irrévocable, et l'assemblée avait pris le solennel engagement de tenir comme sacrée la personne des monarques.

C'est en présence d'un engagement pareil que se trouvait la convention, en décidant du sort de Louis XVI. Mais ces nouveaux constituants, réunis sous le nom de conventionnels, ne se prétendaient pas plus engagés par les institutions de leurs prédécesseurs, que ceux-ci ne s'étaient crus engagés par les vieilles institutions de la féodalité. Les esprits avaient subi un entraînement si rapide, que les lois de 1791 paraissaient aussi absurdes à la génération de 1792, que celles du XIIIe siècle l'avaient paru à la génération de 1789. Les conventionnels ne se croyaient donc pas liés par une loi qu'ils jugeaient absurde, et se déclaraient en insurrection contre elle, comme les états-généraux contre celle des trois ordres.

On vit donc, dès l'ouverture de la discussion, le 13 novembre, se prononcer deux systèmes opposés: les uns soutenaient l'inviolabilité, les autres la rejetaient absolument. Les idées avaient tellement changé, qu'aucun membre de la convention n'osait défendre l'inviolabilité comme bonne en elle-même, et ceux même qui étaient pour elle ne la défendaient que comme disposition antérieure, dont le bénéfice était acquis au monarque, et qu'on ne pouvait lui contester sans manquer à un engagement national. Encore n'y avait-il que très-peu de députés qui la soutinssent à ce titre d'engagement pris, et les girondins la condamnaient même sous ce rapport. Cependant ils demeuraient hors du débat, et observaient froidement la discussion élevée entre les rares partisans de l'inviolabilité et ses nombreux adversaires.

« — D'abord, disaient les adversaires de l'inviolabilité, pour qu'un engagement soit valable, il faut que celui qui s'engage ait le droit de s'engager. Or, la souveraineté nationale est inaliénable, et ne peut pas se lier pour l'avenir. La nation peut bien, en stipulant l'inviolabilité, avoir rendu le pouvoir exécutif inaccessible aux coups du pouvoir législatif : c'est une précaution politique dont on conçoit le motif, dans le système de l'assemblée constituante; mais, si elle a rendu le roi inviolable pour tous les corps constitués, elle n'a pu le rendre inviolable pour elle-même, car elle ne peut jamais renoncer à la faculté de tout faire et de tout vouloir en tout temps ; cette faculté constitue sa toute-puissance, qui est inaliénable; la nation n'a donc pu s'engager envers Louis XVI, et on ne peut lui opposer un engagement qu'elle n'a pas pu prendre.

« Secondement, il aurait fallu, même en supposant l'engagement possible, qu'il fût réciproque. Or il ne l'a jamais été du côté de Louis XVI. Cette constitution, sur laquelle il veut maintenant s'appuyer, il ne l'a jamais voulue, il a toujours protesté contre elle, et n'a jamais cessé de travailler à la détruire, non seulement par des conspirations intérieures, mais par le fer des ennemis. Quel droit a-t-il donc de s'en prévaloir?

« Qu'on admette même l'engagement comme possible et comme réciproque, il faut encore qu'il ne soit pas absurde, pour avoir quelque valeur. Ainsi on conçoit l'inviolabilité qui s'applique à tous les actes ostensibles dont un ministre répond à la place du roi. Pour tous les actes de ce genre, il existe une garantie dans la responsabilité ministérielle, et l'inviolabilité, n'étant pas l'impunité, cesse d'être absurde. Mais pour tous les actes secrets, comme les trames cachées, les intelligences avec l'ennemi, les trahisons enfin, un ministre est-il là pour contre-signer et répondre? Et ces derniers actes cependant resteraient impunis, quoique les plus graves et les plus coupables de tous! Voilà ce qui est inadmissible, et il faut reconnaître que le roi, inviolable pour les actes de son administration, cesse de l'être pour les actes secrets et criminels qui attaquent la sûreté publique. Ainsi un député, inviolable pour ses fonctions législatives, un ambassadeur pour ses fonctions diplomatiques, ne le sont plus pour tous les autres faits de leur vie privée. L'inviolabilité a donc des bornes, et il est des points sur lesquels la personne du roi cesse d'être inattaquable. Dira-t-on que la déchéance est la peine prononcée contre les perfidies dont un ministre ne répond pas? C'est-à-dire, que la simple privation du pouvoir serait la seule peine qu'on infligerait au monarque, pour en avoir si horriblement abusé! Le peuple qu'il aurait trahi, livré au fer étranger, et à tous les fléaux à la fois, se bornerait à lui dire : Retirez-vous. Ce serait là une justice illusoire, et une nation ne peut pas se manquer ainsi à elle-même, en laissant impuni le crime commis contre son existence et sa liberté.

« Il faut, ajoutaient les mêmes orateurs, il faut à la vérité une peine connue, renfermée dans une loi antérieure, pour pouvoir l'appliquer à un délit. Mais n'y a-t-il pas les peines ordinaires contre la trahison? Ces peines ne sont-elles pas les mêmes dans tous les codes? Le monarque n'était-il pas averti, par la morale de tous les temps et de tous les lieux, que la trahison est un crime; et par la législature de tous les peuples, que ce crime est puni du plus terrible des châtiments? Il faut, outre une loi pénale, un tribunal. Mais voici la nation souveraine qui réunit en elle tous les pouvoirs, celui de juger comme celui de faire les lois, de faire la paix ou la guerre; elle est ici avec sa toute-puissance, avec son universalité, et il n'est aucune fonction qu'elle ne soit capable de remplir; cette nation, c'est la convention qui la représente, avec mandat de tout faire pour elle, de la venger, de la constituer, de la sauver. La convention est donc compétente pour juger Louis XVI; elle a des pouvoirs suffisants; elle est le tribunal le plus indépendant, le plus élevé, qu'un accusé puisse choisir ; et, à moins qu'il ne lui faille des partisans, ou des stipendiés de l'ennemi, pour obtenir justice, le monarque ne peut pas désirer d'autres juges. A la vérité, il aura les mêmes hommes pour accusateurs et juges. Mais si, dans les tribunaux ordinaires, exposés dans une sphère inférieure à des causes individuelles et particulières d'erreur, on sépare les fonctions, et on empêche que l'accusation ait pour arbitres ceux qui l'ont soutenue, dans le conseil général de la nation, qui est placé au-dessus de tous les intérêts, de tous les motifs individuels, les mêmes précautions ne sont plus nécessaires. *La nation ne saurait errer*, et les députés qui la représentent partagent son infaillibilité et ses pouvoirs.

« Ainsi, continuaient les adversaires de l'inviolabilité, l'engagement contracté en 1791 ne pouvant lier la souveraineté nationale, cet engagement étant sans aucune réciprocité, et renfermant d'ailleurs une clause absurde, celle de laisser la trahison impunie, est tout-à-fait nul, et Louis XVI peut être mis en cause. Quant à la peine, elle a été connue de tout temps, elle s'est trouvée dans toutes les lois. Quant au tribunal, il est dans la convention revêtue de tous les pouvoirs législatifs, exécutifs et judiciaires. Ces orateurs demandaient donc, avec le comité : que Louis XVI fût jugé, qu'il le fût par la convention nationale; qu'un acte énonciatif des faits à lui imputés fût dressé par des commissaires choisis; qu'il comparût en personne pour y répondre; que des conseils lui fussent accordés pour se défendre; et qu'immédiatement après l'avoir entendu, la convention prononçât son jugement, par appel nominal. » —

Les défenseurs de l'inviolabilité n'avaient laissé aucune de ces raisons sans réponse, et avaient réfuté tout le système de leurs adversaires.

« — On prétend, disaient-ils, que la nation n'a pas pu aliéner sa souveraineté et s'interdire le droit de punir un attentat commis contre elle-même; que l'inviolabilité prononcée en 1791 ne liait que le corps législatif, mais point la nation elle-même. D'abord, s'il est vrai que la souveraineté nationale ne puisse pas s'aliéner, et s'interdire de renouveler ses lois, il est vrai aussi qu'elle ne peut rien sur le passé; ainsi elle ne saurait faire que ce qui a été ne soit pas; elle ne peut point empêcher que les lois qu'elle avait portées aient eu leur effet, et que ce qu'elles absolvaient soit absous; elle peut bien pour l'avenir déclarer que les monarques ne seront plus inviolables, mais, pour le passé, elle ne peut pas empêcher qu'ils le soient, puisqu'elle les a déclarés tels; elle ne peut surtout rompre les engagements pris avec des tiers, pour lesquels elle devenait simple partie en traitant avec eux. Ainsi donc la souveraineté nationale a pu se lier pour un temps; elle l'a voulu d'une manière absolue, non seulement pour le corps législatif, auquel elle interdisait toute action judiciaire contre le roi, mais pour elle-même, car le but politique de l'inviolabilité eût été manqué, si la royauté n'eût pas été mise hors de toute atteinte quelconque, de la part des autorités constituées, comme de la part de la nation elle-même.

« Quant au défaut de réciprocité dans l'exécution de l'engagement, tout a été prévu. Le manque de fidélité à l'engagement a été prévu par l'engagement même. Toutes les manières d'y manquer sont comprises dans une seule, la plus grave de toutes, la guerre à la nation, et sont punies de la déchéance, c'est-à-dire de la résolution du contrat existant entre la nation et le roi. Le défaut de réciprocité n'est donc pas une raison qui puisse délier la nation de la promesse de l'inviolabilité.

« L'engagement était donc réel et absolu, commun à la nation comme au corps législatif;

le défaut de réciprocité était prévu, et ne peut être une cause de nullité; on va voir enfin que, dans le système de la monarchie, cet engagement n'était point déraisonnable, et qu'il ne peut périr pour cause d'absurdité. En effet, cette inviolabilité ne laissait, quoi qu'on en ait dit, aucun crime impuni. La responsabilité ministérielle atteignait tous les actes, parce qu'un roi ne peut pas plus conspirer que gouverner sans agents, et ainsi la justice publique avait toujours prise. Enfin ces crimes secrets, différents des délits ostensibles d'administration, étaient prévus et punis de la déchéance, car toute faute de la part du roi se réduisait, dans cette législation, à la cessation de ses fonctions. On a opposé à cela que la déchéance n'était pas une peine, qu'elle n'était que la privation de l'instrument dont le monarque avait abusé. Mais, dans un système où la personne royale devait être inattaquable, la sévérité de la peine n'était pas ce qui importait le plus; l'essentiel était son résultat politique, et ce résultat se trouvait atteint par la privation du pouvoir. D'ailleurs, n'est-ce donc pas une peine que la perte du premier trône de l'univers? Est-ce donc sans une affreuse douleur, que l'on perd une couronne qu'en naissant on trouva sur sa tête, avec laquelle on a vécu, sous laquelle on a été adoré vingt années? Sur des cœurs nourris dans le rang suprême, ce supplice n'est-il pas égal à celui de la mort? D'ailleurs, la peine fût-elle trop douce, elle est telle, d'après une stipulation expresse, et une insuffisance de peine ne peut être dans une loi une cause de nullité. Il est convenu en législation criminelle, que toutes les fautes de la législation doivent profiter à l'accusé, parce qu'il ne faut pas faire porter au faible désarmé les erreurs du fort. Ainsi donc l'engagement, démontré valable et absolu, ne renfermait rien d'absurde; aucune impunité n'y était stipulée, et la trahison y trouvait son châtiment. Il n'est donc besoin de recourir ni au droit naturel, ni à la nation, puisque la déchéance est déjà prononcée par une loi antérieure. Cette peine, le roi l'a subie, sans un tribunal qui la prononçât, et d'après la seule forme possible, celle d'une insurrection nationale. Détrôné en ce moment, hors de toute possibilité d'agir, la France ne peut plus rien contre lui, que de prendre des mesures de police pour sa sûreté. Qu'elle le bannisse hors de son territoire pour sa propre sécurité, qu'elle le détienne même, si elle veut, jusqu'à la paix, ou qu'elle le laisse dans son sein redevenir homme, par l'exercice de la vie privée : voilà tout ce qu'elle doit, et tout ce qu'elle peut. Il n'est donc pas nécessaire de constituer un tribunal, d'examiner la compétence de la convention : le 10 août, tout fut fini pour Louis XVI; le 10 août, il cessa d'être roi; le 10 août, il fut mis en cause, jugé, déposé, et tout fut consommé entre lui et la nation. »—

Telle était la réponse que les partisans de l'inviolabilité opposaient à leurs adversaires. La souveraineté nationale entendue comme on l'entendait alors, leurs réponses étaient victorieuses, et tous les raisonnements du comité de législation n'étaient que de laborieux sophismes, sans franchise et sans vérité.

On vient de lire ce qui se disait de part et d'autre dans la discussion régulière. Mais, de l'exaltation des esprits et des passions, naissaient un autre système et une autre opinion. Aux Jacobins, dans les rangs de la Montagne, on se demandait déjà s'il était nécessaire d'une discussion, d'un jugement, de formes enfin, pour se délivrer de ce qu'on appelait un tyran, pris les armes à la main, et versant le sang de la nation. Cette opinion eut un organe terrible dans le jeune Saint-Just, fanatique austère et froid, qui à vingt ans méditait une société tout idéale, où régneraient l'égalité absolue, la simplicité, l'austérité et une force indestructible.

Long-temps avant le 10 août, il rêvait, dans les profondeurs de sa sombre intelligence, cette société surnaturelle, et il était arrivé, par fanatisme, à cette extrémité des opinions humaines, à laquelle Robespierre n'était parvenu qu'à force de haine. Neuf au milieu de la révolution, dans laquelle il entrait à peine, étranger encore à toutes les luttes, à tous les torts, à tous les crimes, rangé dans le parti des montagnards par ses opinions violentes, charmant les jacobins par l'audace de son esprit, captivant la convention par ses talents, il n'avait cependant pas encore acquis une renommée populaire. Ses idées toujours bien accueillies, mais pas toujours comprises, n'avaient tout leur effet que lorsqu'elles étaient devenues, par les plagiats de Robespierre, plus communes, plus claires et plus déclamatoires.

Il parla après Morisson, le plus zélé des défenseurs de l'inviolabilité, et, sans employer les personnalités contre ses adversaires, parce qu'il n'avait pas encore eu le temps de contracter des haines personnelles, il ne parut s'indigner d'abord que des petitesses de l'assemblée, et des arguties de la discussion*. « Quoi ! dit-il, vous, le comité, ses adversaires,

---
* Séance du 13 novembre.

« vous cherchez péniblement des formes pour
« juger le ci-devant roi! vous vous efforcez
« d'en faire un citoyen, de l'élever à cette qua-
« lité, pour trouver des lois qui lui soient ap-
« plicables! Et moi, au contraire, je dis que le
« roi n'est pas un citoyen, qu'il doit être jugé
« en ennemi, que nous avons moins à le juger
« qu'à le combattre, et que n'étant pour rien
« dans le contrat qui unit les Français, les
« formes de la procédure ne sont point dans
« la loi civile, mais dans la loi *du droit des*
« *gens*..... »

Ainsi donc Saint-Just ne voit pas dans le
procès une question de justice, mais une question de guerre. « Juger un roi comme un ci-
« toyen! Ce mot, dit-il, étonnera la postérité
« froide. Juger, c'est appliquer la loi; une loi
« est un rapport de justice : quel rapport de
« justice y a-t-il donc entre l'humanité et les
« rois?

« Régner seulement est un attentat, une
« usurpation que rien ne peut absoudre, qu'un
« peuple est coupable de souffrir, et contre
« laquelle chaque homme a un droit tout per-
« sonnel. On ne peut régner innocemment,
« la folie en est trop grande. Il faut traiter
« cette usurpation comme les rois eux-mêmes
« traitent celle de leur prétendue autorité. Ne

« fit-on pas le procès à la mémoire de Crom-
« well, pour avoir usurpé l'autorité de Char-
« les Ier ? Et certes, l'un n'était pas plus usur-
« pateur que l'autre; car lorsqu'un peuple est
« assez lâche pour se laisser dominer par des
« tyrans, la domination est le droit du premier
« venu, et n'est pas plus sacrée, pas plus lé-
« gitime sur la tête de l'un que sur celle de
« l'autre! »

Passant à la question des formes, Saint-Just n'y voit que de nouvelles et inconséquentes erreurs. Les formes dans le procès ne sont que de l'hypocrisie; ce n'est point la manière de procéder qui a justifié toutes les vengeances connues des peuples contre les rois, c'est le droit de la force contre la force.....

« Un jour, s'écrie-t-il, on s'étonnera qu'au
« XVIIIe siècle on ait été moins avancé que
« du temps de César : là le tyran fut immolé
« en plein sénat, sans autre formalité que
« vingt-trois coups de poignard, et sans autre
« loi que la liberté de Rome. Et aujourd'hui,
« on fait avec respect le procès d'un homme as-
« sassin d'un peuple, pris en flagrant délit!.....»

Envisageant la question sous un autre rapport, tout étranger à Louis XVI, Saint-Just s'élève contre la subtilité et la finesse des esprits, qui nuisent, dit-il, aux grandes choses.

La vie de Louis XVI n'est rien, c'est l'esprit dont ses juges vont faire preuve qui l'inquiète ; c'est la mesure qu'ils vont donner d'eux-mêmes qui le frappe. « Les hommes qui vont juger
« Louis ont une république à fonder, et ceux
« qui attachent quelque importance au juste
« châtiment d'un roi ne fonderont jamais une
« république..... Depuis le rapport, une cer-
« taine incertitude s'est manifestée. Chacun
« rapproche le procès du roi de ses vues parti-
« culières : les uns semblent craindre de porter
« plus tard la peine de leur courage; les autres
« n'ont point renoncé à la monarchie; ceux-ci
« craignent un exemple de vertu qui serait un
« lien d'unité.....

« Nous nous jugeons tous avec sévérité, je
« dirai même avec fureur; nous ne songeons
« qu'à modifier l'énergie du peuple et de la
« liberté, tandis qu'on accuse à peine l'ennemi
« commun, et que tout le monde, ou rempli
« de faiblesse, ou engagé dans le crime, se re-
« garde avant de frapper le premier coup!

« Citoyens, si le peuple romain, après six
« cents ans de vertu et de haine contre les
« rois, si la Grande-Bretagne, après Cromwell
« mort, vit renaître les rois malgré son énergie,
« que ne doivent pas craindre parmi nous les
« bons citoyens, amis de la liberté, en voyant

« la hache trembler dans nos mains, et un
« peuple, dès le premier jour de sa liberté,
« respecter le souvenir de ses fers? Quelle ré-
« publique voulez-vous établir au milieu de
« nos combats particuliers et de nos faiblesses
« communes?.... Je ne perdrai jamais de vue,
« que l'esprit avec lequel on jugera le roi sera
« le même que celui avec lequel on établira la
« république..... La mesure de votre philoso-
« phie dans ce jugement, sera aussi la mesure
« de votre liberté dans la constitution! »

Il était pourtant des esprits qui, moins fa-
natisés que Saint-Just, s'efforçaient de se placer dans des rapports plus vrais, et tâchaient
d'amener l'assemblée à considérer les choses
sous un point de vue plus juste. « Voyez, avait
« dit Rouzet (séance du 15 novembre), la vé-
« ritable situation du roi dans la constitution
« de 1791. Il était placé en présence de la re-
« présentation nationale pour rivaliser avec
« elle. N'était-il pas naturel qu'il cherchât à
« recouvrer le plus possible du pouvoir qu'il
« avait perdu? N'était-ce pas vous qui lui aviez
« ouvert cette lice, et qui l'aviez appelé à y
« lutter avec la puissance législative? Eh bien!
« dans cette lice, il a été vaincu; il est seul,
« désarmé, abattu aux pieds de vingt-cinq mil-
« lions d'hommes, et ces vingt-cinq millions

« d'hommes auraient l'inutile lâcheté d'immo-
« ler le vaincu! D'ailleurs, ajoutait Rouzet,
« cet éternel penchant à dominer, penchant
« qui remplit le cœur de tous les hommes,
« Louis XVI ne l'avait-il pas réprimé dans le
« sien, plus qu'aucun souverain du monde?
« N'a-t-il pas fait en 1789 un sacrifice volon-
« taire d'une partie de son autorité? N'a-t-il
« pas renoncé à une partie des droits que ses
« prédécesseurs s'étaient permis d'exercer?
« N'a-t-il pas aboli la servitude dans ses domai-
« nes? N'a-t-il pas appelé dans ses conseils les
« ministres philosophes, et jusqu'à ces empi-
« riques que la voix publique lui désignait?
« N'a-t-il pas convoqué les états-généraux, et
« rendu au tiers-état une partie de ses droits?»

Faure, député de la Seine-Inférieure, avait montré plus de hardiesse encore. Se rappelant la conduite de Louis XVI, il avait osé en réveiller le souvenir. « La volonté du peuple,
« avait-il dit, aurait pu sévir contre Titus, aussi
« bien que contre Néron, et elle aurait pu lui
« trouver des crimes, ne fussent que ceux
« commis devant Jérusalem. Mais où sont ceux
« que vous imputez à Louis XVI? J'ai mis
« toute mon attention aux pièces lues contre
« lui; je n'y ai trouvé que la faiblesse d'un
« homme qui se laisse aller à toutes les espé-

« rances qu'on lui donne de recouvrer son an-
« cienne autorité; et je soutiens que tous les
« monarques morts dans leur lit étaient plus
« coupables que lui. Le bon Louis XII même,
« en sacrifiant en Italie cinquante mille Fran-
« çais pour sa querelle particulière, était mille
« fois plus criminel! Liste civile, véto, choix
« de ses ministres, femmes, parents, courti-
« sans, voilà les séducteurs de Capet! et quels sé-
« ducteurs! J'invoque Aristide, Épictète; qu'ils
« me disent si leur fermeté eût tenu à de telles
« épreuves! C'est sur le cœur des débiles mor-
« tels que je fonde mes principes ou mes er-
« reurs. Élevez-vous donc à toute la grandeur
« de la souveraineté nationale; concevez tout
« ce qu'une telle puissance doit comporter de
« magnanimité. Appelez Louis XVI, non comme
« un coupable, mais comme un Français, et
« dites-lui : Ceux qui t'avaient jadis élevé sur
« le pavois, et nommé leur roi, te déposent
« aujourd'hui : tu avais promis d'être leur père,
« et tu ne le fus pas..... Répare, par tes ver-
« tus comme citoyen, la conduite que tu as
« tenue comme roi. »

Dans l'extraordinaire exaltation des esprits, chacun était conduit à envisager la question sous des rapports différents. Fauchet, ce prêtre constitutionnel qui s'était rendu célèbre en

1789, pour avoir porté dans la chaire le langage de la révolution, avait demandé si la société avait le droit de porter la peine de mort[*].
« La société, avait-il dit, a-t-elle le droit d'ar-
« racher à un homme la vie qu'elle ne lui a pas
« donnée? Sans doute elle doit se conserver;
« mais est-il vrai qu'elle ne le puisse que par
« la mort du coupable? Et si elle le peut par
« d'autres moyens, n'a-t-elle pas le droit de les
« employer? Dans cette cause, ajoutait-il, plus
« que dans aucune autre, cette vérité est sur-
« tout applicable. Quoi! c'est pour l'intérêt
« public, c'est pour l'affermissement de la ré-
« publique naissante que vous allez immoler
« Louis XVI! Mais sa famille entière mourra-
« t-elle du même coup qui le frappera lui-même?
« D'après le système de l'hérédité, un roi ne suc-
« cède-t-il pas immédiatement à un autre? Êtes-
« vous débarrassés, par la mort de Louis XVI,
« des droits qu'une famille entière croit avoir
« reçus d'une possession de plusieurs siècles?
« La destruction d'un seul est donc inutile. Au
« contraire, laissez subsister le chef actuel qui
« ferme tout accès aux autres; laissez-le exis-
« ter avec la haine qu'il inspire à tous les aris-
« tocrates pour ses incertitudes, ses conces-

[*] Séance du 13 novembre

« sions; laissez-le exister avec sa réputation de
« faiblesse, avec l'avilissement de sa défaite, et
« vous aurez moins à le craindre que tout au-
« tre. Laissez ce roi détrôné errer dans le vaste
« sein de votre république, sans ce cortége
« de grandeur qui l'entourait; montrez com-
« bien un roi est peu de chose réduit à lui-
« même; témoignez un profond dédain pour
« le souvenir de ce qu'il fut, et ce souvenir ne
« sera plus à craindre; vous aurez donné une
« grande leçon aux hommes; vous aurez fait
« pour la république, sa sûreté et son instruc-
« tion, plus qu'en versant un sang qui ne vous
« appartient pas. Quant au fils de Louis XVI,
« ajoute Fauchet, s'il peut devenir un homme,
« nous en ferons un citoyen, comme le jeune
« Égalité. Il combattra pour la république, et
« nous n'aurons pas peur qu'un seul soldat de
« la liberté le seconde jamais, s'il avait la dé-
« mence de vouloir devenir un traître à la pa-
« trie. Montrons ainsi aux peuples que nous
« ne craignons rien; engageons-les à nous imi-
« ter; que tous ensemble ils forment un con-
« grès européen, qu'ils déposent leurs souve-
« rains, qu'ils envoient ces êtres chétifs traîner
« leur vie obscure le long des républiques, et
« qu'ils leur donnent même de petites pensions,
« car ces êtres-là sont si dénués de facultés,

« que le besoin même ne leur apprendrait pas
« à gagner du pain ! Donnez donc ce grand
« exemple de l'abolition d'une peine barbare.
« Supprimez ce moyen inique de l'effusion du
« sang, et surtout guérissez le peuple du be-
« soin qu'il a de le répandre. Tâchez d'apaiser
« en lui cette soif que des hommes pervers
« voudraient exciter pour s'en servir à boule-
« verser la république. Songez que des hommes
« barbares vous demandent encore cent cin-
« quante mille têtes, et qu'après leur avoir ac-
« cordé celle du ci-devant roi, vous ne pourrez
« leur en refuser aucune. Empêchez des crimes
« qui agiteraient pour long-temps le sein de la
« république, déshonoreraient la liberté, ra-
« lentiraient ses progrès, et nuiraient à l'accé-
« lération du bonheur du monde. »

Cette discussion avait duré depuis le 13 jusqu'au 30 novembre, et avait excité une agitation générale. Ceux dont le nouvel ordre de
choses n'avait pas entièrement saisi l'imagination, et qui conservaient quelque souvenir de
1789, de la bonté du monarque, de l'amour
qu'on lui porta, ne pouvaient comprendre que
ce roi, tout-à-coup transformé en tyran, fût
dévoué à l'échafaud. En admettant même ses
intelligences avec l'étranger, ils imputaient cette
faute à sa faiblesse, à ses entours, à cet invin-

cible amour du pouvoir héréditaire, et l'idée d'un supplice infame les révoltait. Cependant ils n'osaient pas prendre ouvertement la défense de Louis XVI. Le péril récent auquel nous venions d'être exposés par l'invasion des Prussiens, l'opinion généralement répandue que la cour était la cause secrète de cet envahissement de nos frontières, avaient excité une irritation qui retombait sur l'infortuné monarque, et contre laquelle on n'osait pas s'élever. On se contentait de résister d'une manière générale contre ceux qui demandaient des vengeances; on les peignait comme des instigateurs de troubles, comme des septembriseurs, qui voulaient couvrir la France de sang et de ruines. Sans défendre nommément Louis XVI, on demandait la modération envers les ennemis vaincus. On se recommandait d'être en garde contre une énergie hypocrite, qui, en paraissant défendre la république par des supplices, ne cherchait qu'à l'asservir par la terreur, ou à la compromettre envers l'Europe. Les girondins n'avaient pas encore pris la parole. On supposait, plutôt qu'on ne connaissait, leur opinion, et la Montagne, pour avoir occasion de les accuser, prétendait qu'ils voulaient sauver Louis XVI. Cependant ils étaient incertains dans cette cause. D'une part, rejetant l'inviolabilité, et regardant Louis XVI comme complice de l'invasion étrangère, de l'autre, émus en présence d'une grande infortune, et portés en toute occasion à s'opposer à la violence de leurs adversaires, ils ne savaient quel parti prendre, et ils gardaient un silence équivoque et menaçant.

Une autre question agitait en ce moment les esprits, et ne produisait pas moins de troubles que la précédente : c'était celle des subsistances, qui avaient été une grande cause de discorde à toutes les époques de la révolution.

On a déjà vu combien d'inquiétudes et de peines elles avaient causées à Bailly et à Necker, pendant les premiers temps de 1789. Les mêmes difficultés se présentaient plus grandes encore à la fin de 1792, accompagnées des mouvements les plus dangereux. La suspension du commerce pour tous les objets qui ne sont pas de première nécessité, peut bien faire souffrir l'industrie, et à la longue agir sur les classes ouvrières; mais quand le blé, premier aliment, vient à manquer, le trouble et le désordre s'ensuivent immédiatement. Aussi l'ancienne police avait-elle rangé le soin des subsistances au rang de ses attributions, comme un des objets qui intéressaient le plus la tranquillité publique.

Les blés ne manquaient pas en 1792; mais la récolte avait été retardée par la saison, et en outre le battage des grains avait été différé par le défaut de bras. Cependant la plus grande cause de disette était ailleurs. En 1792 comme en 1789, le défaut de sûreté, la crainte du pillage sur les routes, et des vexations dans les marchés, empêchaient les fermiers d'apporter leurs denrées. On avait crié aussitôt à l'accaparement. On s'était élevé surtout contre ces riches fermiers qu'on appelait des aristocrates, et dont les fermages trop étendus devaient, disait-on, être divisés. Plus on s'irritait contre eux, moins ils étaient disposés à se montrer dans les marchés, et plus la disette augmentait. Les assignats avaient aussi contribué à la produire. Beaucoup de fermiers, qui ne vendaient que pour amasser, ne voulaient pas accumuler un papier variable, et préféraient garder leurs grains. En outre, comme le blé devenait chaque jour plus rare et les assignats plus abondants, la disproportion entre le signe et la chose s'était constamment accrue, et le renchérissement augmentait d'une manière de plus en plus sensible. Par un accident ordinaire dans toutes les disettes, la prévoyance étant éveillée par la crainte, chacun voulait faire des approvisionnements; les familles, les municipalités, le gouvernement, faisaient des achats considérables, et rendaient ainsi la denrée encore plus rare et plus chère. A Paris surtout, la municipalité commettait un abus très-grave et très-ancien : elle achetait des blés dans les départements voisins, et les vendait au-dessous du prix, dans la double intention de soulager le peuple et de se populariser encore davantage. Il résultait de cela, que les marchands, écrasés par la rivalité, se retiraient du marché, et que la population des campagnes, attirée par le bas prix, venait absorber une partie des subsistances rassemblées à grands frais par la police. Ces mauvaises mesures, inspirées par de fausses idées économiques et par une ambition de popularité excessive, tuaient le commerce, nécessaire surtout à Paris, où il faut accumuler sur un petit espace une quantité de grains plus grande que nulle autre part. Les causes de la disette étaient donc très-multipliées : d'abord la terreur des fermiers qui s'éloignaient des marchés, le renchérissement provenant des assignats, la fureur de s'approvisionner, et enfin l'intervention de la municipalité parisienne, qui troublait le commerce par sa puissante concurrence.

Dans des difficultés pareilles, il est facile de deviner quel parti devaient prendre les deux classes d'hommes qui se partageaient la souveraineté de la France. Les esprits violents qui avaient jusqu'ici voulu écarter toute opposition en détruisant les opposants; qui, pour empêcher les conspirations, avaient immolé tous ceux qu'ils suspectaient de leur être contraires, de tels esprits ne concevaient, pour terminer la disette, qu'un moyen, c'était toujours la force. Ils voulaient qu'on arrachât les fermiers à leur inertie, qu'on les obligeât à se rendre dans les marchés, que là ils fussent contraints de vendre leurs denrées à un prix fixé par les communes; que les grains ne quittassent pas les lieux, et n'allassent pas s'accumuler dans les greniers de ce qu'on appelait les accapareurs. Ils demandaient donc la présence forcée des commerçants dans les marchés, la taxe des prix ou *maximum*, la prohibition de toute circulation, enfin l'obéissance du commerce à leurs désirs, non par l'attrait ordinaire du gain, mais par la crainte des peines et de la mort.

Les esprits modérés désiraient au contraire qu'on laissât le commerce reprendre son cours, en dissipant les craintes des fermiers, en les laissant libres de fixer leurs prix, en leur présentant l'attrait d'un échange libre, sûr et avantageux, en permettant la circulation d'un département à l'autre, pour pouvoir secourir ceux qui ne produisaient pas de blé. Ils proscrivaient ainsi la taxe, les prohibitions de toute espèce, et réclamaient avec les économistes l'entière liberté du commerce des grains dans l'étendue de la France. D'après l'avis de Barbaroux, assez versé dans ces matières, ils demandaient que l'exportation à l'étranger fût soumise à un droit qui augmenterait quand les prix viendraient à s'élever, et qui rendrait ainsi la sortie plus difficile quand la présence de la denrée serait plus nécessaire. Ils n'admettaient l'intervention administrative que pour l'établissement de certains marchés, destinés aux cas extraordinaires. Ils ne voulaient employer la sévérité que contre les perturbateurs qui violenteraient les fermiers sur les routes ou dans les marchés; ils rejetaient enfin l'emploi des châtiments à l'égard du commerce, car la crainte peut être un moyen de répression, mais elle n'est jamais un moyen d'action; elle paralyse, mais elle n'anime pas les hommes.

Quand un parti devient maître dans un état, il se fait gouvernement, et bientôt forme les vœux et contracte les préjugés ordinaires de tout gouvernement; il veut à tout prix faire avancer toutes choses, et employer la force comme moyen universel. C'est ainsi que les ardents amis de la liberté avaient pour les systèmes prohibitifs la prédilection de tous les gouvernements, et qu'ils trouvaient pour adversaires ceux qui, plus modérés, voulaient non seulement la liberté dans le but, mais dans les moyens, et réclamaient sûreté pour leurs ennemis, lenteur dans les formes de la justice, et liberté absolue du commerce.

Les girondins faisaient donc valoir tous les systèmes imaginés par les esprits spéculatifs contre la tyrannie administrative; mais ces nouveaux économistes, au lieu de rencontrer, comme autrefois, un gouvernement honteux de lui-même, et toujours condamné par l'opinion, trouvaient des esprits enivrés de l'idée du salut public, et qui croyaient que la force employée pour ce but n'était que l'énergie du bien.

Cette discussion amenait un autre sujet de graves reproches : Roland accusait tous les jours la commune de malverser dans les subsistances, et de les faire renchérir à Paris, en réduisant les prix par une vaine ambition de popularité. Les montagnards répondaient à Roland, en l'accusant lui-même d'abuser de sommes considérables, affectées à son ministère pour l'achat des grains, d'être le chef des accapareurs, et de se faire le véritable dictateur de la France, en s'emparant des subsistances.

Tandis que pour ce sujet on disputait dans l'assemblée, on se révoltait dans certains départements, et particulièrement dans celui d'Eure-et-Loir. Le peuple des campagnes, excité par le défaut de pain, par les instigations des curés, reprochait à la convention d'être la cause de tous ses maux; et tandis qu'il se plaignait de ce qu'elle ne voulait pas taxer les grains, il l'accusait en même temps de vouloir détruire la religion. C'est Cambon qui était cause de ce dernier reproche. Passionné pour les économies qui ne portaient pas sur la guerre, il avait annoncé qu'on supprimerait les frais du culte, et que ceux qui *voudraient la messe la paieraient*. Aussi les insurgés ne manquaient pas de dire que la religion était perdue, et, par une contradiction singulière, ils reprochaient à la convention, d'une part la modération en matière de subsistances, et de l'autre la violence à l'égard du culte. Deux membres, envoyés par l'assemblée, trouvèrent aux environs de Courville un rassemblement de plusieurs mille paysans, armés de fourches et de fusils de chasse, et ils furent obligés, sous peine d'être assassinés, de signer la taxe des grains. Ils y

consentirent, et la convention les désapprouva.
Elle déclara qu'ils auraient dû mourir, et abolit
la taxe qu'ils avaient signée. On envoya la force
armée pour dissiper les rassemblements. Ainsi
commençaient les troubles de l'Ouest, par la
misère et l'attachement au culte.

Sur la proposition de Danton, l'assemblée,
pour apaiser le peuple de l'Ouest, déclara que
son intention n'était pas d'abolir la religion;
mais elle persista à repousser le *maximum*.
Ainsi, ferme encore au milieu des orages, et
conservant une suffisante liberté d'esprit, la
majorité conventionnelle se déclarait pour la
liberté du commerce contre les systèmes prohibitifs. Si on considère donc ce qui se passait
dans les armées, dans les administrations, dans
le procès de Louis XVI, on verra un spectacle
terrible et singulier. Les hommes ardents s'exaltent, et veulent recomposer en entier les armées et les administrations pour en écarter les
tièdes et les suspects; ils veulent employer la
force contre le commerce pour l'empêcher de
s'arrêter, et déployer des vengeances terribles
pour effrayer tout ennemi. Les hommes modérés, au contraire, craignaient de désorganiser
les armées en les renouvelant, de tuer le commerce en usant de contrainte, de soulever les
esprits en employant la terreur; mais leurs ad-

versaires s'irritent même de ces craintes, et s'exaltent d'autant plus dans le projet de tout renouveler, de tout forcer, de tout punir. Tel était le spectacle donné en ce moment par le côté gauche contre le côté droit de la convention.

La séance du 30 avait été fort agitée par les plaintes de Roland contre les fautes de la municipalité, en matière de subsistances, et par le rapport des commissaires envoyés dans le département d'Eure-et-Loir. Tout se rappelle à la fois quand on commence le compte de ses maux. D'une part, on avait rappelé les massacres, les écrits incendiaires, de l'autre, les incertitudes, les restes de royalisme, les lenteurs opposées à la vengeance nationale. Marat avait parlé et excité une rumeur générale. Robespierre prend la parole au milieu du bruit, et vient proposer, dit-il, un moyen plus puissant que tous les autres pour rétablir la tranquillité publique, un moyen qui ramènera au sein de l'assemblée l'impartialité et la concorde, qui confondra les ennemis de la convention nationale, qui imposera silence à tous les libellistes, à tous les auteurs de placards, et déjouera leurs calomnies. — Quel est, s'écrie-t-on, quel est ce moyen? — Robespierre reprend: «C'est de condamner de-
« main le tyran des Français à la peine de ses

« crimes, et de détruire ainsi le point de rallie-
« ment de tous les conspirateurs. Après-demain
« vous statuerez sur les subsistances, et le jour
« suivant vous poserez les bases d'une consti-
« tution libre. »

Cette manière tout à la fois emphatique et
astucieuse d'annoncer les moyens de salut, et
de les faire consister dans une mesure com-
battue par le côté droit, excite les girondins,
et les oblige à s'expliquer sur la grande question du procès. « Vous parlez du roi, dit Buzot;
« la faute des troubles est à ceux qui voudraient
« le remplacer. Lorsqu'il sera temps de s'ex-
« pliquer sur son sort, je saurai le faire avec
« la sévérité qu'il a méritée ; mais il ne s'agit
« pas de cela ici ; il s'agit des troubles, et ils
« viennent de l'anarchie ; l'anarchie vient de
« l'inexécution des lois. Cette inexécution sub-
« sistera tant que la convention n'aura rien fait
« pour assurer l'ordre. » Legendre succède aussitôt à Buzot, conjure ses collègues d'écarter
toute personnalité, de ne s'occuper que de la
chose publique et des séditions qui, n'ayant
d'autre objet que de sauver le roi, cesseront
quand il ne sera plus. Il propose donc à l'assemblée d'ordonner que les opinions préparées
sur le procès soient déposées sur le bureau,
imprimées, distribuées à tous les membres, et

qu'on décide ensuite si Louis XVI doit être jugé, sans perdre le temps à entendre de trop longs discours. Jean-Bon-Saint-André s'écrie qu'il n'est pas même besoin de ces questions préliminaires, et qu'il ne s'agit que de prononcer sur-le-champ la condamnation et la forme du supplice. La convention décrète enfin la proposition de Legendre, et l'impression de tous les discours. La discussion est ajournée au 3 décembre.

Le 3, on réclame de toutes parts la mise en cause, la rédaction de l'acte d'accusation, et la détermination des formes d'après lesquelles le procès doit s'instruire. Robespierre demande la parole, et quoiqu'il eût été décidé que toutes les opinions seraient imprimées et non lues, il obtient d'être entendu, parce qu'il voulait parler, non sur le procès, mais contre le procès lui-même, et pour une condamnation sans jugement.

Il soutient qu'instruire un procès, c'est ouvrir une délibération; que permettre de délibérer, c'est permettre le doute, et une solution même favorable à l'accusé. Or, mettre le crime de Louis XVI en problème, c'est accuser les Parisiens, les fédérés, tous les patriotes enfin qui ont fait la révolution du 10 août, c'est absoudre Louis XVI, les aristocrates, les puissances étrangères et leurs manifestes; c'est en un mot déclarer la royauté innocente et la république coupable.

« Voyez aussi, continue Robespierre, quelle
« audace ont acquise les ennemis de la liberté
« depuis que vous avez proposé ce doute! Dans
« le mois d'août dernier, les partisans du roi se
« cachaient. Quiconque eût osé entreprendre
« son apologie eût été puni comme un traître...
« Aujourd'hui, ils relèvent impunément un
« front audacieux; aujourd'hui, des écrits inso-
« lents inondent Paris et les départements; des
« hommes armés et appelés dans ces murs à
« votre insu, contre les lois, ont fait retentir
« cette cité de cris séditieux, et demandent l'im-
« punité de Louis XVI! Il ne vous reste plus qu'à
« ouvrir cette enceinte à ceux qui briguent
« déjà l'honneur de le défendre! Que dis-je! au-
« jourd'hui Louis partage les mandataires du
« peuple! On parle pour ou contre lui! Il y a
« deux mois, qui eût pu soupçonner qu'ici ce
« serait une question s'il était inviolable? Mais,
« ajoute Robespierre, depuis que le citoyen
« Pétion a présenté comme une question sé-
« rieuse, et qui devait être traitée à part, celle
« de savoir si le roi pouvait être jugé, les doc-
« trines de l'assemblée constituante ont reparu
« ici. O crime! ô honte! la tribune du peuple fran-

« çais a retenti du panégyrique de Louis XVI !
« Nous avons entendu vanter les vertus et les
« bienfaits du tyran. Tandis que nous avons eu
« la plus grande peine pour arracher les meil-
« leurs citoyens à l'injustice d'une décision pré-
« cipitée, la cause seule du tyran est tellement
« sacrée, qu'elle ne peut être ni assez longue-
« ment ni assez librement discutée ! Si nous en
« croyons ses apologistes, le procès durera plu-
« sieurs mois : il atteindra l'époque du prin-
« temps prochain, où les despotes doivent nous
« livrer une attaque générale. Et quelle car-
« rière ouverte aux conspirateurs ! quel aliment
« donné à l'intrigue et à l'aristocratie !

« Juste ciel ! les hordes féroces du despotisme
« s'apprêtent à déchirer de nouveau le sein de
« notre patrie au nom de Louis XVI ! Louis
« combat encore contre nous du fond de sa
« prison, et l'on doute s'il est coupable, s'il est
« permis de le traiter en ennemi ! On demande
« quelles sont les lois qui le condamnent ! On
« invoque en sa faveur la constitution !.... La
« constitution vous défendait ce que vous avez
« fait ; s'il ne pouvait être puni que de la dé-
« chéance, vous ne pouviez la prononcer sans
« avoir instruit son procès ; vous n'aviez point
« le droit de le retenir en prison ; il a celui de
« demander des dommages et intérêts et son

« élargissement : la constitution vous condamne ;
« allez aux pieds de Louis invoquer sa clé-
« mence ! »

Ces déclamations pleines de fiel, qui ne renfermaient rien que Saint-Just n'eût déjà dit, produisirent cependant une profonde sensation sur l'assemblée, qui voulut statuer séance tenante. Robespierre avait demandé que Louis XVI fût jugé sur-le-champ ; cependant plusieurs membres et Pétion s'obstinèrent à proposer qu'avant de fixer la forme du jugement, on prononçât au moins la mise en jugement ; car c'était là, disaient-ils, un préliminaire indispensable, quelque célérité qu'on voulût mettre dans cette procédure. Robespierre veut parler encore, et semble exiger la parole ; mais on s'irrite de son insolence, et on lui interdit la tribune. L'assemblée rend enfin le décret suivant :

« La convention nationale déclare que
« Louis XVI sera jugé par elle. » (3 décembre.)

Le 4, on met en discussion les formes du procès. Buzot, qui avait entendu beaucoup parler de royalisme, réclame la parole pour une motion d'ordre ; et pour écarter, dit-il, tout soupçon, il demande la peine de mort contre quiconque proposerait en France le rétablissement de la royauté. Ce sont là des

moyens que prennent souvent les partis pour prouver qu'ils sont incapables de ce dont on les accuse. Des applaudissements nombreux accueillent cette inutile proposition; mais les montagnards, qui, dans leur système, n'auraient pas dû l'empêcher, s'y opposent par humeur, et Bazire demande à la combattre. On crie *aux voix! aux voix!* Philipeaux s'unissant à Bazire, propose de ne s'occuper que de Louis XVI, et de tenir une séance permanente jusqu'à ce qu'il ait été jugé. On demande alors quel intérêt porte les opposants à repousser la proposition de Buzot, car il n'est personne qui puisse regretter la royauté. Lejeune réplique que c'est remettre en question ce qui a été décidé en abolissant la royauté. « Mais, dit Rewbel, il s'agit d'ajouter une dis-
« position pénale au décret d'abolition; ce n'est
« donc pas remettre en question une chose déjà
« décrétée. » Merlin, plus maladroit que ses prédécesseurs, veut un amendement, et propose de mettre une exception à l'application de la peine de mort, dans le cas où la proposition de rétablir la royauté serait faite dans les assemblées primaires. — A ces mots, des cris s'élèvent de toutes parts. Voilà, dit-on, le mystère découvert! On veut un roi, mais sorti des assemblées primaires, de ces assemblées

d'où se sont élevés Marat, Robespierre et Danton. — Merlin cherche à se justifier en disant qu'il a voulu rendre hommage à la souveraineté du peuple. On lui impose silence en le traitant de royaliste, et on propose de le rappeler à l'ordre. Guadet alors, avec une mauvaise foi que les hommes les plus honnêtes apportent quelquefois dans une discussion envenimée, soutient qu'il faut respecter la liberté des opinions, à laquelle on doit d'avoir découvert un secret important, et qui donne la clef d'une grande machination. — « L'assemblée, dit-il, ne doit pas regretter d'avoir entendu cet amendement, qui lui démontre qu'un nouveau despotisme doit succéder au despotisme détruit, et on doit remercier Merlin, loin de le rappeler à l'ordre. » Une explosion de murmures couvre la voix de Guadet. Bazire, Merlin, Robespierre, crient à la calomnie; et il est vrai que le reproche de vouloir substituer un roi plébéien au roi détrôné, était aussi absurde que celui de fédéralisme adressé aux girondins. L'assemblée décrète enfin la peine de mort contre quiconque voudrait rétablir en France la royauté, sous quelque dénomination que ce puisse être.

On revient aux formes du procès et à la proposition d'une séance permanente. Robespierre demande de nouveau que le jugement soit prononcé sur-le-champ. Pétion, victorieux encore par l'appui de la majorité, fait décider que la séance ne sera pas permanente, ni le jugement instantané, mais que l'assemblée s'en occupera tous les jours, et toute affaire cessante, de onze à six heures du soir.

Les jours suivants furent employés à la lecture des pièces trouvées chez Laporte, et d'autres trouvées plus récemment au château dans une armoire secrète, que le roi avait fait construire dans l'épaisseur d'une muraille. La porte en était en fer, d'où elle fut connue depuis sous le nom d'*armoire de fer*. L'ouvrier employé à la construire la dénonça à Roland, qui, empressé de vérifier le fait, eut l'imprudence de s'y rendre précipitamment, sans se faire accompagner de témoins pris dans l'assemblée, ce qui donna lieu à ses ennemis de dire qu'il avait soustrait une partie des papiers. Roland y trouva toutes les pièces relatives aux communications de la cour avec les émigrés et avec divers membres des assemblées. Les transactions de Mirabeau y furent connues, et la mémoire du grand orateur allait être proscrite, lorsqu'à la demande de Manuel, son admirateur passionné, on chargea le comité d'instruction publique de faire de ces documents un plus ample examen*. On nomma ensuite une commission pour faire, d'après ces pièces, un acte énonciatif des faits imputés à Louis XVI. Cet acte énonciatif, une fois rédigé, devait être approuvé par l'assemblée. Louis XVI devait ensuite comparaître en personne à la barre de la convention, et être interrogé par le président sur chaque article de l'acte énonciatif. Après sa comparution, deux jours lui étaient accordés pour se défendre, et le lendemain de sa défense, le jugement devait être prononcé par appel nominal. Le pouvoir exécutif était chargé de prendre toutes les mesures nécessaires pour assurer la tranquillité publique pendant la translation du roi à l'assemblée. Ces dispositions avaient été décrétées le 9.

Le 10, l'acte énonciatif fut présenté à l'assemblée, et la comparution de Louis XVI fut arrêtée pour le lendemain 11 décembre.

Ce monarque infortuné allait donc comparaître en présence de la convention nationale, et y subir un interrogatoire sur tous les actes

---

* Cette révélation eut lieu dans la séance du 5 décembre. On voulait briser immédiatement le buste de Mirabeau, et ordonner que ses cendres fussent enlevées du Panthéon; mais on se contenta ce jour-là de voiler son buste.

de son règne. La nouvelle du procès et de l'ordre de comparution avait pénétré jusqu'à Cléry, par les secrets moyens de correspondance qu'il s'était ménagés au dehors, et il ne l'avait transmise qu'en tremblant à cette famille désolée. N'osant la donner au roi lui-même, il la communiqua à Mme Élisabeth, et lui apprit en outre que pendant le procès la commune avait résolu de séparer Louis XVI de sa famille. Il convint avec la princesse d'un moyen de correspondre pendant cette séparation; ce moyen consistait dans l'envoi d'un mouchoir que Cléry, destiné à rester auprès du roi, devait faire parvenir aux princesses si Louis XVI était malade. Voilà tout ce que les malheureux prisonniers avaient la prétention de se communiquer les uns aux autres. Le roi fut averti par sa sœur de sa prochaine comparution, et de la séparation qu'on devait lui faire subir pendant le procès. Il reçut cette nouvelle avec une parfaite résignation, et se prépara à subir avec fermeté cette scène douloureuse.

La commune avait ordonné que dès le 11 au matin, tous les corps administratifs seraient en séance, que toutes les sections seraient armées, que la garde de tous les lieux publics, caisses, dépôts, etc., serait augmentée de deux cents hommes par poste, que des réserves nombreuses seraient placées sur divers points, avec une forte artillerie, et qu'une escorte d'élite accompagnerait la voiture.

Dès le 11 au matin, la générale annonça dans Paris cette scène si triste et si nouvelle. Des troupes nombreuses entouraient le Temple, et le bruit des armes et des chevaux arrivait jusqu'aux prisonniers, qui feignaient d'ignorer la cause de cette agitation. A neuf heures du matin, la famille, suivant l'usage, se rendit chez le roi, pour y déjeuner. Les officiers municipaux, plus vigilants que jamais, empêchaient par leur présence le moindre épanchement. Enfin on les sépara. Le roi demanda en vain qu'on lui laissât son fils encore quelques instants. Malgré sa prière, le jeune enfant lui fut enlevé, et il demeura seul environ deux heures. Alors le maire de Paris, le procureur de la commune arrivèrent, et lui communiquèrent l'arrêt de la convention qui le mandait à sa barre sous le nom de Louis Capet. — Capet, reprit le prince, est le nom de l'un de mes ancêtres, et n'est pas le mien. Il se leva ensuite, et se rendit dans la voiture du maire, qui l'attendait. Six cents hommes d'élite entouraient la voiture. Elle était précédée de trois pièces de canon et suivie de trois autres. Une nombreuse cavalerie formait l'avant-garde et l'arrière-garde. Une foule immense contemplait en silence ce triste cortége, et souffrait cette rigueur comme elle avait souffert si long-temps celles de l'ancien gouvernement. Il y eut quelques cris, mais fort rares. Le prince n'en fut point ému, et s'entretint paisiblement des objets qui étaient sur la route. Dès qu'on fut rendu aux Feuillants, on le déposa dans une salle, en attendant les ordres de l'assemblée.

Pendant ce temps on faisait diverses motions relativement à la manière de recevoir Louis XVI. On proposait qu'aucune pétition ne pût être entendue, qu'aucun député ne pût prendre la parole, qu'aucun signe d'improbation ou d'approbation ne pût être donné au roi. « Il faut, dit Legendre, l'effrayer par le silence des tombeaux. » Un murmure condamna ces paroles cruelles. Défermont demanda qu'on disposât un siége pour l'accusé. La proposition fut trouvée trop juste pour être mise aux voix, et on plaça un siége à la barre. Par une vanité ridicule, Manuel proposa de discuter la question à l'ordre du jour, pour n'avoir pas l'air de ne s'occuper que du roi, dût-on, ajouta-t-il, le faire attendre à la porte. On se mit donc à discuter une loi sur les émigrés.

Santerre annonce enfin l'arrivée de Louis XVI. Barrère est président. « Citoyens, dit-il, l'Eu-
« rope vous regarde. La postérité vous jugera
« avec une sévérité inflexible; conservez donc la
« dignité et l'impassibilité qui conviennent à des
« juges. Souvenez-vous du silence terrible qui
« accompagna Louis, ramené de Varennes. »

Louis paraît à la barre vers deux heures et demie. Le maire et les généraux Santerre et Wittengoff sont à ses côtés. Un silence profond règne dans l'assemblée. La dignité de Louis, sa contenance tranquille, dans une aussi grande infortune, touchent tout le monde. Les députés du milieu sont émus. Les girondins éprouvent un profond attendrissement. Saint-Just, Robespierre, Marat, sentent défaillir eux-mêmes leur fanatisme, et s'étonnent de trouver un homme dans le roi dont ils demandent le supplice.

— Asseyez-vous, dit Barrère à Louis, et répondez aux questions qui vont vous être adressées. Louis s'assied, et entend la lecture de l'acte énonciatif, article par article. Là, toutes les fautes de la cour étaient rappelées et rendues personnelles à Louis XVI. On lui reprochait l'interruption des séances le 20 juin 1789, le lit de justice tenu le 23 du même mois, la conspiration aristocratique déjouée par l'insurrection du 14 juillet, le repas des gardes-du-corps, les outrages faits à la cocarde nationale, le refus de sanctionner la déclaration des droits, ainsi que les divers articles constitutionnels, tous les faits enfin qui manifestaient une nouvelle conspiration en octobre, et qui furent suivis des scènes des 5 et 6; les discours de réconciliation qui avaient suivi toutes ces scènes, et qui promettaient un retour qui n'était pas sincère; le faux serment prêté à la fédération du 14 juillet; les menées de Talon et de Mirabeau pour opérer une contre-révolution; l'argent donné pour corrompre une foule de députés; la réunion des chevaliers du Poignard le 28 février 1791; la fuite à Varennes; la fusillade du Champ-de-Mars; le silence gardé sur la convention de Pilnitz; le retard apporté à la promulgation du décret qui réunissait Avignon à la France; les mouvements de Nîmes, Montauban, Mende, Jallès; la continuation de paie accordée aux gardes-du-corps émigrés et à la garde constitutionnelle licenciée; la correspondance secrète avec les princes émigrés; l'insuffisance des armées réunies sur la frontière; le refus de sanctionner le décret pour le camp de vingt mille hommes; le désarmement de toutes les places fortes; l'annonce tardive de la marche des Prussiens; l'organisation de compagnies secrètes dans l'intérieur de Paris; la revue des

CONVENTION NATIONALE (1792).   351
Suisses et des troupes qui formaient la garnison

Suisses et des troupes qui formaient la garnison du château le matin du 10 août; le doublement de cette garde; la convocation du maire aux Tuileries; enfin l'effusion du sang qui avait été la suite de ces dispositions militaires.

Si l'on n'admettait pas comme naturel le regret de son ancienne puissance, tout dans la conduite du roi pouvait être tourné à crime; car sa conduite n'était qu'un long regret, mêlé de quelques efforts timides pour recouvrer ce qu'il avait perdu. A chaque article le président s'arrêtait en disant : *Qu'avez-vous à répondre?* Le roi, répondant toujours d'une voix assurée, avait nié une partie des faits, rejeté l'autre partie sur ses ministres, et s'était appuyé constamment sur la constitution, de laquelle il assurait ne s'être jamais écarté. Ses réponses avaient toujours été mesurées. Mais à cette interpellation, *Vous avez fait couler le sang du peuple au 10 août*, il s'écria d'une voix forte : Non, monsieur, non, ce n'est pas moi!

On lui montra ensuite toutes les pièces, et, usant d'un respectable privilége, il refusa d'en avouer une partie, et il contesta l'existence de l'armoire de fer. Cette dénégation produisit un effet défavorable, et elle était impolitique, car le fait était démontré. Il demanda ensuite une copie de l'acte d'accusation ainsi que des pièces, et un conseil pour l'aider dans sa défense.

Le président lui signifia qu'il pouvait se retirer. On lui fit prendre quelques rafraichissements dans la salle voisine, et, le faisant remonter en voiture, on le ramena au Temple. Il y arriva à six heures et demie, et son premier soin fut de demander à revoir sa famille; on le lui refusa, en disant que la commune avait ordonné la séparation pendant la durée de la procédure. A huit heures et demie, lorsqu'on lui annonça le moment du souper, il demanda de nouveau à embrasser ses enfants. Les ombrages de la commune rendaient tous les gardiens barbares, et on lui refusa encore cette consolation.

Pendant ce temps l'assemblée était livrée au tumulte, par suite de la demande d'un conseil que Louis XVI avait faite. Treilhard, Pétion insistaient avec force pour que cette demande fût accordée : Tallien, Billaud-Varennes, Chabot, Merlin, s'y opposaient, en disant qu'on allait encore différer le jugement par des chicanes. Enfin l'assemblée accorda un conseil. Une députation fut chargée d'aller l'apprendre à Louis XVI, et de lui demander sur qui tomberait son choix. Le roi désigna Target; ou à son défaut Tronchet, et tous deux s'il était possible. Il demanda en outre qu'on lui don-

nât de l'encre, des plumes et du papier, pour travailler à sa défense, et qu'on lui permît de voir sa famille. La convention décida sur-le-champ qu'on lui donnerait tout ce qui était nécessaire pour écrire, qu'on avertirait les deux défenseurs dont il avait fait choix, qu'il lui serait permis de communiquer librement avec eux, et qu'il pourrait voir sa famille.

Target refusa la commission dont le chargeait Louis XVI, en donnant pour raison que depuis 1785 il ne pouvait plus se livrer à la plaidoirie. Tronchet écrivit sur-le-champ qu'il était prêt à accepter la défense qui lui était confiée; et, tandis qu'on s'occupait à désigner un nouveau conseil, on reçut une lettre écrite par un citoyen de soixante-dix ans, par le vénérable Malesherbes, ami et compagnon de Turgot, et le magistrat le plus respecté de la France. Le noble vieillard écrivait au président : « J'ai été appelé deux fois au conseil de « celui qui fut mon maître, dans le temps que « cette fonction était ambitionnée par tout le « monde : je lui dois le même service lorsque « c'est une fonction que bien des gens trouvent dangereuse. »

Il priait le président d'avertir Louis XVI qu'il était prêt à se dévouer à sa défense.

Beaucoup d'autres citoyens firent la même

offre, et on en instruisit le roi. Il les remercia tous, et n'accepta que Tronchet et Malesherbes. La commune décida que les deux défenseurs seraient fouillés jusque dans les endroits les plus secrets, avant de pénétrer auprès de leur client. La convention, qui avait ordonné *la libre communication*, renouvela son ordre, et ils purent entrer librement dans le Temple. En voyant Malesherbes, le roi courut au-devant de lui : le vénérable vieillard tomba à ses pieds en fondant en larmes. Le roi le releva, et ils demeurèrent long-temps embrassés. Ils commencèrent aussitôt à s'occuper de la défense. Des commissaires de l'assemblée apportaient tous les jours au Temple les pièces, et avaient ordre de les communiquer, sans jamais s'en dessaisir. Le roi les compulsait avec beaucoup d'attention, et avec un calme qui chaque fois étonnait davantage les commissaires.

La seule consolation qu'il eût demandée, celle de voir sa famille, ne lui était point accordée, malgré le décret de la convention. La commune, y mettant toujours obstacle, avait demandé le rapport de ce décret. — Vous aurez beau l'ordonner, dit Tallien à la convention, si la commune ne le veut pas, cela ne sera pas. Ces insolentes paroles excitèrent un grand tumulte. Cependant l'assemblée, modifiant son

décret, ordonna que le roi pourrait avoir ses deux enfants auprès de lui, mais à condition que les enfants ne retourneraient plus auprès de leur mère pendant tout le procès. Le roi, sentant qu'ils étaient plus nécessaires à leur mère, ne voulut pas les lui enlever, et se soumit à cette nouvelle douleur avec une résignation qu'aucun événement ne pouvait altérer.

A mesure que le procès s'avançait, on sentait davantage l'importance de la question. Les uns comprenaient que procéder par le régicide envers l'ancienne royauté, c'était s'engager dans un système inexorable de vengeances et de cruautés, et déclarer une guerre à mort à l'ancien ordre de choses, qu'ils voulaient bien abolir, mais non pas détruire d'une manière aussi violente. Les autres au contraire désiraient cette guerre à mort, qui n'admettait plus ni faiblesse ni retour, et creusait un abîme entre la monarchie et la révolution. La personne du roi disparaissait presque dans cette immense question, et on n'examinait plus qu'une chose, savoir s'il fallait ou ne fallait pas rompre entièrement avec le passé par un acte éclatant et terrible. On ne voyait que le résultat, et on perdait de vue la victime sur laquelle allait tomber le coup.

Les girondins, constants à poursuivre les jacobins, leur rappelaient sans cesse les crimes de septembre, et les présentaient comme des anarchistes qui voulaient dominer la convention par la terreur, et immoler le roi pour le remplacer par les triumvirs. Guadet réussit presque à les expulser de la convention, en faisant décréter que les assemblées électorales de toute la France seraient convoquées pour confirmer ou révoquer leurs députés. Cette proposition décrétée et rapportée en quelques minutes avait singulièrement effrayé les jacobins. D'autres circonstances les inquiétaient bien plus encore. Les fédérés continuaient d'arriver de toutes parts. Les municipalités envoyaient une multitude d'adresses dans lesquelles, en approuvant la république et en félicitant l'assemblée de l'avoir instituée, elles condamnaient les crimes et les excès de l'anarchie. Les sociétés affiliées reprochaient toujours à la société-mère d'avoir dans son sein des hommes de sang qui pervertissaient la morale publique, et voulaient attenter à la sûreté de la convention. Quelques-unes reniaient leur mère, déclaraient ne plus vouloir de l'affiliation, et annonçaient qu'au premier signal elles voleraient à Paris pour soutenir l'assemblée. Toutes demandaient surtout la radiation de

Marat, et quelques-unes celle de Robespierre lui-même.

Les jacobins désolés avouaient que l'opinion se corrompait en France ; ils se recommandaient de se tenir unis, de ne pas perdre de temps pour écrire dans les provinces, et éclairer leurs frères égarés ; ils accusaient le traître Roland d'arrêter leur correspondance, et d'y substituer des écrits hypocrites qui pervertissaient les esprits. Ils proposaient un don volontaire pour répandre les bons écrits, et particulièrement les *admirables* discours de Robespierre, et ils cherchaient les moyens de les faire parvenir malgré Roland, qui violait, disaient-ils, la liberté des postes. Cependant ils convenaient d'une chose, c'est que Marat les compromettait par la violence de ses écrits ; et il fallait, suivant eux, que la société-mère apprît à la France quelle différence elle mettait entre Marat, que son tempérament enflammé emportait au-delà des bornes, et le sage, le vertueux Robespierre, qui, toujours dans la véritable limite, voulait sans faiblesse, mais sans exagération, ce qui était juste et possible. Une forte dispute s'était engagée sur ces deux hommes. On avait reconnu que Marat était une tête forte et hardie, mais trop emportée. Il avait été utile, disait-on, à la cause du peuple, mais il ne savait pas s'arrêter. Les partisans de Marat avaient répondu qu'il ne croyait pas nécessaire d'exécuter tout ce qu'il avait dit, et qu'il sentait mieux que personne le terme où il fallait s'arrêter. Ils citaient diverses paroles de lui. Marat avait dit : « *Il ne faut qu'un Marat dans la* « *république. — Je demande le plus pour ob-* « *tenir le moins. — Ma main sécherait plutôt* « *que d'écrire, si je croyais que le peuple exé-* « *cutât à la lettre tout ce que je lui conseille.* « *— Je surfais au peuple, parce que je sais* « *qu'il me marchande.* » Les tribunes avaient appuyé cette justification de Marat par leurs applaudissements. Pourtant la société avait résolu de faire une adresse, dans laquelle, décrivant le caractère de Marat et de Robespierre, elle montrerait quelle différence elle faisait entre la sagesse de l'un et la véhémence de l'autre*. Après cette mesure, on en proposa plusieurs autres, et surtout on se promit de demander continuellement le départ des fédérés pour la frontière. Si on apprenait en effet que l'armée de Dumouriez s'affaiblissait par la désertion, les jacobins s'écriaient que le renfort des fédérés lui était indispensable. Marat écrivait que depuis plus d'un an on retenait les

* Voyez la note 6 à la fin du 4e volume.

volontaires qui étaient partis les premiers, et qu'il était temps de les remplacer par ceux qui séjournaient à Paris; on venait d'apprendre que Custine avait été obligé d'abandonner Francfort, que Beurnonville avait inutilement attaqué l'électorat de Trèves, et les jacobins soutenaient que, si ces deux généraux avaient eu avec eux les fédérés qui remplissaient inutilement la capitale, ils n'eussent pas essuyé cet échec.

Les diverses nouvelles de l'inutile tentative de Beurnonville et de l'échec de Custine avaient singulièrement agité l'opinion. Elles étaient faciles à prévoir, car Beurnonville, attaquant par une mauvaise saison, et sans moyens suffisants, des positions inabordables, ne pouvait réussir; et Custine, s'obstinant à ne pas reculer spontanément sur le Rhin, pour ne pas avouer sa témérité, devait infailliblement être réduit à une retraite à Mayence. Les malheurs publics sont pour les partis une occasion de reproche. Les jacobins, qui n'aimaient pas les généraux suspects d'aristocratie, déclamèrent contre eux, et les accusèrent d'être feuillants et girondins. Marat ne manqua pas de s'élever de nouveau contre la fureur des conquêtes, qu'il avait, disait-il, toujours blâmée, et qui n'était qu'une ambition déguisée des généraux pour arriver à un degré de puissance redoutable. Robespierre, dirigeant le reproche selon les inspirations de sa haine, soutint que ce n'était pas les généraux qu'il fallait accuser, mais la faction infame qui dominait l'assemblée, et le pouvoir exécutif. Le perfide Roland, l'intrigant Brissot, les scélérats Louvet, Guadet, Vergniaud, étaient les auteurs de tous les maux de la France. Il demandait à être le premier assassiné par eux; mais il voulait avant tout avoir le plaisir de les dénoncer. Dumouriez et Custine, ajoutait-il, les connaissaient et se gardaient bien de se ranger avec eux; mais tout le monde les craignait, parce qu'ils disposaient de l'or, des places et de tous les moyens de la république. Leur intention était de l'asservir, et pour cela ils enchaînaient tous les vrais patriotes, ils empêchaient le développement de leur énergie, et exposaient ainsi la France à être vaincue par ses ennemis. Leur intention était principalement de détruire la société des jacobins, et de poignarder quiconque aurait le courage de résister. — « Et pour moi, s'écriait Robespierre, je demande à être assassiné par Roland! » (*Séance des Jacobins du 12 décembre.*)

Cette haine furibonde, se communiquant à toute la société, la soulevait comme une mer orageuse. On se promettait un combat à mort contre la faction; on repoussait d'avance toute idée de réconciliation, et comme il avait été question d'un nouveau projet de transaction, on s'engageait à refuser à jamais le *baiser Lamourette*.

Les mêmes scènes se reproduisaient dans l'assemblée pendant le délai qui avait été accordé à Louis XVI pour préparer sa défense. On ne manquait pas d'y répéter que partout les royalistes menaçaient les patriotes, et répandaient des pamphlets en faveur du roi. Thuriot proposa un moyen, c'était de punir de mort quiconque méditerait de rompre l'unité de la république ou d'en détacher quelque partie. C'était là un décret contre la fable du fédéralisme, c'est-à-dire contre les girondins. Buzot se hâte de répondre par un autre projet de décret, et demande l'exil de la famille d'Orléans. Les partis échangent les faussetés, et se vengent des calomnies par d'autres calomnies. Tandis que les jacobins accusaient les girondins de fédéralisme, ceux-ci reprochaient aux premiers de destiner le duc d'Orléans au trône, et de ne vouloir immoler Louis XVI que pour rendre la place vacante.

Le duc d'Orléans existait à Paris, s'efforçant en vain de se faire oublier dans le sein de la convention. Cette place sans doute ne lui convenait pas au milieu de furieux démagogues; mais où fuir? En Europe, l'émigration l'attendait, et les outrages, peut-être même les supplices, menaçaient ce parent de la royauté qui avait répudié sa naissance et son rang. En France, il s'efforçait de cacher son rang sous les titres les plus humbles, et il se nommait *Égalité*. Mais il restait l'ineffaçable souvenir de son ancienne existence, et le témoignage toujours présent de ses immenses richesses. A moins de prendre les haillons, de se rendre méprisable à force de cynisme, comment échapper aux soupçons? Dans les rangs girondins, il eût été perdu dès le premier jour, et tous les reproches de royalisme qu'on leur faisait eussent été justifiés. Dans ceux des jacobins, il avait la violence de Paris pour appui; mais il ne pouvait pas échapper aux accusations des girondins, et c'est ce qui lui arriva en effet. Ceux-ci, ne lui pardonnant pas de se ranger avec leurs ennemis, supposaient que, pour se rendre supportable, il prodiguait ses trésors aux anarchistes, et leur fournissait le secours de sa puissante fortune.

L'ombrageux Louvet croyait mieux, et s'imaginait sincèrement qu'il nourrissait toujours l'espoir de la royauté. Sans partager cette opinion, mais pour combattre la sortie de Thuriot par une autre, Buzot monte à la tribune. « Si « le décret proposé par Thuriot doit ramener « la confiance, je vais, dit-il, vous en proposer « un qui ne la ramènera pas moins. La monar-« chie est renversée, mais elle vit encore dans « les habitudes, dans les souvenirs de ses an-« ciennes créatures. Imitons les Romains; ils « ont chassé Tarquin et sa famille : comme eux, « chassons la famille des Bourbons. Une partie « de cette famille est dans les fers, mais il en « est une autre bien plus dangereuse, parce « qu'elle fut plus populaire, c'est celle d'Or-« léans. Le buste d'Orléans fut promené dans « Paris; ses fils, bouillants de courage, se dis-« tinguent dans nos armées, et les mérites « même de cette famille la rendent dangereuse « pour la liberté. Qu'elle fasse un dernier sa-« crifice à la patrie en s'exilant de son sein; « qu'elle aille porter ailleurs le malheur d'avoir « approché du trône, et le malheur plus grand « encore de porter un nom qui nous est odieux, « et dont l'oreille d'un homme libre ne peut « manquer d'être blessée. » Louvet succédant à Buzot, et s'adressant à d'Orléans lui-même, lui cite l'exil volontaire de Collatin, et l'engage à l'imiter. Lanjuinais rappelle les élections de Paris dont Égalité fait partie, et qui se firent sous le poignard de la faction anarchique; il rappelle les efforts qu'on a tentés pour nommer ministre de la guerre un chancelier de la maison d'Orléans, l'influence que les fils de cette famille ont acquise dans les armées; et, par toutes ces raisons, il demande le bannissement des Bourbons. Bazire, Saint-Just, Chabot s'y refusent, plutôt par opposition aux girondins que par intérêt pour d'Orléans. Ils soutiennent que ce n'est pas le moment de sévir contre le seul des Bourbons qui se soit loyalement conduit envers la nation; qu'il faut d'abord punir le Bourbon prisonnier, faire ensuite la constitution, et qu'après on s'occupera des citoyens devenus dangereux; qu'au reste, envoyer d'Orléans hors de France, c'est l'envoyer à la mort, et qu'il faut au moins ajourner cette cruelle mesure. Néanmoins le bannissement est décrété par acclamation. Il ne s'agit plus que de décider l'époque du bannissement en rédigeant le décret. — Puisque vous employez l'ostracisme contre Égalité, dit Merlin, employez-le contre tous les hommes dangereux, et tout d'abord je le demande contre le pouvoir exécutif. — Contre Roland! s'écrie Albitte. — Contre Roland et Pache! ajoute Barrère, qui sont devenus une cause de division parmi nous. Qu'ils soient bannis l'un et l'autre du ministère, pour nous rendre le calme et l'union. — Cependant Kersaint craint que l'Angleterre ne profite de cette désorganisation du ministère pour nous faire une guerre désastreuse, comme elle fit en 1757, lorsque d'Argenson et Machau furent disgraciés.

Rewbel demande si on peut bannir un représentant du peuple, et si Philippe Égalité n'appartient pas à ce titre à la nation qui l'a nommé. Ces diverses observations arrêtent le mouvement des esprits. On s'interrompt, on revient, et sans révoquer le décret de bannissement contre les Bourbons, on ajourne la discussion à trois jours, pour se calmer, et pour réfléchir plus mûrement à la question de savoir si on pouvait bannir Égalité, et destituer sans danger les deux ministres de l'intérieur et de la guerre.

Après cette discussion, on devine quel désordre dut régner dans les sections, à la commune et aux Jacobins. On cria de toutes parts à l'ostracisme, et les pétitions se préparèrent pour la reprise de la discussion. Les trois jours écoulés, la discussion recommença; le maire vint à la tête des sections demander le rapport du décret. L'assemblée passa à l'ordre du jour après la lecture de l'adresse; mais Pétion, voyant quel tumulte excitait cette question, en demanda l'ajournement après le jugement de Louis XVI. Cette espèce de transaction fut adoptée, et on se jeta de nouveau sur la victime contre laquelle s'acharnaient toutes les passions. Le célèbre procès fut donc aussitôt repris.

CHAPITRE VII.

Continuation du procès de Louis XVI. Sa défense. — Débats tumultueux à la convention. — Les girondins proposent l'appel au peuple; opinion du député Salles; discours de Robespierre; discours de Vergniaud. — Position des questions. — Louis XVI est déclaré coupable et condamné à mort, sans appel au peuple et sans sursis à l'exécution. Détails sur les débats et les votes émis. — Assassinat du député Lepelletier-Saint-Fargeau. Agitation dans Paris. — Louis XVI fait ses adieux à sa famille; ses derniers moments dans la prison et sur l'échafaud.

Le temps accordé à Louis XVI pour préparer sa défense était à peine suffisant pour compulser les immenses matériaux sur lesquels elle devait être établie. Ses deux défenseurs demandèrent à s'en adjoindre un troisième, plus jeune et plus actif, qui rédigerait et prononcerait la défense, tandis qu'ils en chercheraient et prépareraient les moyens. Ce jeune adjoint était l'avocat Desèze, qui avait défendu Besenval après le 14 juillet. La convention, ayant accordé la défense, ne refusa pas un nouveau conseil, et M. Desèze eut, comme Malesherbes et Tronchet, la faculté de pénétrer au Temple. Une commission y portait tous les jours les pièces, les montrait à Louis XVI, qui les recevait avec beaucoup de sang-froid, et comme si ce procès *eût regardé un autre*, disait un rapport de la commune. Il montrait aux commissaires la plus grande politesse, et leur faisait servir à manger quand les séances avaient été trop longues. Pendant qu'il s'occupait ainsi de son procès, il avait trouvé un moyen de correspondre avec sa famille. Il écrivait au moyen du papier et des plumes qu'on lui avait donnés pour travailler à sa défense, et les princesses traçaient leur réponse sur du papier avec des piqûres d'épingle. Quelquefois on pliait les billets dans des pelotons de fil, qu'un garçon de l'office, en servant les repas, jetait sous la table; quelquefois on les faisait descendre par une ficelle d'un étage à un autre. Les malheureux prisonniers se donnaient ainsi des nouvelles de leur santé, et trouvaient une grande consolation à apprendre qu'ils n'étaient point malades.

Enfin M. Desèze avait terminé sa défense en y travaillant nuit et jour. Le roi lui fit retrancher tout ce qui était trop oratoire, et voulut s'en tenir à la simple discussion des moyens qu'il avait à faire valoir. Le 26, à neuf heures et demie du matin, toute la force armée était en mouvement pour le conduire du Temple aux Feuillants, avec les mêmes précautions et dans le même ordre que lors de sa première comparution. Monté dans la voiture du maire, il s'entretint avec lui pendant le trajet avec la même tranquillité que de coutume; on parla de Sénèque, de Tite-Live, des hôpitaux; il adressa même une plaisanterie assez fine à un des municipaux, qui avait dans la voiture le chapeau sur la tête. Arrivés aux Feuillants, il montra beaucoup de sollicitude pour ses défenseurs, il s'assit à leurs côtés dans l'assemblée, regarda avec beaucoup de calme les bancs où siégeaient ses accusateurs et ses juges, sembla rechercher sur leur visage l'impression que produisait la plaidoirie de M. Desèze, et plus d'une fois il s'entretint en souriant avec Tronchet et Malesherbes. L'assemblée accueillit sa défense avec un morne silence, et ne témoigna aucune improbation.

Le défenseur s'occupa d'abord des principes du droit, et en second lieu des faits imputés à

Louis XVI. Bien que l'assemblée, en décidant que le roi serait jugé par elle, eût implicitement décrété que l'inviolabilité ne pouvait être invoquée, M. Desèze démontra fort bien que rien ne pouvait limiter la défense, et qu'elle demeurait entière, même après le décret; que par conséquent, si Louis jugeait l'inviolabilité soutenable, il avait le droit de la faire valoir. Il fut d'abord obligé de reconnaître la souveraineté du peuple; et, avec tous les défenseurs de la constitution de 1791, il soutint que la souveraineté, bien que maîtresse absolue, pouvait s'engager; qu'elle l'avait voulu à l'égard de Louis XVI, en stipulant l'inviolabilité; qu'elle n'avait pas voulu une chose absurde dans le système de la monarchie; que par conséquent l'engagement devait être exécuté; et que tous les crimes possibles, le roi en eût-il commis, ne pouvaient être punis que de la déchéance. Il dit que sans cela, la constitution de 1791 serait un piége barbare tendu à Louis XVI, puisqu'on lui aurait promis avec l'intention secrète de ne pas tenir; que, si on refusait à Louis ses droits de roi, il fallait lui laisser au moins ceux de citoyen, et il demanda où étaient les formes conservatrices que tout citoyen avait droit de réclamer, telles que la distinction entre le jury d'accusation et celui de jugement, la faculté de récusation, la majorité des deux tiers, le vote secret, et le silence des juges pendant que leur opinion se formait. Il ajouta, avec une hardiesse qui ne rencontra qu'un silence absolu, qu'il cherchait partout des juges et ne trouvait que des accusateurs. Il passa ensuite à la discussion des faits, qu'il rangea sous deux divisions, ceux qui avaient précédé et ceux qui avaient suivi l'acceptation de l'acte constitutionnel. Les premiers étaient couverts par l'acceptation de cet acte, les autres par l'inviolabilité. Cependant il ne refusait pas de les discuter, et il le fit avec avantage, parce qu'on avait amassé une foule de faits insignifiants, à défaut de la preuve précise des intelligences avec l'étranger; crime dont on était persuadé, mais dont la preuve positive manquait encore. Il repoussa victorieusement l'accusation d'avoir versé le sang français au 10 août. Dans ce jour, en effet, l'agresseur n'était pas Louis XVI, mais le peuple. Il était légitime que Louis XVI, attaqué, cherchât à se défendre, et qu'il prît les précautions nécessaires. Les magistrats eux-mêmes l'avaient approuvé, et avaient donné aux troupes l'ordre formel de repousser la force par la force. Malgré cela, disait M. Desèze, le roi n'avait pas voulu faire usage de cette autorisation, qu'il tenait et de la nature et de la loi, et il s'était retiré dans le sein du corps législatif pour éviter toute effusion de sang. Le combat qui avait suivi ne le regardait plus, devait même lui valoir des actions de graces plutôt que des vengeances, puisque c'était sur un ordre de sa main que les Suisses avaient abandonné la défense du château et de leur vie. Il y avait donc une criante injustice à reprocher à Louis XVI d'avoir versé le sang français, et sur ce point il avait été irréprochable ; il s'était montré au contraire plein de délicatesse et de vertu.

Le défenseur termina par ces mots si courts, si justes, et les seuls où il fût question des vertus de Louis XVI.

« Louis était monté sur le trône à vingt ans,
« et à vingt ans il donna sur le trône l'exem-
« ple des mœurs ; il n'y porta aucune faiblesse
« coupable ni aucune passion corruptrice ; il
« y fut économe, juste, sévère, et il s'y mon-
« tra toujours l'ami constant du peuple. Le
« peuple désirait la destruction d'un impôt dé-
« sastreux qui pesait sur lui, il le détruisit : le
« peuple demandait l'abolition de la servitude,
« il commença par l'abolir lui-même dans ses
« domaines : le peuple sollicitait des réformes
« dans la législation criminelle pour l'adoucis-
« sement du sort des accusés, il fit ces réfor-

« mes : le peuple voulait que des milliers de
« Français, que la rigueur de nos usages avait
« privés jusqu'alors des droits qui appartien-
« nent aux citoyens, acquissent ces droits ou les
« recouvrassent, il les en fit jouir par ses lois :
« le peuple voulut la liberté, et il la lui donna!
« Il vint même au-devant de lui par ses sacri-
« fices, et cependant c'est au nom de ce même
« peuple qu'on demande aujourd'hui..... Ci-
« toyens, je n'achève pas..... je m'arrête de-
« vant l'histoire : songez qu'elle jugera votre ju-
« gement, et que le sien sera celui des siècles ! »

Louis XVI, prenant la parole immédiatement après son défenseur, prononça quelques mots qu'il avait écrits. « On vient, dit-il, de vous
« exposer mes moyens de défense; je ne les re-
« nouvellerai point ; en vous parlant peut-être
« pour la dernière fois, je vous déclare que ma
« conscience ne me reproche rien, et que mes
« défenseurs vous ont dit la vérité.

« Je n'ai jamais craint que ma conduite fût
« examinée publiquement; mais mon cœur est
« déchiré de trouver dans l'acte d'accusation
« l'imputation d'avoir voulu faire répandre le
« sang du peuple, et surtout que les malheurs
« du 10 août me soient attribués!

« J'avoue que les preuves multipliées que j'a-
« vais données dans tous les temps, de mon

« amour pour le peuple, et la manière dont je
« m'étais toujours conduit, me paraissaient de-
« voir prouver que je ne craignais pas de m'ex-
« poser pour épargner son sang, et éloigner à
« jamais de moi une pareille imputation. »

Le président demande ensuite à Louis XVI
s'il ne lui reste plus rien à dire pour sa défense.
Louis XVI ayant déclaré qu'il a tout dit, le président lui annonce qu'il peut se retirer. Conduit dans une salle voisine avec ses défenseurs,
il s'occupe avec sollicitude du jeune Desèze,
qui paraît fatigué d'une longue plaidoirie. Ramené ensuite en voiture, il parle avec la même
sérénité à ceux qui l'escortent, et arrive au
Temple à cinq heures.

A peine avait-il quitté la convention, qu'un
orage violent s'y était élevé. Les uns voulaient
qu'on ouvrît la discussion; les autres se plai-
gnant des délais éternels qu'on apportait à la
décision de ce procès, demandaient sur-le-champ
l'appel nominal, en disant que dans tout tribunal, après avoir ouï l'accusé, on passait aux
voix. Lanjuinais nourrissait depuis le commencement du procès une indignation que son caractère impétueux ne lui permettait plus de
contenir. Il s'élance à la tribune, et au milieu
des cris qu'excite sa présence, il demande non
pas un délai pour la discussion, mais l'annula-

tion même de la procédure; il s'écrie que le temps des hommes féroces est passé, qu'il ne faut pas déshonorer l'assemblée en lui faisant juger Louis XVI; que personne n'en a le droit en France, et que l'assemblée particulièrement n'a aucun titre pour le faire; que si elle veut agir comme corps politique, elle ne peut prendre que des mesures de sûreté contre le ci-devant roi, mais que si elle agit comme tribunal, elle est hors de tous les principes, car c'est faire juger le vaincu par le vainqueur lui-même, puisque la plupart des membres présents se sont déclarés les conspirateurs du 10 août. — Au mot de *conspirateurs*, un tumulte épouvantable s'élève de toutes parts. On crie *à l'ordre! à l'Abbaye! à bas de la tribune!* — Lanjuinais veut en vain justifier le mot de *conspirateurs*, en disant qu'il doit être pris ici dans un sens favorable, et que le 10 août fut une conspiration glorieuse : il continue au milieu du bruit, et finit en déclarant qu'il aimerait mieux périr mille fois que de condamner, contre toutes les lois, le tyran même le plus abominable!

Une foule d'orateurs lui succèdent, et le tumulte ne fait que s'accroître. On ne veut plus rien entendre, on quitte sa place, on se mêle, on se forme par groupes, on s'injurie, on se menace, et le président est obligé de se couvrir. Après une heure d'agitation, le calme se rétablit enfin, et l'assemblée, adoptant l'avis de ceux qui demandaient la discussion sur le procès de Louis XVI, déclare que la discussion est ouverte, et qu'elle sera continuée, toutes affaires cessantes, jusqu'à ce que l'arrêt soit rendu.

La discussion est donc reprise le 27; la foule des orateurs déja entendus reparaît à la tribune. Saint-Just s'y montre de nouveau. La présence de Louis XVI, humilié, vaincu, et serein encore dans l'infortune, a fait naître quelques objections dans son esprit. Mais il répond à ces objections en appelant Louis un tyran modeste et souple, qui a opprimé avec modestie, qui se défend avec modestie, et contre la douceur insinueuse duquel il faut se prémunir avec le plus grand soin. Il a appelé les états-généraux, mais c'était pour humilier la noblesse et régner en divisant; aussi, quand il a vu la puissance des états s'élever si rapidement, il a voulu la détruire. Au 14 juillet, aux 5 et 6 octobre, on l'a vu amasser secrètement des moyens pour accabler le peuple; mais chaque fois que ses conspirations étaient déjouées par l'énergie nationale, il feignait de revenir lui-même, il montrait de sa défaite et de la victoire du peuple une joie hypocrite et qui n'était pas naturelle.

Depuis, ne pouvant plus faire usage de la force, il corrompait les défenseurs de la liberté, il complotait avec l'étranger, il désespérait les ministres, dont l'un était obligé de lui écrire : *Vos relations secrètes m'empêchent d'exécuter les lois, et je me retire.* Enfin il avait employé tous les moyens de la plus profonde perfidie jusqu'au 10 août, et maintenant encore il affectait une feinte douceur pour ébranler ses juges et leur échapper.

C'est ainsi que les incertitudes si naturelles de Louis XVI se peignaient dans un esprit violent, qui voyait une perfidie forte et calculée là où il n'y avait que faiblesse et regret du passé. D'autres orateurs succèdent à Saint-Just, et on attend avec impatience que les girondins prennent la parole. Ils ne s'étaient pas prononcés encore, et il était temps qu'ils s'expliquassent. On a déjà vu quelles étaient et leurs incertitudes, et leurs dispositions à s'émouvoir, et leur penchant à excuser dans Louis XVI une résistance qu'ils étaient plus capables de comprendre que leurs adversaires. Vergniaud convint devant quelques amis de l'attendrissement qu'il éprouvait. Sans être aussi touchés peut-être, les autres étaient tous disposés à s'intéresser à la victime; et, dans cette situation, ils imaginèrent un moyen qui décèle leur émotion et l'embarras de leur position : ce moyen était l'appel au peuple. Se décharger d'une responsabilité dangereuse, et rejeter sur la nation le reproche de barbarie si le roi était condamné, ou celui de royalisme s'il était absous, tel était le but des girondins, et c'était un acte de faiblesse. Puisqu'ils étaient touchés à la vue de la profonde infortune de Louis XVI, ils devaient avoir le courage de le défendre eux-mêmes, et ne devaient pas provoquer la guerre civile en renvoyant aux quarante-quatre mille sections qui partageaient la France, une question qui allait infailliblement mettre tous les partis en présence, et soulever les passions les plus furieuses. Il fallait se saisir fortement de l'autorité, avoir le courage d'en user soi-même, sans se décharger sur la multitude d'un soin dont elle était incapable, et qui eût exposé le pays à une confusion épouvantable. Ici, les girondins donnèrent à leurs adversaires un avantage immense, en les autorisant à répandre qu'ils fomentaient la guerre civile, et en faisant suspecter leur courage et leur franchise. Aussi ne manqua-t-on pas de dire chez les jacobins, que ceux qui voulaient absoudre Louis XVI étaient plus francs et plus estimables que ceux qui voulaient en appeler au peuple. Mais telle est l'ordinaire conduite des partis modérés : se conduisant ici comme aux 2 et 3 septembre, les girondins hésitaient à se compromettre pour un roi qu'ils regardaient comme un ennemi, et qui, dans leur persuasion, avait voulu les détruire par le fer étranger; cependant, émus à la vue de cet ennemi vaincu, ils essayaient de le défendre, ils s'indignaient de la violence commise à son égard, et ils faisaient assez pour se perdre eux-mêmes, sans faire assez pour le sauver.

Salles, celui de tous qui se prêtait le mieux aux imaginations de Louvet, et qui même le surpassait dans la supposition de complots imaginaires, Salles proposa et soutint le premier le système de l'appel au peuple, dans la séance du 27. Livrant à tout le blâme des républicains la conduite de Louis XVI, et avouant qu'elle méritait toute la sévérité qu'on pourrait déployer, il fit observer cependant que ce n'était point une vengeance, mais un grand acte de politique que l'assemblée devait exercer; il soutint donc que c'était sous le point de vue de l'intérêt public que la question devait être jugée. Or, dans les deux cas, de l'absolution et de la condamnation, il voyait des inconvénients énormes. L'absolution serait une cause éternelle de discorde, et le roi deviendrait le point de ralliement de tous les partis. Le souvenir de ses attentats serait constamment rappelé à l'assemblée pour lui reprocher son indulgence : cette impunité serait un scandale public qui provoquerait peut-être des révoltes populaires, et qui servirait de prétexte à tous les agitateurs. Les hommes atroces qui avaient déja bouleversé l'état par leurs crimes, ne manqueraient pas de s'autoriser de cet acte de clémence pour commettre de nouveaux attentats, comme ils s'étaient autorisés de la lenteur des tribunaux pour exécuter les massacres de septembre. De toutes parts, enfin, on accuserait la convention de n'avoir pas eu le courage de terminer tant d'agitations, et de fonder la république par un exemple énergique et terrible.

Condamné, le roi léguerait à sa famille toutes les prétentions de sa race, et les léguerait à des frères plus dangereux, parce qu'ils étaient moins déconsidérés par leur faiblesse. Le peuple ne voyant plus les crimes, mais le supplice, viendrait peut-être à s'apitoyer sur le sort du roi, et les factieux trouveraient encore dans cette disposition un moyen de l'irriter contre la convention nationale. Les souverains de l'Europe gardaient un morne silence, dans l'attente d'un événement qu'ils espéraient devoir soulever une indignation générale; mais dès que la tête du roi serait tombée, tous, profitant de ce prétexte, fondraient à la fois sur la France pour la déchirer. Peut-être alors la France, aveuglée par ses souffrances, reprocherait à la convention un acte qui lui aurait valu une guerre cruelle et désastreuse.

Telle est, disait Salles, la funeste alternative offerte à la convention nationale. Dans une situation pareille, c'est à la nation elle-même à se décider, et à fixer son sort en fixant celui de Louis XVI. Le danger de la guerre civile est chimérique, car la guerre civile n'a pas éclaté en convoquant les assemblées primaires pour nommer une convention qui devait décider du sort de la France, et on ne paraît pas la redouter davantage dans une occasion tout aussi grave, puisqu'on défère à ces mêmes assemblées primaires la sanction de la constitution. On objecte vainement les longueurs et les difficultés d'une nouvelle délibération dans quarante-quatre mille assemblées; car il ne s'agit pas de délibérer, mais de choisir sans discussion entre les deux propositions présentées par la convention. On posera ainsi la question aux assemblées primaires : Louis XVI sera-t-il puni de mort, ou détenu jusqu'à la paix ? Et elles répondront par ces mots: *Détenu*, ou *mis à mort*. Avec des courriers extraordinaires, la réponse peut être arrivée en quinze jours des extrémités les plus éloignées de la France.

Cette opinion avait été écoutée avec des dispositions très-diverses. Serres, député des Hautes-Alpes, se rétracte de sa première opinion, qui était pour le jugement, et demande l'appel au peuple. Barbaroux combat la justification de Louis XVI, sans prendre de conclusions, car il n'osait absoudre contre le vœu de ses commettants, ni condamner contre celui de ses amis. Buzot se prononce pour l'appel au peuple; toutefois il modifie l'opinion de Salles, et demande que la convention prenne elle-même l'initiative en votant pour la mort, et en n'exigeant des assemblées primaires que la simple sanction de ce jugement. Rabaut Saint-Étienne, ce ministre protestant déjà distingué par ses talents dans la constituante, s'indigne de cette cumulation de pouvoirs qu'exerce la convention. « Quant à moi, dit-il, je suis las de ma por-
« tion de despotisme; je suis fatigué, harcelé,
« bourrelé de la tyrannie que j'exerce pour ma
« part, et je soupire après le moment où vous
« aurez créé un tribunal qui me fasse perdre
« les formes et la contenance d'un tyran.....
« Vous cherchez des raisons politiques; ces
« raisons sont dans l'histoire.... Ce peuple de
« Londres, qui avait tant pressé le supplice du
« roi, fut le premier à maudire ses juges et à

« se prosterner devant son successeur. Lorsque
« Charles II monta sur le trône, la ville lui
« donna un superbe repas, le peuple se livra à
« la joie la plus extravagante, et il courut assister
« au supplice de ces mêmes juges que Charles
« immola depuis aux mânes de son père. Peu-
« ple de Paris, parlement de France, m'avez-
« vous entendu?.... »

Fauré demande le rapport de tous les décrets portant la mise en jugement. Le sombre Robespierre reparaît enfin, tout plein de colère et d'amertume. « Lui aussi, dit-il, avait été touché « et avait senti chanceler dans son cœur la vertu « républicaine, en présence du coupable humi- « lié devant la puissance souveraine. Mais la « dernière preuve de dévouement qu'on devait « à la patrie, c'était d'étouffer tout mouvement « de sensibilité. » Il répète alors tout ce qui a été dit sur la compétence de la convention, sur les délais éternels apportés à la vengeance nationale, sur les ménagements gardés envers le tyran, tandis qu'on attaque sans aucune espèce de réserve les plus chauds amis de la liberté; il prétend que cet appel au peuple n'est qu'une ressource semblable à celle qu'avait imaginée Guadet, en demandant le scrutin épuratoire; que cette ressource perfide avait pour but de remettre tout en question, et la députation actuelle, et le 10 août, et la république elle-même. Ramenant toujours la question à lui-même et à ses ennemis, il compare la situation actuelle à celle de juillet 1791, lorsqu'il s'agissait de juger Louis XVI pour sa fuite à Varennes. Robespierre y avait joué un rôle important. Il rappelle et ses dangers, et les efforts heureux de ses adversaires pour replacer Louis XVI sur le trône, et la fusillade du Champ-de-Mars qui s'en était suivie, et les périls que Louis XVI, replacé sur le trône, avait fait courir à la chose publique. Il signale perfidement ses adversaires d'aujourd'hui comme étant les mêmes que ses adversaires d'autrefois; il se présente comme exposé, et la France avec lui, au même danger qu'alors, et toujours par les intrigues de ces fripons qui s'appellent exclusivement les honnêtes gens. « Aujourd'hui, ajoute Robespierre, ils se tai-« sent sur les plus grands intérêts de la patrie; « ils s'abstiennent de prononcer leur opinion « sur le dernier roi; mais leur sourde et perni-« cieuse activité produit tous les troubles qui « agitent la patrie; et pour égarer la majorité « saine, mais souvent trompée, ils poursuivent « les plus chauds patriotes sous le titre de mi-« norité factieuse. La minorité, s'écrie-t-il, se « changea souvent en majorité, en éclairant les

« assemblées trompées. La vertu fut toujours
« en minorité sur la terre! Sans cela la terre
« serait-elle peuplée de tyrans et d'esclaves?
« Hampden et Sidney étaient de la minorité, car
« ils expirèrent sur un échafaud. Les Critias,
« les Anitus, les César, les Clodius, étaient de la
« majorité, mais Socrate était de la minorité,
« car il avala la ciguë; Caton était de la mino-
« rité, car il déchira ses entrailles. » Robespierre recommande ensuite le calme au peuple
pour ôter tout prétexte à ses adversaires, qui
présentent de simples applaudissements donnés à ses députés fidèles comme une rébellion.
« Peuple, s'écrie-t-il, garde tes applaudisse-
« ments, fuis le spectacle de nos débats! Loin
« de tes yeux nous n'en combattrons pas
« moins. » Il termine enfin en demandant que
Louis XVI soit sur-le-champ déclaré coupable
et condamné à mort.

Les orateurs se succèdent le 28, le 29, et
jusqu'au 31. Vergniaud prend enfin la parole
pour la première fois, et on écoute avec un
empressement extraordinaire les girondins
s'exprimant par la bouche de leur plus grand
orateur, et rompant un silence dont Robespierre n'était pas le seul à les accuser.

Vergniaud développe d'abord le principe de
la souveraineté du peuple, et distingue les cas

où les représentants doivent s'adresser à elle. Il serait trop long, trop difficile de recourir à un grand peuple pour tous les actes législatifs ; mais pour certains actes d'une haute importance, il en est tout autrement. La constitution, par exemple, a été d'avance destinée à la sanction nationale. Mais cet objet n'est pas le seul qui mérite une sanction extraordinaire. Le jugement de Louis a de si graves caractères, soit par la cumulation de pouvoirs qu'exerce l'assemblée, soit par l'inviolabilité qui avait été constitutionnellement accordée au monarque, soit enfin par les effets politiques qui doivent résulter d'une condamnation, qu'on ne saurait contester sa haute importance, et la nécessité de le soumettre au peuple lui-même. Après avoir développé ce système, Vergniaud, qui réfute particulièrement Robespierre, arrive enfin aux inconvénients politiques de l'appel au peuple, et touche à toutes les grandes questions qui divisent les deux partis.

Il s'occupe d'abord des discordes qu'on redoute de voir éclater si on renvoie au peuple la sanction du jugement du roi. Il reproduit les raisons données par d'autres girondins, et soutient que si l'on ne craignait pas la guerre civile en réunissant les assemblées primaires pour sanctionner la constitution, il ne voyait pas pourquoi on la redouterait en les réunissant pour sanctionner le jugement du roi. Cette raison, souvent répétée, était de peu de valeur, car la constitution n'était pas la véritable question de la révolution; elle ne pouvait être que le règlement détaillé d'une institution déjà décrétée et consentie, la république. Mais la mort du roi étant une question formidable, il s'agissait de savoir si, en procédant par la voie de mort contre la royauté, la révolution romprait sans retour avec le passé, et marcherait par les vengeances et une énergie inexorable au but qu'elle se proposait. Or, si une question aussi terrible divisait déjà si fortement la convention et Paris, il y avait le plus grand danger à la proposer encore aux quarante-quatre mille sections du territoire français. Dans tous les théâtres, dans toutes les sociétés populaires, on disputait tumultueusement, et il fallait que la convention eût la force de décider elle-même la question, pour ne pas la livrer à la France, qui l'eût peut-être résolue par les armes.

Vergniaud, partageant à cet égard l'opinion de ses amis, soutient que la guerre civile n'est pas à craindre. Il dit que dans les départements les agitateurs n'ont pas acquis la pré-

pondérance qu'une lâche faiblesse leur a laissé usurper à Paris; qu'ils ont bien parcouru la surface de la république, mais qu'ils n'y ont trouvé partout que le mépris, et qu'on a donné le plus grand exemple d'obéissance à la loi, en respectant le sang impur qui coulait dans leurs veines. Il réfute ensuite les craintes qu'on a exprimées sur la véritable majorité qu'on a dit être composée d'intrigants, de royalistes, d'aristocrates; il s'élève contre cette orgueilleuse assertion, que la vertu était en minorité sur la terre. « Citoyens, s'écrie-t-il, Catilina fut en mi-
« norité dans le sénat romain, et si cette mi-
« norité eût prévalu, c'en était fait de Rome,
« du sénat et de la liberté. Dans l'assemblée
« constituante, Maury, Cazalès, furent en mi-
« norité, et s'ils avaient prévalu, c'en était fait
« de vous! Les rois aussi sont en minorité sur
« la terre; et pour enchaîner les peuples, ils
« disent aussi que la vertu est en minorité!
« Ils disent aussi que la majorité des peuples
« est composée d'intrigants auxquels il faut
« imposer silence par la terreur, si l'on veut
« préserver les empires d'un bouleversement
« général. »

Vergniaud demande si, pour faire une majorité conforme aux vœux de certains hommes, il faut employer le bannissement et la mort, changer la France en désert, et la livrer ainsi aux conceptions de quelques scélérats.

Après avoir vengé la majorité et la France, il se venge lui-même et ses amis, qu'il montre résistant toujours, et avec un égal courage, à tous les despotismes, celui de la cour et celui des brigands de septembre. Il les montre pendant la journée du 10 août, siégeant au bruit du canon du château, prononçant la déchéance avant la victoire du peuple, tandis que ces Brutus, si pressés aujourd'hui d'égorger les tyrans abattus, cachaient leurs frayeurs dans les entrailles de la terre, et attendaient ainsi l'issue du combat incertain que la liberté livrait au despotisme.

Il rejette ensuite sur ses adversaires le reproche de provoquer à la guerre civile. « Oui, « dit-il, ils veulent la guerre civile ceux qui, « en prêchant l'assassinat contre les partisans « de la tyrannie, appliquent ce nom à toutes « les victimes que leur haine veut immoler; « ceux qui appellent les poignards sur les re- « présentants du peuple, et demandent la « dissolution du gouvernement et de la con- « vention; ceux qui veulent que la minorité « devienne arbitre de la majorité, qu'elle puisse « légitimer ses jugements par des insurrec- « tions, et que les Catilina soient appelés à ré-

« guer dans le sénat. Ils veulent la guerre ci-
« vile, ceux qui prêchent ces maximes dans tous
« les lieux publics, et pervertissent le peuple en
« accusant la raison de *feuillantisme*, la jus-
« tice de pusillanimité, et la sainte humanité
« de conspiration.

« La guerre civile, s'écrie l'orateur, pour
« avoir invoqué la souveraineté du peuple!...
« Cependant en juillet 1791 vous étiez plus
« modestes, vous ne vouliez pas la paralyser
« et régner à sa place. Vous faisiez courir une
« pétition pour consulter le peuple sur le ju-
« gement à rendre contre Louis revenu de
« Varennes! Alors vous vouliez de la souverai-
« neté du peuple, et vous ne pensiez pas que
« l'invoquer pût exciter la guerre civile! Serait-
« ce qu'alors elle favorisait vos vues secrètes, et
« qu'aujourd'hui elle les contrarie? »

L'orateur passe ensuite à d'autres considéra-
tions. On a dit que l'assemblée devait montrer
assez de grandeur et de courage pour faire
exécuter elle-même son jugement sans s'appuyer de l'avis du peuple. « Du courage, dit-il,
« il en fallait pour attaquer Louis XVI dans
« sa toute-puissance; en faut-il tant pour en-
« voyer au supplice Louis vaincu et désarmé?
« Un soldat cimbre entre dans la prison de
« Marius pour l'égorger; effrayé à l'aspect de

« la victime, il s'enfuit sans oser la frapper. Si ce
« soldat avait été membre d'un sénat, doutez-
« vous qu'il eût hésité à voter la mort du tyran?
« Quel courage trouvez-vous à faire un acte
« dont un lâche serait capable? »

Il parle encore d'un autre genre de courage, de celui qu'il faut déployer contre les puissances étrangères. « Puisqu'on parle continuel-
« lement, dit-il, d'un grand acte politique, il
« n'est pas inutile d'examiner la question sous
« ce rapport. Il n'est pas douteux que les puis-
« sances n'attendent ce dernier prétexte pour
« fondre toutes ensemble sur la France.
« On les vaincra sans doute; l'héroïsme des
« soldats français en est un sûr garant : mais
« ce sera un surcroît de dépenses, d'efforts de
« tout genre. Si la guerre force à de nouvelles
« émissions d'assignats, qui feront croître dans
« une proportion effrayante le prix des denrées
« de première nécessité; si elle porte de nou-
« velles et mortelles atteintes au commerce;
« si elle fait verser des torrents de sang sur le
« continent et sur les mers, quels si grands
« services aurez-vous rendus à l'humanité?
« Quelle reconnaissance vous devra la patrie
« pour avoir fait en son nom, et au mépris
« de sa souveraineté méconnue, un acte de
« vengeance devenu la cause ou seulement le

« prétexte d'événements si calamiteux ? J'écarte,
« s'écrie l'orateur, toute idée de revers, mais
« oserez-vous lui vanter vos services ? Il n'y
« aura pas une famille qui n'ait à pleurer ou
« son père ou son fils; l'agriculture manquera
« bientôt de bras; les ateliers seront aban-
« donnés; vos trésors écoulés appelleront de
« nouveaux impôts; le corps social, fatigué
« des assauts que lui livreront au dehors les
« ennemis armés, au dedans les factions soule-
« vées, tombera dans une langueur mortelle.
« Craignez qu'au milieu de ces triomphes, la
« France ne ressemble à ces monuments fameux
« qui, dans l'Égypte, ont vaincu le temps :
« l'étranger qui passe s'étonne de leur gran-
« deur; s'il veut y pénétrer, qu'y trouve-t-il ?
« Des cendres inanimées, et le silence des
« tombeaux. »

Après ces craintes, il en est d'autres qui se présentent encore à l'esprit de Vergniaud ; elles lui sont suggérées par l'histoire anglaise, et par la conduite de Cromwell, auteur principal, mais caché, de la mort de Charles Ier. Celui-ci, poussant toujours les peuples, d'abord contre le roi, puis contre le parlement lui-même, brisa ensuite son faible instrument, et s'assit au suprême pouvoir. « N'avez-vous pas, ajoute Ver-
« gniaud, n'avez-vous pas entendu, dans cette

« enceinte et ailleurs, des hommes crier : *Si le*
« *pain est cher, la cause en est au Temple;*
« *si le numéraire est rare, si nos armées sont*
« *mal approvisionnées, la cause en est au Tem-*
« *ple; si nous avons à souffrir chaque jour du*
« *spectacle de l'indigence, la cause en est au*
« *Temple!*

« Ceux qui tiennent ce langage n'ignorent
« pas cependant que la cherté du pain, le
« défaut de circulation des subsistances, la
« mauvaise administration dans les armées, et
« l'indigence dont le spectacle nous afflige, tien-
« nent à d'autres causes que celles du Temple.
« Quels sont donc leurs projets? Qui me garan-
« tira que ces mêmes hommes qui s'efforcent
« continuellement d'avilir la convention, et qui
« peut-être y auraient réussi si la majesté du peu-
« ple, qui réside en elle, pouvait dépendre de
« leurs perfidies; que ces mêmes hommes qui
« proclament partout qu'une nouvelle révolu-
« tion est nécessaire, qui font déclarer telle ou
« telle section en état d'insurrection perma-
« nente, qui disent à la commune que lorsque
« la convention a succédé à Louis on n'a fait
« que changer de tyrans, et qu'il faut une
« autre journée du 10 août; que ces mêmes
« hommes qui ne parlent que de complots, de
« mort, de traitres, de proscriptions; qui pu-

« blient dans les assemblées de sections et dans
« leurs écrits qu'il faut nommer un *défenseur*
« à la république, qu'il n'y a qu'un chef qui
« puisse la sauver; qui me garantira, dis-je, que
« ces mêmes hommes ne crieront pas, après la
« mort de Louis, avec la plus grande violence :
« *Si le pain est cher, la cause en est dans la*
« *convention; si le numéraire est rare, si nos*
« *armées sont mal approvisionnées, la cause en*
« *est dans la convention; si la machine du gou-*
« *vernement se traîne avec peine, la cause en*
« *est dans la convention chargée de la diriger;*
« *si les calamités de la guerre se sont accrues*
« *par les déclarations de l'Angleterre et de l'Es-*
« *pagne, la cause en est dans la convention, qui*
« *a provoqué ces déclarations par la condam-*
« *nation précipitée de Louis?*

« Qui me garantira qu'à ces cris séditieux de
« la turbulence anarchique ne viendront pas
« se rallier l'aristocratie avide de vengeance, la
« misère avide de changement, et jusqu'à la
« pitié, que des préjugés invétérés auront ex-
« citée sur le sort de Louis? Qui me garantira
« que de cette tempête, où l'on verra ressortir
« de leurs repaires les tueurs du 2 septembre,
« on ne vous présentera pas tout couvert de
« sang, et comme un libérateur, ce *défenseur*,
« ce chef qu'on dit être si nécessaire? Un chef!

« ah! si telle était leur audace, il ne paraîtrait
« que pour être à l'instant percé de mille coups!
« Mais à quelles horreurs ne serait pas livré
« Paris! Paris, dont la postérité admirera le
« courage héroïque contre les rois, et ne con-
« cevra jamais l'ignominieux asservissement à
« une poignée de brigands, rebut de l'espèce
« humaine, qui s'agitent dans son sein et le
« déchirent en tous sens par les mouvements
« convulsifs de leur ambition et de leur fureur!
« Qui pourrait habiter une cité où régneraient
« la terreur et la mort! Et vous, citoyens in-
« dustrieux, dont le travail fait toute la richesse,
« et pour qui les moyens de travail seraient dé-
« truits, vous qui avez fait de si grands sacri-
« fices à la révolution, et à qui l'on enlèverait
« les derniers moyens d'existence, vous dont
« les vertus, le patriotisme ardent et la bonne
« foi ont rendu la séduction si facile, que de-
« viendriez-vous? quelles seraient vos res-
« sources? quelles mains essuieraient vos lar-
« mes et porteraient des secours à vos familles
« désespérées?

« Irez-vous trouver ces faux amis, ces per-
« fides flatteurs qui vous auraient précipités dans
« l'abîme? Ah! fuyez-les plutôt! redoutez leur
« réponse! je vais vous l'apprendre. Vous leur
« demanderiez du pain; ils vous diraient: *Allez*

« *dans les carrières disputer à la terre quelques* « *lambeaux sanglants des victimes que vous* « *avez égorgées!* Ou : *Voulez-vous du sang?* « *Prenez, en voici! du sang et des cadavres,* « *nous n'avons pas d'autre nourriture à vous* « *offrir!....* Vous frémissez, citoyens! O ma « patrie, je demande acte à mon tour des ef-« forts que je fais pour te sauver de cette crise « déplorable! »

L'improvisation de Vergniaud avait produit sur ses auditeurs de tous les côtés une impression profonde et une admiration générale. Robespierre avait été atterré sous cette franche et entraînante éloquence. Cependant Vergniaud avait ébranlé, mais n'avait pas entraîné l'assemblée, qui hésitait entre les deux partis. Plusieurs orateurs furent successivement entendus, pour ou contre l'appel au peuple. Brissot, Gensonné, Pétion, le soutinrent à leur tour. Enfin un orateur eut sur la question une influence décisive; ce fut Barrère. Par sa souplesse, son éloquence évasive et froide, il était le modèle et l'oracle du milieu. Il parla longuement sur le procès, l'envisagea sous tous les rapports, des faits, des lois et de la politique, et fournit des motifs de condamnation à tous les faibles qui ne demandaient que des raisons spécieuses pour céder. Sa médiocre argumentation servit de prétexte à tous ceux qui tremblaient, et dès cet instant le malheureux roi fut condamné. La discussion s'était prolongée jusqu'au 7 janvier 1793, et déjà personne ne voulait plus entendre cette éternelle répétition des mêmes faits et des mêmes raisonnements. La clôture fut prononcée sans opposition; mais la proposition d'un nouvel ajournement excita un soulèvement des plus violents, et fut enfin décidée par un décret qui fixa la position des questions et l'appel nominal au 14 janvier.

Ce jour fatal arrivé, un concours extraordinaire de spectateurs entourait l'assemblée et remplissait les tribunes. Une foule d'orateurs se pressent pour proposer différentes manières de poser les questions. Enfin, après de longs débats, la convention renferme toutes les questions dans les trois suivantes :

Louis Capet est-il coupable de conspiration contre la liberté de la nation, et d'attentats contre la sûreté générale de l'état ?

Le jugement, quel qu'il soit, sera-t-il envoyé à la sanction du peuple ?

Quelle peine lui sera-t-il infligé ?

Toute la journée du 14 avait été occupée à poser les questions. Celle du 15 fut réservée à l'appel nominal. L'assemblée décida d'abord que chaque membre prononcerait son vote à la tribune; que ce vote pourrait être motivé, et serait écrit et signé; que les absents sans cause seraient censurés, mais que ceux qui rentreraient pourraient émettre leur vœu, même après l'appel nominal. Enfin ce fatal appel commence sur la première question. Huit membres sont absents pour cause de maladie, vingt par commission de l'assemblée. Trente-sept, en motivant leurs votes de diverses manières, reconnaissent Louis XVI coupable, mais se déclarent incompétents pour prononcer un jugement, et ne demandent contre lui que des mesures de sûreté générale. Enfin six cent quatre-vingt-trois membres déclarent sans explication Louis XVI coupable. L'assemblée se composait de sept cent quarante-neuf membres.

Le président, au nom de la convention nationale, déclare *Louis Capet coupable de conspiration contre la liberté de la nation, et d'attentats contre la sûreté générale de l'état.*

L'appel nominal recommence sur la seconde question, celle de l'appel au peuple. Vingt-neuf membres sont absents. Quatre, lesquels sont Lafon, Waudelaincourt, Morisson et Lacroix, refusent de voter. Le nommé Noël se récuse. Onze donnent leur opinion avec différentes conditions. Deux cent quatre-vingt-un votent pour l'appel au peuple; quatre cent vingt-trois le rejettent. Le président déclare, au nom de la convention nationale, que *le jugement de Louis Capet ne sera pas envoyé à la ratification du peuple.*

La journée du 15 avait été absorbée tout entière par ces deux appels nominaux, le troisième fut renvoyé à la séance du lendemain.

L'agitation augmentait dans Paris à mesure que l'instant décisif s'approchait. Aux théâtres, des voix favorables à Louis XVI s'étaient fait entendre, à l'occasion de la pièce de l'*Ami des Lois*. La commune avait ordonné la suspension de tous les spectacles; mais le conseil exécutif avait révoqué cette mesure, comme attentatoire à la liberté de la presse, dans laquelle on comprenait la liberté du théâtre. Dans les prisons, il régnait une consternation profonde. On avait répandu que les épouvantables journées de septembre devaient s'y renouveler, et les prisonniers, leurs parents, assiégeaient les députés de supplications, pour qu'on les arrachât à la mort. Les jacobins, de leur côté, disaient que de toutes parts on conspirait pour soustraire Louis XVI au supplice, et pour rétablir la royauté. Leur colère, excitée par les délais et les obstacles, en devenait plus menaçante, et les deux partis s'effrayaient ainsi l'un l'autre, en se supposant des projets sinistres.

La séance du 16 avait excité un concours encore plus considérable que les précédentes. C'était la séance décisive, car la déclaration de la culpabilité n'était rien si Louis XVI était condamné au simple bannissement, et le but de ceux qui voulaient son salut était rempli, puisque tout ce qu'ils pouvaient attendre dans le moment, c'était de l'arracher à l'échafaud. Les tribunes avaient été envahies de bonne heure par les jacobins, et leurs regards étaient fixés sur le bureau où chaque membre allait paraître pour déposer son vote. Une grande partie du jour est consacrée à des mesures d'ordre public, à appeler les ministres, à les entendre, à provoquer des explications de la part du maire, sur la clôture des barrières, qu'on disait avoir été fermées pendant la journée. La convention décrète qu'elles resteront ouvertes, et que les fédérés présents à Paris partageront avec les Parisiens le service de la ville et de tous les établissements publics. Comme la journée était avancée, on décide que la séance sera permanente jusqu'à la fin de l'appel nominal. A l'instant où l'appel nominal allait commencer, on demande à fixer à quel nombre de voix l'arrêt doit être rendu. Lehardy propose les deux tiers des voix, comme dans les tribunaux criminels. Danton, qui venait d'arriver de Belgique, s'y oppose fortement, et requiert la simple majorité, c'est-à-dire la moitié des voix plus une. Lanjuinais s'expose à de nouveaux orages, en demandant qu'après tant de violations des formes de la justice, on observe au moins celle qui exige les deux tiers des suffrages. — Nous votons, s'écrie-t-il, sous le poignard et le canon des factieux ! — A ces mots, de nombreux cris s'élèvent, et la convention termine le débat, en déclarant que la forme de ses décrets est unique, et que, d'après cette forme, ils sont tous rendus à la simple majorité.

Il est sept heures et demie du soir, et l'appel nominal commence pour durer toute la nuit. Les uns prononcent simplement la mort; les autres se déclarent pour la détention, et le bannissement à la paix; un certain nombre vote la mort avec une restriction, c'est d'examiner s'il ne serait pas convenable de surseoir à l'exécution. Mailhe était l'auteur de cette restriction, qui pouvait sauver Louis XVI, car le temps était tout ici, et un délai équivalait à une absolution. Un assez grand nombre de députés s'étaient rangés à cet avis. L'appel continue au milieu du tumulte. Dans ce moment, l'intérêt qu'avait inspiré Louis XVI était parvenu à son comble, et beaucoup de membres étaient arrivés avec l'intention de voter en sa faveur; mais d'autre part aussi, l'acharnement de ses ennemis s'était accru, et le peuple avait fini par identifier la cause de la république avec la mort du dernier roi, et regardait la république comme condamnée, et la royauté comme rétablie, si Louis XVI était sauvé. Effrayés de la fureur que soulevait cette conviction populaire, beaucoup de membres redoutaient la guerre civile, et, quoique fort émus du sort de Louis XVI, étaient épouvantés des suites d'un acquittement. Cette crainte devenait plus grande à la vue de l'assemblée et de la scène qui s'y passait. A mesure que chaque député montait l'escalier du bureau, on se taisait pour l'entendre; mais après son vote, les mouvements d'approbation et d'improbation s'élevaient aussitôt, et accompagnaient son retour. Les tribunes accueillaient par des murmures tout vote qui n'était point pour la mort; souvent elles adressaient à l'assemblée elle-même des gestes menaçants. Les députés y répondaient de l'intérieur de la salle, et il en résultait un échange tumultueux de menaces et de paroles injurieuses. Cette scène sombre et terrible avait ébranlé toutes les ames, et changé bien des résolutions. Lecointre de Versailles, dont le courage n'était pas douteux, et qui n'avait cessé de gesticuler contre les tribunes, arrive au bureau, hésite et laisse tomber de sa bouche le mot inattendu et terrible: *La mort.* Vergniaud, qui avait paru profondément touché du sort de Louis XVI, et qui avait déclaré à des amis que jamais il ne pourrait condamner ce malheureux prince, Vergniaud, à l'aspect de cette scène désordonnée, croit voir la guerre civile en France, et prononce un arrêt de mort, en y ajoutant néanmoins l'amendement de Mailhe. On l'interroge sur son changement d'opinion, et il répond qu'il a cru voir la guerre civile prête à éclater, et qu'il n'a pas osé mettre en balance la vie d'un individu avec le salut de la France.

Presque tous les girondins adoptèrent l'amendement de Mailhe. Un député dont le vote excita surtout une vive sensation, fut le duc d'Orléans. Obligé de se rendre supportable aux jacobins ou de périr, il prononça la mort de son parent, et retourna à sa place au milieu de l'agitation causée par son vote. Cette triste séance dura toute la nuit du 16, et toute la journée du 17, jusqu'à sept heures du soir. On attendait le recensement des voix avec une impatience extraordinaire. Les avenues étaient remplies d'une foule immense, au milieu de laquelle on se demandait de proche en proche le résultat du scrutin. Dans l'assemblée on était incertain encore, et on croyait avoir entendu les mots de *réclusion* ou de *bannissement* proférés aussi souvent que celui de *la mort*. Suivant les uns, il manquait un suffrage pour la condamnation; suivant les autres, la majorité existait, mais elle n'était que d'une seule voix. De toutes parts enfin, on disait qu'un seul avis pouvait décider la question, et on regardait avec anxiété si un votant nouveau n'arrivait pas. En ce moment paraît à la tribune un homme qui s'avance avec peine, et dont la tête enveloppée annonce un malade. C'est Duchastel, député des Deux-Sèvres, qui s'est arraché de son lit pour venir donner son vote. A cette vue, des cris tumultueux s'élèvent. On prétend que les machinateurs sont allés le chercher pour sauver Louis XVI. On veut l'interroger, mais l'assemblée s'y refuse, et lui donne la faculté de voter en vertu de la décision qui admettait le suffrage après l'appel nominal. Duchastel monte avec fermeté à la tribune, et au milieu de l'attente universelle prononce le bannissement.

De nouveaux incidents se succèdent. Le ministre des affaires étrangères demande la parole pour communiquer une note du chevalier d'Ocariz, ambassadeur d'Espagne. Il offrait la neutralité de l'Espagne, et sa médiation auprès de toutes les puissances, si on laissait la vie à Louis XVI. Les montagnards impatients prétendent que c'est un incident combiné pour faire naître de nouveaux obstacles, et demandent l'ordre du jour. Danton veut que sur-le-champ on déclare la guerre à l'Espagne. L'assemblée adopte l'ordre du jour. On annonce ensuite une nouvelle demande : ce sont les défenseurs de Louis XVI qui veulent paraître devant l'assemblée pour lui faire une communication. Nouveaux cris du côté de la Montagne. Robespierre prétend que toute défense est terminée, que les conseils n'ont plus rien à faire entendre à la convention, que l'arrêt est rendu, et qu'il faut le prononcer. On décide que les défenseurs ne seront introduits qu'après la prononciation de l'arrêt.

Vergniaud présidait. « Citoyens, dit-il, je « vais proclamer le résultat du scrutin. Vous « garderez, je l'espère, un profond silence. « Quand la justice a parlé, l'humanité doit « avoir son tour. »

L'assemblée était composée de sept cent quarante-neuf membres : quinze étaient absents par commission, huit par maladie, cinq n'avaient pas voulu voter, ce qui réduisait le nombre des députés présents à sept cent vingt-un, et la majorité absolue à trois cent soixante-une voix. Deux cent quatre-vingt-six avaient voté pour la détention ou le bannissement avec différentes conditions. Deux avaient voté pour les fers; quarante-six pour la mort avec sursis, soit jusqu'à la paix, soit jusqu'à la ratification de la constitution. Vingt-six s'étaient prononcés pour la mort, mais, comme Mailhe, ils avaient demandé qu'il fût examiné s'il ne serait pas utile de surseoir à l'exécution. Leur vote était néanmoins indépendant de cette dernière clause. Trois cent soixante-un avaient voté pour la mort sans condition.

Le président, avec l'accent de la douleur, déclare au nom de la convention *que la peine prononcée contre Louis Capet est la mort.*

Dans ce moment, on introduit à la barre les défenseurs de Louis XVI. M. Desèze prend la parole, et dit qu'il est envoyé par son client pour interjeter appel auprès du peuple du jugement rendu par la convention. Il s'appuie sur le petit nombre de voix qui ont décidé la condamnation, et soutient que, puisque de tels doutes se sont élevés dans les esprits, il convient d'en référer à la nation elle-même. Tronchet ajoute que le code pénal ayant été suivi quant à la sévérité de la peine, on aurait dû le suivre au moins quant à l'humanité des formes; et que celle qui exige les deux tiers des voix n'aurait pas dû être négligée. Le vénérable Malesherbes parle à son tour, et, d'une voix entrecoupée par des sanglots, « Ci- « toyens, dit-il, je n'ai pas l'habitude de la pa- « role.... Je vois avec douleur qu'on me refuse « le temps de rallier mes idées sur la manière « de compter les voix.... J'ai beaucoup réflé- « chi autrefois sur ce sujet; j'ai beaucoup d'ob- « servations à vous communiquer.... mais.... « Citoyens.... pardonnez mon trouble.... accor- « dez-moi jusqu'à demain pour vous présenter « mes idées. »

L'assemblée est émue à la vue des larmes et des cheveux blanchis de ce vénérable vieillard. « Citoyens, dit Vergniaud aux trois défen- « seurs, la convention a entendu vos récla- « mations; elles étaient pour vous un devoir « sacré. Veut-on, ajoute-t-il en s'adressant à « l'assemblée, décerner les honneurs de la « séance aux défenseurs de Louis? » — Oui, oui, s'écrie-t-on à l'unanimité.

Robespierre prend aussitôt la parole, et rappelant le décret rendu contre l'appel au peuple, repousse la demande des défenseurs. Guadet veut que, sans admettre l'appel au peuple, on accorde vingt-quatre heures à

Malesherbes. Merlin de Douai soutient qu'il n'y a rien à dire sur la manière de compter les voix, car, si le code pénal qu'on invoque exige les deux tiers des voix pour la déclaration du fait, il n'exige que la simple majorité pour l'application de la peine. Or, dans le cas actuel, la culpabilité a été déclarée à la presque unanimité des voix; et dès lors peu importe que pour la peine on n'ait obtenu que la simple majorité.

D'après ces diverses observations, la convention passe à l'ordre du jour sur les réclamations des défenseurs, déclare nul l'appel de Louis, et renvoie au lendemain la question du sursis. Le lendemain 18, on prétend que l'énumération des votes ne s'est pas faite exactement, et on demande qu'elle soit recommencée. Toute la journée se passe en contestations; enfin le calcul est reconnu exact, et on est obligé de remettre au jour suivant la question du sursis.

Le 19 enfin, on agite cette dernière question. C'était remettre en problème tout le procès, car un délai était pour Louis XVI la vie même. Aussi, après avoir épuisé toutes les raisons, en discutant la peine et l'appel, les girondins et ceux qui voulaient sauver Louis XVI ne savaient plus quels moyens employer; ils alléguèrent encore des raisons politiques; mais on leur répondit que si Louis XVI était mort, on s'armerait pour le venger; que s'il était vivant et détenu, on s'armerait encore pour le délivrer, et que par conséquent les résultats seraient les mêmes. Barrère prétendit qu'il était indigne de promener ainsi une tête dans les cours étrangères, et de stipuler la vie ou la mort d'un condamné comme un article de traité. Il ajouta que ce serait une cruauté pour Louis XVI lui-même, qui mourrait à chaque mouvement des armées. L'assemblée, fermant aussitôt la discussion, décida que chaque membre voterait par *oui* ou par *non* sans désemparer. Le 20 janvier, à trois heures du matin, l'appel nominal est terminé, et le président déclare à la majorité de trois cent quatre-vingts voix sur trois cent dix, qu'il ne sera pas sursis à l'exécution de Louis Capet.

Dans cet instant il arrive une lettre de Kersaint. Ce député donne sa démission. Il ne peut plus, dit-il à l'assemblée, supporter la honte de s'asseoir dans son enceinte avec des hommes de sang, alors que leur avis, précédé de la terreur, l'emporte sur celui des gens de bien, alors que Marat l'emporte sur Pétion. Cette lettre cause une rumeur extraordinaire. Gensonné prend la parole et choisit cette occasion de se venger sur les septembriseurs du décret de mort qu'on venait de rendre. « Ce n'était rien, disait-il, que d'avoir puni les attentats de la tyrannie, si on ne punissait d'autres attentats plus redoutables. On n'avait rempli que la moitié de sa tâche, si on ne punissait pas les forfaits de septembre, et si on n'ordonnait pas une instruction contre leurs auteurs. » A cette proposition, la plus grande partie de l'assemblée se lève avec acclamation. — Marat et Tallien s'opposent à ce mouvement. « Si vous punissez, s'écrient-ils, les auteurs de septembre, punissez aussi les conspirateurs qui étaient retranchés au château dans la journée du 10 août. » Aussitôt l'assemblée, accueillant toutes ces demandes, ordonne au ministre de la justice de poursuivre tout à la fois les auteurs des brigandages commis dans les premiers jours de septembre, les individus trouvés les armes à la main dans le château pendant la nuit du 9 au 10, et les fonctionnaires qui avaient quitté leur poste pour venir à Paris conspirer avec la cour.

Louis XVI était définitivement condamné; aucun sursis ne pouvait différer le moment de la sentence, et tous les moyens imaginés pour reculer l'instant fatal étaient épuisés. Tous les membres du côté droit, les royalistes secrets comme les républicains, étaient également consternés et de cette sentence cruelle, et de l'ascendant que venait d'acquérir la Montagne. Dans Paris régnait une stupeur profonde; l'audace du nouveau gouvernement avait produit l'effet ordinaire de la force sur les masses; elle avait paralysé, réduit au silence le plus grand nombre, et excité seulement l'indignation de quelques ames plus fortes. Il y avait encore quelques anciens serviteurs de Louis XVI, quelques jeunes seigneurs, quelques gardes-du-corps, qui se proposaient, dit-on, de voler au secours du monarque et de l'arracher au supplice. Mais se voir, s'entendre, se concerter au milieu de la terreur profonde des uns, et de la surveillance si active des autres, était impraticable, et tout ce qui était possible, c'était de tenter quelques actes isolés de désespoir. Les jacobins, charmés de leur triomphe, en étaient cependant étonnés, et ils se recommandaient de se tenir serrés pendant les dernières vingt-quatre heures, d'envoyer des commissaires à toutes les autorités, à la commune, à l'état-major de la garde nationale, au département, au conseil exécutif, pour réveiller leur zèle, et assurer l'exécution de l'arrêt. Ils se disaient que cette exécution aurait lieu, qu'elle était infaillible; mais, au soin qu'ils mettaient à le répéter, on voyait qu'ils n'y croyaient pas entièrement. Ce supplice d'un roi, au sein d'un pays qui trois années auparavant était, par les mœurs, les usages et les lois, une monarchie absolue, paraissait encore douteux, et ne devenait croyable qu'après l'événement.

Le conseil exécutif était chargé de la douloureuse mission de faire exécuter la sentence. Tous les ministres étaient réunis dans la salle de leurs séances, et frappés de consternation. Garat, comme ministre de la justice, était chargé du plus pénible de tous les rôles, celui d'aller signifier à Louis XVI les décrets de la convention. Il se rend au Temple, accompagné de Santerre, d'une députation de la commune et du tribunal criminel, et du secrétaire du conseil exécutif. Louis XVI attendait depuis quatre jours ses défenseurs, et demandait en vain à les voir. Le 20 janvier, à deux heures après midi, il les attendait encore, lorsque tout-à-coup il entend le bruit d'un cortége nombreux; il s'avance, et aperçoit les envoyés du conseil exécutif. Il s'arrête avec dignité sur la porte de sa chambre, et ne paraît point ému. Garat lui dit alors avec tristesse qu'il est chargé de lui communiquer les décrets de la convention. Grouvelle, secrétaire du conseil exécutif, en

fait la lecture. Le premier déclare Louis XVI coupable d'attentat contre la sûreté générale de l'état; le second le condamne à mort; le troisième rejette tout appel au peuple; le quatrième enfin ordonne l'exécution sous vingt-quatre heures. Louis, promenant sur tous ceux qui l'entouraient un regard tranquille, prend l'arrêt des mains de Grouvelle, l'enferme dans sa poche, et lit à Garat une lettre dans laquelle il demandait à la convention trois jours pour se préparer à mourir, un confesseur pour l'assister dans ses derniers moments, la faculté de voir sa famille, et la permission pour elle de sortir de France. Garat prit la lettre, en promettant d'aller la remettre de suite à la convention. Le roi lui donna en même temps l'adresse de l'ecclésiastique dont il désirait recevoir les derniers secours.

Louis XVI rentra avec beaucoup de calme, demanda à dîner, et mangea comme à l'ordinaire. On avait retiré les couteaux, et on refusait de les lui donner. « Me croit-on assez « lâche, dit-il avec dignité, pour attenter à « ma vie? Je suis innocent, et je saurai mourir « sans crainte. » Il fut obligé de se passer de couteau; il acheva son repas, rentra dans son appartement, et attendit avec sang-froid la réponse à sa lettre.

La convention refusa le sursis, mais accorda toutes les autres demandes. Garat envoya chercher M. Edgeworth de Firmont, l'ecclésiastique dont Louis XVI avait fait choix; il le fit monter dans sa voiture, et le conduisit lui-même au Temple. Il arriva à six heures, et se présenta dans la grande tour, accompagné de Santerre. Il apprit au roi que la convention lui permettait d'appeler un ministre du culte, et de voir sa famille sans témoins, mais qu'elle rejetait la demande d'un sursis.

Garat ajouta que M. Edgeworth était arrivé, qu'il était dans la salle du conseil, et qu'on allait l'introduire. Garat se retira, toujours plus surpris et plus touché de la tranquille magnanimité du prince.

A peine introduit auprès du roi, M. Edgeworth voulut se jeter à ses pieds, mais le roi le releva aussitôt, et versa avec lui des larmes d'attendrissement. Il lui demanda ensuite, avec une vive curiosité, des nouvelles du clergé de France, de plusieurs évêques, et surtout de l'archevêque de Paris, et le pria d'assurer ce dernier qu'il mourait fidèlement attaché à sa communion. Huit heures étant sonnées, il se leva, pria M. Edgeworth d'attendre, et sortit avec émotion, en disant qu'il allait voir sa famille. Les municipaux, ne voulant pas perdre

de vue la personne du roi, même pendant qu'il serait avec sa famille, avaient décidé qu'il la verrait dans la salle à manger, qui était fermée par une porte vitrée, à travers laquelle on pouvait apercevoir tous ses mouvements sans entendre ses paroles. Le roi s'y rendit, se fit placer de l'eau sur une table pour secourir les princesses, si elles en avaient besoin. Il se promenait avec anxiété, attendant le moment douloureux où paraîtraient les êtres qui lui étaient si chers. A huit heures et demie la porte s'ouvrit; la reine, tenant le dauphin par la main, madame Élisabeth, madame Royale, se précipitèrent dans les bras de Louis XVI, en poussant des sanglots. La porte fut fermée, et les municipaux, Cléry, M. Edgeworth, se placèrent devant le vitrage pour être témoins de cette entrevue déchirante. Ce ne fut pendant le premier moment qu'une scène de confusion et de désespoir. Les cris, les lamentations empêchaient de rien distinguer. Enfin les larmes tarirent, la conversation devint plus tranquille, et les princesses, tenant toujours le roi embrassé, lui parlèrent quelque temps à voix basse. Après un entretien assez long, mêlé de silence et d'abattement, il se leva pour se soustraire à cette situation douloureuse, et promit de les revoir le lendemain matin à huit heures. — Nous le promettez-vous? lui demandèrent avec instance les princesses. — Oui, oui, répondit le roi avec douleur. Dans ce moment la reine l'avait saisi par un bras, madame Élisabeth par l'autre; madame Royale tenait son père embrassé par le milieu du corps, et le jeune prince était devant lui, donnant la main à sa mère et à sa tante. Au moment de sortir, madame Royale tomba évanouie; on l'emporta aussitôt, et le roi retourna auprès de M. Edgeworth, accablé de cette scène cruelle. Après quelques instants, il parvint à se remettre, et recouvra tout son calme.

M. Edgeworth lui offrit alors de lui dire la messe, qu'il n'avait pas entendue depuis long-temps. Après quelques difficultés, la commune consentit à cette cérémonie, et on fit demander à l'église voisine les ornements nécessaires pour le lendemain matin. Le roi se coucha vers minuit, en recommandant à Cléry de l'éveiller avant cinq heures. M. Edgeworth se jeta sur un lit; Cléry resta debout près le chevet de son maître, contemplant le sommeil paisible dont il jouissait à la veille de l'échafaud.

Pendant que ceci se passait au Temple, une scène épouvantable avait eu lieu dans Paris. Quelques ames indignées fermentaient çà et là, tandis que la masse, ou indifférente ou

terrifiée, demeurait immobile. Un garde-du-corps, nommé Pâris, avait résolu de venger la mort de Louis XVI sur l'un de ses juges. Lepelletier-Saint-Fargeau avait, comme beaucoup d'hommes de son rang, voté la mort, pour faire oublier sa naissance et sa fortune. Il avait excité plus d'indignation chez les royalistes, à cause même de la classe à laquelle il appartenait. Le 20 au soir, chez un restaurateur du Palais-Royal, on le montra au garde-du-corps Pâris, tandis qu'il se mettait à table. Le jeune homme, revêtu d'une grande houppelande, se présente et lui dit : — C'est toi, scélérat de Lepelletier, qui as voté la mort du roi? — Oui, répond celui-ci, mais je ne suis pas un scélérat, j'ai voté selon ma conscience. — Tiens, reprend Pâris, voilà pour ta récompense; et il lui enfonce son sabre dans le flanc. Lepelletier tombe, et Pâris disparaît sans qu'on ait le temps de s'emparer de sa personne.

La nouvelle de cet événement se répand aussitôt de toutes parts. On le dénonce à la convention, aux Jacobins, à la commune; et cette nouvelle donne plus de consistance aux bruits d'une conspiration des royalistes, tendant à massacrer le côté gauche et à délivrer le roi au pied de l'échafaud. Les jacobins se déclarent en permanence, et envoient de nouveaux commissaires à toutes les autorités, à toutes les sections, pour réveiller le zèle et mettre la population entière sous les armes.

Le lendemain 21 janvier, cinq heures avaient sonné au Temple. Le roi s'éveille, appelle Cléry, lui demande l'heure, et s'habille avec beaucoup de calme. Il s'applaudit d'avoir retrouvé ses forces dans le sommeil. Cléry allume du feu, transporte une commode dont il fait un autel. M. Edgeworth se revêt des ornements sacerdotaux, et commence à célébrer la messe; Cléry la sert, et le roi l'entend à genoux avec le plus grand recueillement. Il reçoit ensuite la communion des mains de M. Edgeworth, et après la messe, se relève plein de forces, et attendant avec calme le moment d'aller à l'échafaud. Il demande des ciseaux pour couper ses cheveux lui-même, et se soustraire à cette humiliante opération faite de la main des bourreaux; mais la commune les lui refuse par défiance.

Dans ce moment, le tambour battait dans la capitale. Tous ceux qui faisaient partie des sections armées se rendaient à leur compagnie avec une complète soumission; ceux qu'aucune obligation n'appelait à figurer dans cette terrible journée se cachaient chez eux. Les portes, les fenêtres étaient fermées, et chacun atten-

dait chez soi la fin de ce triste événement. On

dait chez soi la fin de ce triste événement. On disait que quatre ou cinq cents hommes dévoués devaient fondre sur la voiture, et enlever le roi. La convention, la commune, le conseil exécutif, les jacobins, étaient en séance.

A huit heures du matin, Santerre, avec une députation de la commune, du département et du tribunal criminel, se rend au Temple. Louis XVI, en entendant le bruit, se lève et se dispose à partir. Il n'avait pas voulu revoir sa famille pour ne pas renouveler la triste scène de la veille. Il charge Cléry de faire pour lui ses adieux à sa femme, à sa sœur et à ses enfants; il lui donne un cachet, des cheveux et divers bijoux, avec commission de les leur remettre. Il lui serre ensuite la main en le remerciant de ses services. Après cela, il s'adresse à l'un des municipaux en le priant de transmettre son testament à la commune. Ce municipal était un ancien prêtre, nommé Jacques Roux, qui lui répond brutalement qu'il est chargé de le conduire au supplice, et non de faire ses commissions. Un autre s'en charge, et Louis, se retournant vers le cortége, donne avec assurance le signal du départ.

Des officiers de gendarmerie étaient placés sur le devant de la voiture; le roi et M. Edgeworth étaient assis dans le fond. Pendant la route, qui fut assez longue, le roi lisait, dans le bréviaire de M. Edgeworth, les prières des agonisants, et les deux gendarmes étaient confondus de sa piété et de sa résignation tranquille. Ils avaient, dit-on, la commission de le frapper si la voiture était attaquée. Cependant aucune démonstration hostile n'eut lieu depuis le Temple jusqu'à la place de la Révolution. Une multitude armée bordait la haie ; la voiture s'avançait lentement et au milieu d'un silence universel. Sur la place de la Révolution, un grand espace avait été laissé vide autour de l'échafaud. Des canons environnaient cet espace; les fédérés les plus exaltés étaient placés autour de l'échafaud, et la vile populace, toujours prête à outrager le génie, la vertu, le malheur, quand on lui en donne le signal, se pressait derrière les rangs des fédérés, et donnait seule quelques signes extérieurs de satisfaction, tandis que partout on ensevelissait au fond de son cœur les sentiments qu'on éprouvait. A dix heures dix minutes, la voiture s'arrête. Louis XVI, se levant avec force, descend sur la place. Trois bourreaux se présentent; il les repousse et se déshabille lui-même. Mais voyant qu'ils voulaient lui lier les mains, il éprouve un mouvement d'indignation, et semble prêt à se défendre. M. Edgeworth, dont

toutes les paroles furent alors sublimes, lui

toutes les paroles furent alors sublimes, lui adresse un dernier regard, et lui dit : « Souffrez « cet outrage comme une dernière ressemblance « avec le Dieu qui va être votre récompense. » A ces mots, la victime résignée et soumise se laisse lier et conduire à l'échafaud. Tout-à-coup Louis fait un pas, se sépare des bourreaux, et s'avance pour parler au peuple. « Français, « dit-il d'une voix forte, je meurs innocent des « crimes qu'on m'impute; je pardonne aux au- « teurs de ma mort, et je demande que mon « sang ne retombe pas sur la France. » Il allait continuer, mais aussitôt l'ordre de battre est donné aux tambours; leur roulement couvre la voix du prince, les bourreaux s'en empa-rent, et M. Edgeworth lui dit ces paroles : *Fils de saint Louis, montez au ciel!* — A peine le sang avait-il coulé, que des furieux y trempent leurs piques et leurs mouchoirs, se répandent dans Paris en criant *vive la république! vive la nation!* et vont jusqu'aux portes du Temple, montrer la brutale et fausse joie que la mul-titude manifeste à la naissance, à l'avénement, et à la chute de tous les princes.

FIN DU TOME TROISIÈME.

TABLE

DES CHAPITRES

CONTENUS DANS LE TOME TROISIÈME.

CHAPITRE PREMIER.

Suite et fin de la journée du 10 août. — Rappel du ministère girondin ; Danton est nommé ministre de la justice. — État de la famille royale. — Situation des partis dans l'assemblée et au dehors après le 10 août. — Organisation et influence de la commune ; pouvoirs nombreux qu'elle s'arroge ; son opposition avec l'assemblée. — Érection d'un tribunal criminel extraordinaire. — État des armées après le 10 août. Résistance de Lafayette au nouveau gouvernement. Décrété d'accusation, il quitte son armée et la France ; est mis aux fers par les Autrichiens. — Position de Dumouriez. — Dispositions des puissances, et situation réciproque des armées coalisées et des armées françaises. — Prise de Longwy par les Prussiens ; agitation de Paris à cette nouvelle. — Mesures révolutionnaires prises par la commune ; arrestation des suspects. — Massacres dans les prisons les 2, 3, 4, 5 et 6 septembre. Principales scènes et circonstances de ces journées sanglantes............3

CHAPITRE II.

Campagne de l'Argonne. — Plans militaires de Dumouriez. — Prise du camp de Grand-Pré par les Prussiens. — Victoire de Valmy. — Retraite des coalisés; bruits sur les causes de cette retraite. 93

CHAPITRE III.

Nouveaux massacres des prisonniers à Versailles. — Abus de pouvoir et dilapidations de la commune. — Élections des députés à la convention. — Composition de la députation de Paris. — Position et projets des girondins; caractère des chefs de ce parti; du fédéralisme. — État du parti parisien et de la commune. — Ouverture de la convention nationale le 20 septembre 1792; abolition de la royauté; établissement de la république. — Première lutte des girondins et des montagnards; dénonciations de Robespierre et de Marat. — Déclaration de l'unité et de l'indivisibilité de la république. — Distribution et forces des partis dans la convention. — Changements dans le pouvoir exécutif. — Danton quitte son ministère. — Création de divers comités administratifs et du comité de constitution........ 133

CHAPITRE IV.

Situation militaire à la fin d'octobre 1792. — Bombardement de Lille par les Autrichiens; prise de Worms et de Mayence par Custine. — Faute de nos généraux. — Mauvaises opérations de Custine. — Armée des Alpes. Conquête de la Savoie et de Nice. — Dumouriez se rend à Paris; sa position à l'égard des partis. — Influence et organisation du club des Jacobins. — État de la société française; salons de Paris. — Entrevue de Marat et de Dumouriez. Anecdote. — Seconde lutte des girondins avec les montagnards; Louvet dénonce Robespierre; réponse de Robespierre; l'assemblée ne donne pas suite à son accusation. — Premières propositions sur le procès de Louis XVI 191

CHAPITRE V.

Suite des opérations militaires de Dumouriez. — Modifications dans le ministère. Pache ministre de la guerre. — Victoire de Jemmapes. — Situation morale et politique de la Belgique; conduite politique de Dumouriez. — Prise de Gand, de Mons, de Bruxelles, de Namur, d'Anvers; conquête de la Belgique jusqu'à la Meuse. — Changements dans l'administration militaire; mésintelligence de Dumouriez avec la convention et les ministres. — Notre position aux Alpes et aux Pyrénées 249

CHAPITRE VI

État des partis au moment du procès de Louis XVI. — Caractère et opinions des membres du ministère à cette époque, Roland, Pache, Lebrun, Garat, Monge et Clavière. — Détails sur la vie intérieure de la famille royale dans la tour du Temple. — Commencement de la discussion sur la mise en jugement de Louis XVI; résumé des débats; opinion de Saint-Just. — État fâcheux des subsistances; détails et questions d'économie politique. — Discours de Robespierre sur le jugement du roi. — La convention décrète que le roi sera jugé par elle. — Papiers trouvés dans l'*armoire de fer*. — Premier interrogatoire de Louis XVI à la convention. — Choc des opinions et des intérêts pendant le procès; inquiétude des jacobins. — Position du duc d'Orléans; on propose son bannissement. 291

CHAPITRE VII.

Continuation du procès de Louis XVI. Sa défense. — Débats tumultueux à la convention. — Les girondins proposent l'appel au peuple; opinion du député Salles; discours de Robespierre; discours de Vergniaud. — Position des questions. — Louis XVI est déclaré coupable et condamné à mort, sans appel au peuple et sans sursis à l'exécution. Détails sur les débats et les votes émis. — Assassinat du député Lepelletier-Saint-Fargeau. Agitation dans Paris. — Louis XVI fait ses adieux à sa famille; ses derniers moments dans la prison et sur l'échafaud............ 367

FIN DE LA TABLE.